ANIMAUX
AU SECOURS DU HANDICAP

Collection **Technologie de l'Action Sociale**
dirigée par Jean-Marc Dutrenit

Déjà parus

J.-M. Dutrenit, *Evaluer un centre social*, 1994.
Collectif, *Diagnostic et traitement de l'enfant en danger*, 1995.
J.-C. Gillet, *Animations et animateurs*, 1995.
M. Lepage-Chabriais, *Réussir le placement des mineurs en danger*, 1996.
C. Rater-Garcette, *La professionnalisation du travail social*, 1996.
M. Born, *Familles pauvres et intervention en réseau*, 1996.
Collectif, *Traiter la violence conjugale*, 1996.
P. Nicolas-Le Strat, *L'implication, une nouvelle base de l'intervention sociale*, 1996.
J. Zaffran, *L'intégration scolaire des handicapés*, 1997.
M. Larès-Yoël, *Mon enfant triso*, 1997.
R. Laforestrie, *Vieillesse et société, A l'écoute de nos aînés*, 1997.
Y. Vocat, *Apprivoiser la déficience mentale*, 1997.
A. Jellab, *Le travail d'insertion en mission locale*, 1997.
J.M. Dutrenit, *La compétence sociale, diagnostic et développement*, 1997.
M. Gouarne, *Les aveugles dans l'entreprise : quelles perspectives ?*, 1997.
M. Bresson, *Les SDF et le nouveau contrat social*, 1997.
B. Ruhaud, *Accueil familial et gestion de l'autorité parentale*, 1997.
R. Scelles, *Fratrie et handicap. L'influence du handicap d'une personne sur ses frères et sœurs*, 1997.
A. Boroy, *Mes enfants sourds*, 1998.
M. Gayda et S. Lebovici (sous la direction de), *Les causes de l'autisme et leurs traitements*, 2000.
Henri Colmont, *Handicap, inventivité et dépassement*, 2001.
M.L Vergne, *Le Travail social au cœur des paradoxes*, 2002
D. Merle d'Aubigné, *Création artistique et dépassement du handicap*, 1998.
G. Lefebvre, *Reconstruction identitaire et insertion*, 1998
P. Vasseur, *Protection de l'enfance et cohésion sociale du IVe au XXe siècle*, 1999.
Bernard Belin, *Les personnes handicapées âgées, où en est-on ?*, 2003

Bernard BELIN

ANIMAUX AU SECOURS DU HANDICAP

L'Harmattan
5-7, rue de l'École-Polytechnique
75005 Paris
FRANCE

L'Harmattan Hongrie
Hargita u. 3
1026 Budapest
HONGRIE

L'Harmattan Italia
Via Bava, 37
10214 Torino
ITALIE

Du même auteur

Le loup & le chien & l'homme, L'Harmattan, 2003.

© L'Harmattan, second tirage 2003 (2000)
ISBN : 2-7384-8886-2

AVANT-PROPOS

C'est sous la forme d'un taureau blanc que Zeus se métamorphosa pour séduire Europe, la fille d'Agénor, roi de Phénicie, et l'emmener en Crête, consentante et ravie. De Véronèse, Titien, le Tintoret, puis Rembrandt, à François Boucher et Gustave Moreau, *"L'Enlèvement d'Europe"* devait inspirer de nombreux peintres au cours des siècles.

De nos jours, c'est au Salon International de l'Agriculture de Paris que nombre de nos hommes politiques européens aiment à prendre la pose chaque année en compagnie des animaux les plus puissants, et en particulier des placides bovins, pour se sculpter une image en espérant bénéficier ainsi d'une sorte de métamorphose à caractère bucolique leur permettant de s'essayer à séduire à nouveau.

De tout temps l'animal a attiré l'homme, imprégné et influencé son comportement.

Il est un domaine particulier où le règne animal peut être amené à jouer un rôle social et thérapeutique, c'est celui de l'assistance aux personnes en difficulté. Il est convenu de désigner par "Thérapie Facilitée par l'Animal" l'ensemble des multiples aides apportées par le chien, le cheval, le singe, le dauphin, etc., aux personnes handicapées, malades ou âgées en leur dispensant affection, assistance et soutien dans leur vie de tous les jours ou en participant à leur rééducation.

L'animal est aussi amené à participer à l'éducation de l'enfant et à son développement affectif, sensoriel, psychomoteur et social. Sur le plan de la protection de l'homme, il intervient en matière de sauvetage en mer ou à la montagne ou à l'occasion de catastrophes naturelles nécessitant des recherches en décombres... Le chien est aussi utilisé par ailleurs dans des missions de pistage et de recherche dans le cadre des institutions au service de la société que sont la police et les douanes. Et n'oublions pas l'importance du rôle de compagnon de vie que jouent particulièrement le chat et le chien au sein de notre société où ils sont souvent considérés l'un et l'autre comme une des composantes à part entière de la cellule familiale.

Il est enfin un domaine souvent occulté où l'animal est véritablement au service exclusif de la santé de l'homme, c'est celui de l'expertise toxicologique des effets des médicaments et de la prévision de leur dangerosité. Dans le même registre n'oublions pas l'expérimentation animale et peut-être, dans l'avenir et en application des recherches en cours, la greffe de tissus et la transplantation d'organes vivants d'origine animale à un receveur humain malade.

"L'animal au service de l'homme handicapé, malade, âgé, etc.", constitue un thème commun à divers travaux de recherches vétérinaires, médicales, pharmaceutiques et scientifiques. Du fait des cloisonnements qui caractérisent notre société, il s'avère que les résultats de certains de ces travaux peuvent être amenés à stagner dans les bibliothèques des divers universités et autres établissements d'enseignement supérieur qui les ont initiés et, en conséquence, restent inconnus du plus grand nombre des personnes qui auraient pu s'en inspirer. Aussi nous a-t-il paru intéressant de présenter une analyse des différentes thèses de médecine, médecine vétérinaire, pharmacie et autres études réalisées durant les dix dernières années et de les réunir à l'intention des personnes en difficulté concernées, des professionnels des secteurs social et médico-social, des amoureux des animaux... et avant tout des amoureux des humains.

Tout le monde croit connaître le chien-guide d'aveugle. Tout le monde a vu à la télévision les exploits surmédiatisés d'un dauphin mythifié ou d'un singe capucin anthropomorphisé censés faire des miracles. Mais peu de personnes connaissent l'existence du "chien écouteur" pour personne sourde, du "chien d'assistance" pour personne tétraplégique, ainsi que de la place du chien dans l'univers du regard et du toucher de certaines personnes polyhandicapées. Sont également méconnus et sous-estimés les apports pédagogiques, psychologiques et thérapeutiques positifs de l'animal de compagnie en maison de retraite, en centre d'accueil pour personnes désorientées atteintes de la maladie d'Alzheimer, en collectivité pour personnes handicapées, en milieu hospitalier de long séjour, en service spécialisé accueillant des malades atteints du SIDA ou d'un cancer ou d'une autre maladie grave, en établissements éducatifs pour jeunes ayant des troubles du comportement et du caractère, etc.

Puisse la présente étude contribuer à mieux faire connaître la réalité des aides apportées à l'Homme par la gent animale, et ceci depuis des siècles. Car il s'avère que nous n'avons que peu inventé récemment en ce domaine. Dans son *Histoire des animaux*, Aristote avait déjà parfaitement observé le comportement particulier des dauphins à l'égard de l'homme. Le *Dictionnaire raisonné des sciences, des arts et des métiers* de Diderot préconisait la pratique du cheval comme moyen de rééducation. Et Hector Malot nous prévenait dans *Sans famille* que le singe capucin Joli-Coeur a "peut être plus de vivacité et d'intelligence" que les chiens Capi et Zerbino, mais qu'à la différence d'eux "ce n'est jamais avec plaisir qu'il fait ce qu'on lui demande" !

Dans un passé pourtant moins lointain, qui se souvient que la "Thérapie Facilitée par l'Animal" compte parmi ses inventeurs, Ange Condoret (1923-1983), vétérinaire bordelais, novateur en matière d'étude scientifique des interactions Homme / Animal – avec les américains Boris Levinson et Samuel et Elisabeth Corson –, plus connu et reconnu aujourd'hui à l'étranger qu'en France. Condoret s'intéressera plus particulièrement aux relations Enfant / Animal. Certaines de ses expérimentations sont restées dans les annales de l'observation des bienfaits apportés par la présence animale, auprès des enfants inadaptés notamment.

Quand on sait les multiples aides qui sont nécessaires à nombre de personnes en difficulté, on ne peut que souhaiter que les qualités du monde animal en matière d'assistance soient utilisées à leur maximum.

Si nous nous limitons au chien qui semble réunir les potentialités les plus complètes... Il semblerait que certaines personnes aveugles soient justement dans l'attente d'un chien-guide éduqué et que la formation de ces véritables auxiliaires de vie doive être à la fois favorisée et règlementée. Il semblerait également que les potentialités d'un chien d'assistance pour personnes atteintes d'un handicap moteur mériteraient d'être portées à la connaissance du plus grand nombre et que son utilisation pourrait ainsi être développée. Quant au "chien écouteur", s'il n'existe pratiquement pas en France, ce système d'assistance semble s'être répandu et être apprécié des personnes sourdes aux Etats-Unis et en Angleterre. Parallèlement le chien occupe une place privilégiée en tant qu'animal de compagnie et animal familier tant auprès des enfants qu'auprès de personnes malades ou âgées en perte d'autonomie. Enfin n'oublions pas que ce même chien a également une belle carrière devant lui en tant que chien sauveteur, douanier, policier, etc., au service de la société.

Le monde des animaux – spectaculaire et animé – a toujours plus retenu l'attention que le monde des plantes. Cependant si les animaux sont capables d'apporter divers soutiens actifs aux personnes en difficulté, le règne végétal n'est pas en reste. De tout temps les "jardins ouvriers", appelés plus communément de nos jours "jardins familiaux", ont joué un rôle social allant bien au-delà de leur simple destinée alimentaire première. Avec la période économique que nous vivons, difficile pour certains, nombre de personnes exclues peuvent, par le biais des jardins à caractères sociaux, reprendre contact avec une certaine réalité et réapprendre le goût au travail et la participation à une vie sociale. Aussi nous a-t-il paru intéressant, sans prétendre à l'exhaustivité, de présenter quelques unes des actions de solidarité menées ainsi dans le cadre des jardins en faveur de familles entières ou de personnes isolées en difficulté sociale.

Une partie annexe à caractère pharmacologique met en évidence un exemple des aides multiples ayant été apportées, par le passé, par une association des règnes animal et végétal, en l'occurrence la vache et les herbes de la prairie, et plus précisement la résultante de cette association qu'est la bouse de vache. D'où il en ressort que nos anciens avaient une robuste constitution !

Concernant cette même vache − lointaine descendante du taureau blanc de la mythologie qui avait su charmer Europe et l'emmener sur son dos, à la nage, de Phénicie en Crète −, il s'agit manifestement à la fois de l'animal le plus marquant de nos paysages et surtout du sauveteur de notre agriculture de montagne. On assiste là, en altitude, dans chaque massif, a une véritable symbiose écologique entre d'une part des races rustiques spécifiquement adaptées au relief escarpé et au climat rude caractérisé par de très importants écarts de température, et d'autre part la paysannerie locale aux prises avec une situation économique difficile. Que seraient devenus nos alpages sans la fauve Tarentaise, sans l'Abondance à la robe pie acajou ? Où en seraient aujourd'hui nos vallées pyrénéennes sans les anciennes races bovines locales, autrefois propres à chaque vallée, qui peuplèrent, entretinrent et firent vivre chacune de celles-ci ? Dans quel état seraient les pentes des monts d'Auvergne sans la fromente Aubrac aux grands yeux noirs et la Salers au poil acajou long et frisé ?

Enfin qu'en serait-il advenu des Hautes-Chaumes sans la Vosgienne à la robe blanche et noire mouchetée et striée si caractéristique − avec ses deux écharpes blanches longitudinales dorsale et ventrale, et les extrémités des cornes, les oreilles, le mufle, les sabots et les trayons noirs − chez laquelle rivalisent élégance et rusticité. Un monde agricole en difficulté vit de cette race dans nos paysages de chaumes alsaciens, lorrains et saônois. Et nous ne doutons pas qu'un taureau vosgien descendu des hauteurs saura, un jour prochain, séduire notre jeune Europe et l'entraîner avec lui vers les sommets.

THÉRAPIE FACILITÉE PAR L'ANIMAL

Un chien affalé là dressa la tête et les oreilles,
c'était Argos, le chien d'Ulysse.
[...] Sitôt qu'il flaira l'approche de son maître,
il agita la queue et replia ses deux oreilles.
[...] Après vingt ans.

HOMERE
(IXe s. av. J.-C.)

C'est du vivant [de Périandre]
dit-on à Corinthe, et à Lesbos également,
qu'un prodige eut lieu, des plus extraordinaires :
Arion de Méthymne aborda au cap Ténare
sur le dos d'un dauphin.

HERODOTE
(Ve s. av. J.-C.)

CHAPITRE I

HISTOIRE DES RELATIONS HOMME / ANIMAL

Évolution des rapports de l'homme avec l'animal et la nature : de l'exploitation à la protection. [Thèse pour le doctorat vétérinaire de Stéphane Cadorel, 1993.]

ANALYSE :
L'homme primitif n'était qu'un des multiples éléments des biocénoses. Il devait survivre et chassait les bêtes sauvages pour se défendre, se nourrir, conquérir l'espace, puis se vêtir. *[Cf. I. L'homme primitif, pp. 12-15]*
La révolution néolithique voit l'homme inventer l'agriculture, devenir pasteur, éleveur, cultivateur et se sédentariser. La grande majorité des espèces domestiquées l'ont été à l'époque néolithique [chien (loup), mouton (mouflon), chèvre (aegagre), porc (sanglier), bovins (aurochs), cheval et âne]. Les changements induits ont des conséquences géographiques et écologiques (apparition de villages, migration de populations, création de cités, etc.) et des conséquences psychiques et sociales (l'homme s'éloigne de la nature mais ne comprend pas les phénomènes naturels et la raison cède toujours la place aux croyances, au mysticisme, au divin).

Les religions primitives sont empreintes d'une violence qui immole les animaux et parfois les hommes. Le sacrifice animal, par sa substitution au sacrifice humain (nouveaux-nés, enfants et femmes, esclaves), constituerait une première étape vers l'humanisation.

Avec le judaïsme se dégagera la sollicitude, l'attention et la compassion envers les animaux domestiques et sauvages. L'absurdité du sacrifice animal est dénoncée. Chasse, castration, caudotectomie – ainsi que violence non rituelle – sont interdites.

Le christianisme marque une profonde régression par son désintérêt quasi-total pour le statut et le sort de l'animal.

Avec l'obscurantisme moyenâgeux, l'homme fait appel à l'irrationnel, à la sorcellerie dont les animaux voués au paganisme sont les incontournables victimes [chat noir, serpent, bouc, chouettes et chauves-souris, crapaud... et le loup dont l'imagerie populaire fait un animal démoniaque].

L'humanisme de la Renaissance continue malheureusement à insister sur la spécificité et les privilèges de l'homme, celui-ci n'ayant pas de devoirs directs envers les animaux. Une polémique s'installe. Léonard de Vinci (1452-1519) – qui devint végétarien – et Montaigne (1532-1592) argumentent pour le respect de l'animal. Descartes (1596-1650) démontre rationnellement le concept d'animal-machine dépourvu de raison. Bossuet (1627-1704) et le Clergé soutiennent la théorie cartésienne, alors que Leibnitz (1646-1716) s'oppose à Descartes. Le Cartésianisme triomphe et justifie la primauté et la domination de l'Homme sur l'Animal et sert d'alibi à un comportement marqué par une brutalité certaine. Parallèlement l'animal disparaît du champ religieux. *[Cf. II. L'homme civilisé, pp. 16-54]*

Le changement des rapports de l'homme avec la nature ne deviendra radical qu'avec l'avènement de l'industrie moderne, dans la deuxième moitié du XIXe siècle. La domination de l'Homme (occidental) sur les animaux va croître et s'étendre à la Terre entière. Va s'ensuivre la dégradation de la biosphère du fait des consommations énergétiques, des pollutions multiples, des dégradations des biocénoses (destruction des milieux, introduction d'espèces et extermination de la faune existante) et de l'explosion démographique du XXe siècle avec son corollaire, l'urbanisation.

Le XXe siècle voit le développement de gigantesques agglomérations où l'homme s'agglutine (5.000 habitants au km² à Hong-Kong), non sans dommages. Et l'Homme cherche un réconfort dans... l'Animal ! Les relations Homme / Animal – qui relevaient auparavant de la symbiose, voire du commensalisme – évoluent. L'animal devient un compagnon, voire un familier. Cette évolution – dénommée en son temps "urbanimalisation" par Ange Condoret – s'est affirmée dans les années 1970 en même temps qu'on assistait à une diversification des espèces concernées. L'animal apparaît comme le "substitut idéal de tout ce qui manque à l'homme adulte" [protection, lien avec le passé, médiateur de contacts humains et facteur de valorisation personnelle, support affectif].

Pour l'enfant, l'animal peut constituer un formidable "outil" éducatif, pédagogique et stabilisateur, facteur d'épanouissement et de sociabilisation. L'animal est utilisé dans certaines thérapies auprès de personnes handicapées ou malades, au sein de collectivités pour personnes âgées et en tant qu'animal de compagnie auprès de tous les oubliés de notre société (en considérant que malheureusement leur condition leur interdit souvent de s'adjoindre cette compagnie). *[Cf. III. L'homme industriel, pp. 55-119]*

Le respect de la vie doit être la base des différentes théories et conceptions de la protection de l'animal et de la nature. *[Cf. IV. Protection de l'animal et de la nature, pp. 120-210]*

La Déclaration universelle des droits de l'animal a été proclamée solennellement à Paris le 15 octobre 1978 à la Maison de l'UNESCO. Son texte, révisé par la Ligue internationale des droits de l'animal en 1989, a été remis au Directeur général de l'UNESCO en 1990 et rendu publique la même année.

COMMENTAIRES :

Si l'étude des aides apportées par l'animal aux personnes en difficulté n'est qu'effleurée par l'auteur, il est par contre intéressant de situer cette notion nouvelle de "thérapie facilitée par l'animal" par rapport à l'évolution des relations entre les hommes et les animaux depuis la préhistoire.

Inventaire des diverses aides apportées par l'animal aux personnes en difficulté

On trouve trace de relations Homme / Animal dans les récits mythologiques. Homère et son *Odyssée*, avec le chien Argos reconnaissant son maître Ulysse à l'odeur après vingt ans d'absence, ne constituent-ils pas les prémices de la longue histoire des interactions Homme / Animal. Hérodote et son *Enquête* (à laquelle a été longtemps donnée le nom d'*Histoires*), rapportant la légende d'Arion sauvé par un dauphin, ne peuvent-ils pas être considérés comme les inventeurs des actuelles expériences de delphinothérapie.

1. INTERACTIONS GENERALES HOMME / ANIMAL
   [*Cf. Bibliographie :* N. Aymon, D. Bidaud, G. Bonan, C. Bouchard et Ch. Delbourg, J-C. Brunetaud, A. Condoret, J. Curti, A-C. Gagnon, E. Kruczek, L. Lecoeuvre, M. Maier-Herrmann, M. Septier]

Le premier emploi volontaire connu d'animaux pour aider le psychique de l'homme semble dater du XIe siècle à Gheel, en Belgique, où "certains convalescents avaient pour tâche la garde d'oiseaux". La première trace précise date de 1792 quand William Tuke, un quaker, refuse les méthodes traditionnellement coercitives des asiles. Dans sa fondation de York Retreat (Angleterre), on enseigne aux malades mentaux à prendre soin des petits animaux, entre autres activités en contact avec la nature, afin de leur rendre confiance en eux. Il s'agit des premières expériences connues de psychothérapie par l'animal. En 1867, à Bielefeld (Allemagne), l'Institut Bethel soignant les épileptiques, explore les mêmes procédés par le contact avec des oiseaux, des chiens, des chats et des chevaux. Ce centre existe toujours et accueille aujourd'hui 5.000 patients. Les animaux y sont admis parce qu'il y est constaté que cela a "un effet approprié et raisonnable sur la façon de vivre".

L'utilisation du cheval, et plus précisément des promenades à cheval, s'est faite dès 1901 à l'Hôpital orthopédique de Oswestry au Royaume-Uni. Cette expérimentation avec le cheval a été utilisée pour la rééducation des soldats blessés dès la Première Guerre

Mondiale. Durant cette même guerre de 1914/1918, les "Poilus" faisaient lécher leurs plaies par les chiens de guerre. Aux Etats-Unis, en 1919, l'Hôpital Sainte Elisabeth à Washington introduit, à l'initiative du Ministre de l'Intérieur, F. K. Lane, des chiens auprès de patients rescapés de la guerre et hospitalisés en unité psychiatrique. En 1942, toujours aux Etats-Unis, au Centre de convalescence de l'Hôpital militaire de l'Armée de l'Air de Pawling (Etat de New-York), l'Américan Red Cross a recours à des chiens pour aider les pilotes blessés de l'US Air Force lors de leur convalescence, accélérer celle-ci et améliorer leur moral. Les blessés étaient invités – et ils avaient demandé – à prendre soins du bétail, des chevaux et de la basse-cour de la ferme attenante à l'hôpital.

[Il ne reste aucune publication à caractère scientifique relatant les expériences précitées. Les premières publications présentant des résultats datent des années 1960.]

Si l'on se réfère à la littérature scientifique, ce serait Jingles, le chien de Boris Levinson, Professeur de psychologie à Yeshiva University de New-York, qui serait à l'origine de ce qui deviendra la "thérapie facilitée par l'animal"... D'aucuns prétendront que c'est Levinson ! Psychologue pour enfants, Levinson reçut en consultation – avec la présence non prévue de Jingles – le très jeune Johnny, enfant qui refusait tout contact et ne parlait pas. Au contact de l'animal, l'enfant parla pour la première fois et demanda – raconte-t-on – à revenir voir... le "Docteur Jingles". Ayant constaté l'interaction entre le chien et l'enfant autiste, Levinson utilisa dorénavant la présence de l'animal familier, chien ou chat, selon le tempérament de ses patients, durant la consultation. Malgré les critiques ironiques de ses propres collègues américains ("Tu partages tes honoraires avec ton chien ?"), il développe la théorie de la "Pet-oriented child psychotherapy" basée sur le fait qu'en psychologie infantile la communication se fait par le jeu. Il est à remarquer que l'histoire ne semble pas avoir retenu si Jingles – "chien perdu sans collier recueilli par Levinson, sur le trottoir, un après-midi maussade d'hiver new-yorkais" – était un animal de race ou un quelconque corniaud !

Dans la mouvance de Levinson, Samuel et Elisabeth Corson, psychiatres américains de l'Ohio, continuent l'expérience et sont les premiers, en 1958, à utiliser l'animal de compagnie comme moyen de thérapie des malades mentaux, notamment dans le traitement de schizophrénie et pour les personnes réfractaires aux thérapies conventionnelles. Ils constatent une diminution de la prise de médicaments psychotropes. En France, dans les années 1960, Ange Condoret, vétérinaire – qui a fait un stage aux Etats-Unis – s'intéresse aux effets positifs de la présence animale auprès des enfants inadaptés.

En 1973, aux Etats-Unis, Corson et Corson – avec la collaboration de Ange Condoret – mènent une expérience avec 30 malades âgés de 13 à 23 ans, débiles, psychotiques ou catatoniques dont l'état reste stationnaire malgré les traitements médicamenteux ou psychanalytiques. En attribuant à chacun un chien différent, en fonction de leur personnalité, beaucoup se montrèrent plus communicatifs et plus sociables.

L'équipe du Dr Aaron Katcher, Professeur de psychiatrie à l'Université de Pennsylvanie – également avec la collaboration de Condoret – est à l'origine d'une enquête épidémiologique indiquant que la survie de citadins atteints de troubles vasculaires graves d'origine psychosomatique est en moyenne plus longue chez ceux possédant un animal familier. En outre une présence animale fait baisser la pression artérielle et contribue à diminuer la fréquence cardiaque, la glycémie et le taux de lipides sanguins.

En 1975, R. Mugford et J.M. Comisky ont montré que le chien semble favoriser les interactions sociales, cette capacité prenant tout son intérêt pour tous ceux qui en sont privés (malades, personnes âgées, détenus, etc.). Ils sont les premiers à utiliser le terme de "lubrifiant social" pour décrire l'augmentation du contact social grâce aux animaux.

En 1977, K. Zarrouk découvre une diminution de l'expression urinaire des 17-hydroxycorticostéroïdes chez les individus en relation avec des animaux familiers, prouvant ainsi l'existence d'une influence des animaux sur les processus physiologiques de l'homme.

Durant les années 1980, divers auteurs étudient et montrent le rôle de l'animal facilitant la thérapie dans le cas d'état dépressif en provoquant une diminution de l'anxiété [C.M. Brickel (1980), C. Jonas et A. Feline (1981), W.F. Mc Culloch (1983), A.M. Beck (1983)]. Toutes les expériences réalisées tendent à prouver que l'animal est réducteur de stress par son contact visuel, verbal et tactile. Des études initiées aux Etats-Unis par R. Mugford et J.M. Comisky (1974) et confirmées par Hines (1980/1983) montrent les effets bénéfiques des animaux de compagnie sur la santé des personnes âgées à domicile. Il en est de même en collectivité ou des cas spectaculaires d'amélioration de l'état de santé sont décrits. C. Bouchard et Ch. Delbourg rapportent une expérience, datant de 1982, mettant des jeunes enfants déficients mentaux en contact avec les biches d'un parc animalier, et ceci à l'occasion de visites régulières. "Les enfants, généralement repliés sur eux-mêmes, et les biches qui peuplent le parc ont pu établir une véritable relation (Nicolas, un petit blond âgé de sept ans, brandit une carotte au-dessus de sa tête ; confiante, une biche se dresse, prend appui sur les épaules de l'enfant, saisit la carotte et reste près de lui sans crainte ; etc.)". Cette expérience avec les enfants de l'Institut médico-éducatif du Clos Olive à Toulon (Var) a été suivie par Boris Cyrulnik, Directeur d'enseignement en éthologie à l'Université de Toulon-Var. Celui-ci a constaté que "ces enfants, qui ont tant de mal à communiquer avec leur famille et leurs éducateurs, trouvent aussitôt, naturellement, le moyen d'aborder un animal sauvage : [...] jamais de face ou en les regardant dans les yeux, contrairement à ce que font les autres enfants [...]. Ils ont la même timidité que l'animal, les mêmes réserves, et ne l'approchent que par derrière ou de côté, en détournant le regard. C'est un code universel, ou presque, chez les êtres vivants. Un code que nous avons oublié". Interviewé par le *Journal des psychologues*, en 1999, Boris Cyrulnik, confirme que certains enfants autistes peuvent caresser des biches qui se laissent faire alors qu'elles fuient devant un enfant qui parle, et indique que l'on peut voir aussi certains enfants autistes sourire jusqu'aux oreilles dans l'eau au contact des dauphins.

2. LE CHEVAL EN HIPPOTHERAPIE OU EN EQUITHERAPIE
[*Cf. Bibliographie* : D. Bidaud, Diderot, S. Morice-Guerin]

"L'expérience ayant appris à Thomas Sydenham [médecin anglais (1624-1689)] à faire tant de cas de l'équitation, qu'il la croyoit propre à guérir, sans autre secours, non-seulement de petites infirmités, mais encore des maladies désespérées, telles que la consomption, la phtisie même accompagnée de sueurs noctures et de diarrhée colliquative", rapporte Diderot en 1755 dans son Encyclopédie. Et Diderot de reprendre cette notion de thérapie par l'équitation à son actif en la développant et la précisant : "Il en résulte [...] des changements si avantageux, dans le cas où l'équitation est faite à propos, qu'ils sont presqu'incroyables. Elle convient en général aux personnes d'un tempérament foible, délicat, dans les maladies qui produisent de grandes diminutions de force". Deux siècles plus tard, en 1952, aux Jeux Olympiques d'Helsinki, à l'épreuve de dressage, la cavalière danoise Liz Hartel, Médaille d'Argent, donne raison au Dr Sydenham et à Diderot. Liz Hartel a en effet été frappée très jeune par la poliomyélite. Cet exploit sera à l'origine de la naissance de nombreux programmes d'équithérapie pour personnes handicapées physiques ou mentales.

En 1953 fut agréé aux Pays-Bas un centre équestre spécialisé pour enfants handicapés. Cette expérience fut étendue pratiquement à tous les pays d'Europe et aux Etats-Unis. En France, les premières publications concernant la rééducation avec le cheval datent des années 1960. Au début divers qualificatifs étaient utilisés : équithérapie, thérapie par l'équitation, loisirs équestres spécialisés, etc. En 1970, Renée de Lubersac, psychomotricienne, et Hubert Lallery, masseur kinésithérapeute, définissent la Rééducation par l'équitation (RPE) comme une "méthode thérapeutique globale et analytique extrêmement riche qui intéresse l'individu dans son complexe psychosomatique, qu'elle soit pratiquée avec des handicapés physiques ou des handicapés mentaux". En 1986, est adoptée la dénomination Thérapie avec le cheval et est créée la Fédération nationale de thérapie avec le cheval (FENTAC). Après que plusieurs associations aient été créées successivement, coexistent actuellement d'une part Handi-Cheval et d'autre part la FENTAC qui encouragent l'utilisation du cheval sous forme d'équithérapie (pratique du cheval) ou d'hippothérapie (la relation et le contact avec le cheval jouent le rôle essentiel). Ces deux associations dispensent des formations pour des personnes désirant travailler avec le cheval et les personnes handicapées.

3. LE CHIEN-GUIDE D'AVEUGLE

[*Cf. Bibliographie :* F. Auffret, D. Bidaud, I. Franzetti, E. Kruczek, L. Lecoeuvre, Montaigne, I. Willig]

Les auteurs font remonter à la Rome antique les premières images de l'aveugle que son chien conduisait dans les quartiers riches pour mendier. Au XVIe siècle, Montaigne décrit l'habileté "des chiens de quoi se servent les aveugles" à guider leur maître en évitant les embûches. Il faut atteindre le XVIIIe siècle pour voir les premiers balbutiements de dressage de chiens pour faciliter la traversée des rues aux aveugles d'un hôpital de Paris (Hôtel Dieu ?).

C'est en 1915 que fut créé, en Allemagne, à l'initiative d'un médecin militaire, le Dr Kramer, le premier centre d'éducation de Bergers allemands chiens-guides. Il s'agissait de recycler les chiens de guerre et leur usage était réservé aux aveugles de guerre. Ce fut un grand succès. Mais les cinq écoles allemandes créées à cet effet devaient disparaître faute de moyens financiers. En 1919, Dorothy et Georges Eustis, philanthropes américains, entreprirent de généraliser cette initiative. Ils créèrent en 1927, en Suisse, près de Vevey, l'Association "L'oeil qui voit" qui formait des éducateurs de chiens-guides de toutes nationalités. L'expérience s'étendra aux Etats-Unis où ils créèrent l'Association "Seeing eye dogs", à l'Angleterre, la Belgique, l'Italie et la France.

Dicky, Berger allemand, fut le premier chien éduqué en France pour guider une personne aveugle. Nous étions en 1951 à Wasquehal (Nord). Paul Corteville fait la connaissance de René Blin, aveugle depuis l'âge de huit ans, qui lui fait part de ses difficultés lors de ses déplacements. Paul Corteville a l'idée d'éduquer un chien en adaptant les méthodes de dressage de chiens pisteurs et policiers apprises dans le cadre de ses activités professionnelles. Il lui faut une année pour éduquer Dicky avant de pouvoir le remettre à René Blin. Ce fut un succès ! D'autres non-voyants le sollicitent pour avoir à leur tour un chien guide. C'est au sein du Club de dressage de chiens de police que – bénévolement et avec quelques amis – il dresse un quinzaine de chiens. Paul Corteville est considéré comme le véritable inventeur du chien-guide en France. En 1958, Paul Corteville et ses amis fondent le Club des chiens-guides d'aveugles de Roubaix où ils dressent bénévolement cinq à six chiens-guides par an jusqu'en 1970. En 1972, le Club de Roubaix acquiert un terrain à Wasquehal et devient le Club des chiens-guides d'aveugles des Flandres.

Cette même année 1972 se monte à Sospel (Alpes-Maritimes) un deuxième club – qui cessera ses activités dès 1973 – et se créée le Fédération nationale des associations et écoles de chiens guides d'aveugles (FNECGA) à laquelle adhèrent les autres écoles créées successivement en 1975 à Angers (Maine-et-Loire), à Coubert (Seine et Marne) et à Limoges (Haute-Vienne), en 1976 à Eze pour s'installer définitivement à Nice (Alpes-Maritimes), en 1980 à Paris dans le bois de Vincennes, en 1982 à Aix en Provence (Bouches-du-Rhône) et en 1985 à Saint Georges de Reneins qui sera transféré à Misérieux (Ain). Il existe d'autres écoles d'éducation de chiens-guides pour aveugles en France, à Bordeaux (Gironde) et à Biot (Alpes Maritimes) notamment, adhérentes de l'Union des aveugles du Sud-Ouest. Le coût de l'élevage et de l'éducation d'un chien-guide d'aveugle est de l'ordre de 70.000 francs français. En France, les chiens-guides – qui restent la propriété de l'école – sont remis gratuitement par celle-ci aux personnes aveugles.

4. LE CHIEN D'ASSISTANCE POUR HANDICAPE MOTEUR
   [*Cf. Bibliographie :* D. Bidaud, J-M. Elbaz, V. Rousselet-Blanc et C. Mangez]

En 1975 est né aux Etats-Unis le concept de chien d'assistance à l'initiative de Bonita Bergin qui créa l'association Canine Companions for Independence (CCI). En 1976, Abdul, Labrador noir, sera le premier chien d'assistance pour handicapés moteurs (service dogs) de la CCI qui forme aussi des chiens pour sourds et malentendants (signal dogs), des chiens sociaux pour collectivités (social dogs) et des chiens "spécialistes" (speciliaty dogs). Il faut attendre 1985 pour voir la première expérience de ce type en Europe, à l'initiative de l'Association hollandaise SOHO. En janvier 1989 a été créée en France l'Association nationale d'éducation de chiens d'assistance pour handicapés (ANECAH), à l'initiative de Marie-Claude Lebret, professeur au Lycée professionnel agricole (LPA) d'Alençon (Orne). Au cours des deux étés 1989 et 1990, Marie-Claude Lebret et Gérard Lalande, professeur au LPA de Saint-Gervais-d'Auvergne (Puy-de-Dôme) et moniteur de chiens, suivent une formation aux Etats-Unis. L'association américaine offre en guise d'encouragement à son homologue française ses deux premiers chiots, deux Goldens Retrievers, Preum's et P'J qui, avec deux Labradors français Etendard et Eva ont commencé leur formation le 1er octobre 1990. Les quatre ont été placés. Entre janvier 1991 et décembre 1999, l'Association a remis plus de 300 chiens à des personnes handicapées moteurs. Le coût de l'élevage et de l'éducation d'un chien d'assistance est de l'ordre de 70.000 francs français. En France, les chien d'assistance – qui restent la propriété de l'ANECAH – sont remis gratuitement par celle-ci.

5. LE CHIEN D'ASSISTANCE POUR PERSONNE SOURDE
[*Cf. Bibliographie :* D. Bidaud, C. Bouchard et Ch. Delbourg]

Dès 1976, aux Etats-Unis, parallèlement à la formation de chiens d'assistance pour personnes handicapées moteurs a été mis sur pied un programme d'éducation de chiens pour les personnes sourdes ou malentendantes (signal dogs) à l'initiative de la Canine Companions Independance. En 1982, la Grande-Bretagne a développé à son tour son propre programme : le "Hearing dog for the deaf". Il est étonnant qu'en France, exception faite de quelques expériences isolées et éphémères, le concept de chien d'assistance pour personne sourde n'a pas véritablement trouvé d'application à ce jour et ne semble pas intéresser particulièrement les instances nationales représentatives des personnes sourdes, ni d'ailleurs les services administratifs concernés.

6. LE CHIEN DE SAUVETAGE EN AVALANCHES

[*Cf. Bibliographie* : P. Achard, Chateaubriand, O. Lombard-Léger, H.B. de Saussure, A. Wlosniewski]

Vers 1050, l'actuel Hospice du Grand-Saint-Bernard est créé en Suisse, à 2.472 mètres d'altitude, dans le Valais, à la frontière italienne, dans le but d'assurer la sécurité des voyageurs contre les dangers de la montagne et les brigands. Ce n'est qu'à partir de 1660 que des nobles des environs offrent des chiens aux religieux afin de les défendre. C'est à partir de 1700 que les moines ont commencé à utiliser les chiens pour guider les voyageurs qui franchissaient le Col du Grand-Saint-Bernard et rechercher ceux entraînés par les avalanches et ensevelis dans les neiges. A cette époque les voyageurs se déplaçaient à pied.

Un siècle plus tard, c'est la gloire... Le naturaliste et physicien suisse de Saussure leur rend hommage. Chateaubriand leur consacre une page dans le *Génie du christianisme*.

Puis ce furent les exploits restés célèbres de Barry (1800-1814), qui sauva 40 personnes et dont la dépouille naturalisée est au Muséum d'histoire naturelle de Berne, et de ses non moindres illustres congénères, Barry II (disparu en 1905 dans une crevasse), Barry III (mort en 1911 en faisant une chute de 200 mètres et auquel est attribuée la dépouille naturalisée actuellement visible à l'Hospice) et plusieurs autres Barry, mais aussi Lion, Drapeaux, Jupiter, Pluton, Pallas, Bellone, Diane... et Albina.

En 1858, dans son ouvrage *Le Monde des Alpes*, F. de Tschudi décrit ceux-ci dans l'exercice de leur fonction : "Chaque jour, deux valets de l'Hospice, appelés Marronniers, explorent les endroits dangereux du passage. Par mauvais temps, le nombre de ces hommes est triplé, et des religieux se joignent à eux ; tous portent des pelles, des perches, des civières, des sondes et des cordiaux et sont accompagnés par les chiens. On suit jusqu'au bout toute trace suspecte, on observe attentivement les allures des chiens. Ceux-ci sont dressés avec le plus grand soin à la piste de l'homme, et quelquefois ils explorent spontanément pendant des jours entiers toutes les gorges de la montagne [...]. Ordinairement, ils portent, suspendu au cou, un petit panier avec des cordiaux et une gourde remplie de vin, souvent une couverture de laine sur le dos". Concernant ces derniers points, Paul Achard confirme d'une certaine manière : "Vers 1800, quelques chiens sont assez éduqués pour porter un petit bât avec deux vases fermés. Ils suivent ainsi un domestique jusqu'à la vacherie, à une heure de distance, et en rapportent du lait ou du beurre". De là est vraisemblablement née l'image indélébile du Saint-Bernard avec son tonnelet de rhum autour du cou qui, encore de nos jours, symbolise pour tous le sauveteur des neiges.

"On évalue à 2.000 le nombre de vies humaines sauvées par les habitants de l'Hospice, bêtes et gens", rapporte Paul Achard en 1937.

Le Saint-Bernard fut le contemporain de l'alpiniste et du sauveteur se déplaçant à pied et ceci dans quelques rares sites (Col du Grand-Saint-Bernard, Passage du Simplon, Col du Mont-Cenis). Avec le développement de l'alpinisme et les déplacements à ski, rapides et sur de longs trajets, le lent et lourd Saint-Bernard n'était plus adapté.

Le chien d'avalanches moderne est apparu avant la Seconde Guerre Mondiale. Il a pour origine un fait divers, en Suisse. Un jeune garçon emporté par une coulée de neige est localisé et désenseveli par un chien se trouvant sur les lieux. L'armée helvétique, intéressée par cet exploit, s'est ainsi la première occupée de la formation systématique de chiens d'avalanches. Cette formation ayant été abandonnée immédiatement après la guerre, la relève a été assurée par le Club alpin suisse qui a fondé deux écoles à Davos et à Verbier. En France, à partir de 1956, les CRS, puis la Gendarmerie nationale, puis la Protection civile, se sont intéressés aux chiens et ont formé des équipes cynophiles de sauvetage en montagne.

Mais l'encombrant Saint-Bernard a laissé la place au léger et souple Berger allemand (80 % des chiens d'avalanches) et à divers autres Bergers belges et Bergers français. Actuellement il ne reste plus qu'une vingtaine de chiens Saint-Bernard à l'Hospice en été. Et en hiver ils descendent dans la vallée !

7. LE CHIEN DE SAUVETAGE NAUTIQUE
[*Cf. Bibliographie* : S. Jomard, O. Lombard-Léger, A. Wlosniewski]

A l'époque des bateaux à voile, les marins – qui le plus souvent ne savent pas nager – ont l'habitude de partir avec un "chien de bateau" à bord. Ces chiens Terre-Neuve – à l'origine contestée – sont capables de repêcher un homme à la mer, de pêcher, de porter quelque chose à terre, de remorquer une petite embarcation, etc.

En France, c'est à l'initiative du Préfet de police Louis Lépine[1] que furent recrutés en 1900 les premiers chiens de la police : deux Terre-Neuve affectés à la Brigade fluviale pour les sauvetages. L'effectif fut porté à quatre en 1901, mais l'expérience fut éphémère. Avant 1914, l'initiative est reprise par la Préfecture de police de Paris en vue de les utiliser pour repêcher les suicidaires de la Seine. Mais l'expérience est à nouveau abandonnée. Et il faudra attendre 1973 pour que la gendarmerie fasse une nouvelle tentative, à nouveau sans succès.

Parallèlement, le 1er novembre 1975, J.M. Durand, moniteur de la Société nationale de sauvetage en mer (SNSM), aide le Terre-Neuve Club (dissout en 1980) à faire passer des exercices de travail à l'eau à des Terre-Neuve. Bien qu'il ne jure alors que par le zodiac ou la vedette de sauvetage, il est "séduit par la prestation de deux Terre-Neuve contrastant avec la pagaille générale". De 1976 à 1982, J.M. Durand met au point une méthode de formation des Terre-Neuve au sauvetage, grâce à Manix, son compagnon Terre-Neuve, et au travail d'équipe de personnes motivées. De nombreuses équipes cynophiles sont formées. Après Manix, s'illustrent Vénus (1983), Alfa (1985), First (1990), Uska (1993)... et plus récemment Fun, Champion de France de travail à l'eau 1997, Junki et Léo travaillant en poste plage et Lola régulièrement embarquée à bord de la vedette SNSM de Bandol (Var). En 1996 a été créée la Fédération nationale des maîtres-chiens sauveteurs aquatiques (FNMCSA) qui regroupe une centaine de couples chien / maître-chien. On compte au total, en France, environ 300 chiens formés ou en cours de formation.

---

[1] Le Préfet Lépine signera le 7 avril 1909 la convention à l'origine des actuelles "brigades canines" de la Préfecture de Police de Paris.

8. LE CHIEN DE CATASTROPHES
[*Cf. Bibliographie :* V. Fuks, A. Wlosniewski]

Dans *l'Odyssée*, Homère rend hommage au flair du chien en contant comment Argos, le chien d'Ulysse, fut le seul à reconnaître son maître, vingt ans après, "sous l'aspect d'un vieillard, pitoyable mendiant appuyé sur sa canne, habillé de tristes haillons".

Au cours des temps, les facultés du chien à identifier une personne uniquement par les odeurs qu'elle secrète furent utilisées, pas toujours à des fins honorables d'ailleurs (chiens de chasse à l'homme spécialement dressés à l'époque de la traite des noirs, en Amérique, pour retrouver les esclaves en fuite).

Durant la guerre de 1914-1918, les capacités olfactives des "chiens sanitaires" ont été mises à profit pour rechercher les soldats enfouis sous les effondrements des tranchées. C'est en Grande-Bretagne, au cours de la deuxième guerre mondiale, après les bombardements, que les chiens (rescue dogs) ont été utilisés pour la première fois pour retrouver des personnes ensevelies sous les décombres (La littérature fait état de Beauty, un Terrier – devenu une célébrité, pleuré par tous les Londoniens quand il mourut – qui sauva 63 personnes).

Dès les années 1950 des écoles de formation d'équipes cynotechniques "de catastrophes" furent créées en Grande-Bretagne, puis aux Etats-Unis, en Allemagne et en Suisse.

Les chiens de sauvetage en décombres apparurent en France dans les années 1970. Leur formation est essentiellement du ressort de la Protection civile, la Gendarmerie ayant néanmoins son propre centre de formation. Dans les années 1980, la Brigade des Sapeurs-Pompiers de Paris (BSPP) a créé son propre peloton canin (devenu Groupe cynotechnique).

Les chiens ont participé aux sauvetages lors des grandes catastrophes naturelles du Plateau d'Assy (Savoie) en 1970, du Tunnel de Vierzy en 1972, en Belgique, en Iran, en Yougoslavie, à El Asnam (Algérie) en 1980, en Turquie en 1983, à Mexico en 1985, au San Salvador en 1986... et à nouveau en Turquie en 1999. En Europe, le Berger allemand et le Berger belge sont les races préconisées. Aux Etats-Unis est souvent utilisé le Chien de Saint-Hubert.

9. "LE" CHIEN THERAPEUTE DES MALADES D'ALZHEIMER
[*Cf. Bibliographie* : D. Bidaud]

Depuis les années 1970, les effets bénéfiques des animaux (oiseaux, chat, chien) sur la santé psychique des personnes âgées ont été étudiés scientifiquement. Une équipe de chercheurs américains de Rhode Island (Nouvelle Angleterre) a démontré plus récemment les bienfaits des animaux de compagnie auprès de malades d'Alzheimer, y compris lors de crises paroxystiques. L'expérience a ainsi prouvé que la présence des animaux d'une part permettrait à la famille et à l'entourage de se décharger d'une partie de leur surveillance et d'autre part présenterait des effets bénéfiques pour la personne malade. Les échanges et les relations affectives se sont progressivement réinstaurés avec l'entourage. Les malades sont plus détendus et on note même une réactivation de la mémoire grâce à des souvenirs ayant trait à des animaux.

Devant de tels résultats, les Laboratoires Sandoz-USA ont décidé de s'investir et de participer à l'élaboration d'un programme de thérapie d'ensemble faisant intervenir l'animal de compagnie. Il s'avère que le Directeur des affaires scientifiques et des relations extérieures, Bill Connely, a adopté un chien, Jeff ! Et ledit Directeur des relations extérieures desdits Laboratoires, ayant "compris combien [ledit Jeff] pouvait être bénéfique pour les victimes de la maladie d'Alzheimer, a entrepris des visites dans les hôpitaux du monde entier" *(sic)*. Que voilà une belle histoire !

Ceci étant, sur leur lancée, Bill Connely et les Laboratoires Sandoz ont créé la Fondation "Jeff's Companion Animal Shetter" dont le but est de collecter des fonds pour des refuges chargés de recueillir et de dresser les chiens affectueux et intelligents en vue de les placer ou d'en faire des chiens de visites à domicile ou dans des institutions. Nous avions oublié : Jeff est issu d'un croisement Epagneul springer (mâle) x Colley (femelle). Gageons que ce qui a été réussi par un corniaud américain, Jeff, devrait être à la portée de nos sympathiques chiens européens ! Actuellement, en France, on essaie plus modestement d'oeuvrer pour que des bénévoles accompagnés de leur chien aient accès aux hôpitaux et autres maisons de retraite et puissent rendre visite aux personnes malades ou âgées.

10. LE SINGE CAPUCIN POUR PERSONNE TETRAPLEGIQUE
[*Cf. Bibliographie* : C. Bouchard et Ch. Delbourg, F. Jaffré, E. Kruczek, F. Séveno-Henry]

En 1979, aux Etats-Unis, à Boston, Mary Joan Willard et ses collaborateurs de l'Université Tufts remettent le premier singe capucin éduqué – Hellion, *Cebus albifrons* de 2 ans – à Robert Foster, personne tétraplégique de 23 ans. [8 ans après, Hellion représente une stabilité, un point de repère dans la vie de Robert Foster : "Son singe a réalisé pour lui des milliers de tâches simples qui lui rendent la vie plus agréable"]. En 1991, le programme américain Helpings Hands de Boston (Directrice : Mary Joan Willard ; Educatrice-dresseuse : Judi Zazula) compte 18 singes éduqués placés chez des tétraplégiques, 15 en phase d'éducation et 89 en pré-éducation en familles d'accueil. Il s'agit essentiellement de *Cebus apella*. Cependant, en 1994, Caroline Bouchard et Christine Delbourg indiquent que "les projets d'aides aux tétraplégiques utilisant le singe capucin [...] ont été abandonnés outre-Atlantique". Le Centre de rééducation et de réadaptation fonctionnelle de Kerpape à Ploemeur (Morbihan) nous a confirmé être à ce jour sans nouvelles du programme américain, qu'aucune publication nouvelle n'est parue et qu'aucune correspondance n'a été suivie de retour. Il semble donc que le programme américain soit arrêté.

Au Canada, en 1986, l'Institut de dressage simien du Québec "François Bruneau" de Montréal (Coordonnateur : Pierre Banville ; Entraîneuse-dresseuse : Carole Longpré) accueille son premier singe, Felixe, femelle de 5 ans. Début 1991, 6 singes avaient presque achevé leur éducation. Pruneau, mâle de 3 ans, a été le premier à terminer son apprentissage au printemps 1990. Pour des raisons financière le programme s'est arrêté et aucun placement n'a été effectué.

En Israël, en 1989, la guenon Chepi a été placée chez Sorin Hersko, héros de la guerre des Six Jours. Celui-ci, très entouré, n'avait pas véritablement besoin d'un capucin et le placement a pris fin après 6 mois. L'expérience israélienne s'est interrompue.

En France, en 1989, un Programme d'aide simienne en faveur

des personnes tétraplégiques (PAST) a été lancé dans le cadre du Centre de rééducation et de réadaptation fonctionnelle de Kerpape à Ploemeur (Morbihan). Le Dr Michel Busnel est responsable général du programme et Myriam Baran, éco-éthologiste, est chargée du programme éducatif des singes. Le PAST a reçu 5 animaux du programme canadien – dont Pruneau – et 7 en provenance de l'Université de Namur, ainsi que 2 donnés par des particuliers [et 1 en provenance d'Israël]. La méthode française se démarque heureusement de la méthode américaine en ce sens qu'il est fait appel à des techniques d'apprivoisement différentes, que les dents des singes ne sont pas arrachées et que l'on n'a pas recours aux stimulations électriques pour l'apprentissage ! Le Programme expérimental PAST s'est déroulé comme prévu jusqu'en 1996. Le PAST a procédé à 8 placements. 5 ont été interrompus : Pruneau (1er placement : juin 1994/mars 1996, personne handicapée décédée ; 2ème placement : avril 1996/avril 1998, mort de Pruneau), Jacki (placement : juillet 1994/janvier 1997), Tendresse (placement juin 1995/mai 1998, personne handicapée décédée) et Barra (placement bref : août 1995/janvier 1996). Fin 1999, 3 placements perdurent dans de bonnes conditions depuis 1996 : Cosig, Creach (en provenance de Belgique) et Lulu (en provenance d'Israël).

On estime que la prise en charge globale d'un capucin – qui est remis gratuitement à la personne handicapée – revient à environ 150.000 francs français, pour 20 ans de service auprès de la personne assistée. Comparé au coût d'un chien d'assistance, qui est de 75.000 francs français pour 10 ans de service, l'aide simienne reste financièrement abordable. Beaucoup d'espoirs ont toujours été mis dans l'aide susceptible d'être apportée à la personne tétraplégique par un animal aux potentialités intrinsèquement illimitées en matière d'assistance. L'application est moins évidente. Le singe capucin n'a pas derrière lui des siècles, voire des millénaires de domestication. Il reste un animal sauvage et, à ce jour, force est d'observer que les projets d'aide simienne – séduisants à priori – ne semblent pas avoir réellement réussi à s'imposer.

11. LE DAUPHIN : MYTHE OU/ET REALITE ?

[*Cf. Bibliographie* : Aristote, J. Defradas, Hérodote, S. Lebreton, O. Maddens, Pline L'Ancien, Pline Le Jeune, Plutarque, V. Rousselet-Blanc et C. Mangez, F. Séveno-Henry]

Le récit le plus ancien d'un homme sauvé par un dauphin paraît être celui d'Hérodote (Ve s. av. J.-C.) et de la célèbre légende d'Arion dans *l'Enquête* : "Arion, en grand costume, prit sa cithare et, debout sur le tillac, chanta d'un bout à l'autre l'hymne orthien ; puis, en la terminant, il se jeta dans la mer tel qu'il était, avec toutes ses parures. Les marins continuèrent leur route vers Corinthe, mais, dit-on, un dauphin prit Arion sur son dos et le porta jusqu'au cap Ténare".

Dans son *Histoire des animaux* (IVe s. av. J.-C.), Aristote décrit le comportement des dauphins, notamment la douceur et la familiarité avec l'homme dont font preuve certains d'entre eux, et en particulier les "manifestations d'amour et de passion pour des enfants".

La légende d'Arion a été souvent reprise et rapportée au cours des siècles. Au cours du *Banquet des Sept Sages*, les personnages de Plutarque (Ier s. après J.-C.) font le récit de "contes merveilleux où nous voyons les dauphins, agents de la divinité, sauver des mortels". Gorgos a vu Arion, épuisé de fatigue mais vivant, être déposé à terre après avoir été secouru en mer et transporté par "un grand nombre de dauphins" (Hérodote faisait référence à un dauphin seul). Solon fait le récit du cadavre d'Hésiode – celui-ci ayant été assassiné et jeté à la mer – recueilli et transporté vers le promontoire de Malycria en Locride par une "troupe de dauphins". Pittacos rappelle la célèbre histoire du sauvetage d'Enalos et de la fille de Smintheus "transportés par des dauphins à travers la mer" et ayant abordé sans dommage sur la terre ferme. Diocles fait allusion à un récit similaire, mais concernant des dieux, datant de plus de deux mille ans du "temps d'Ino et d'Athamos" [1].

Pline L'Ancien rapporte, dans son *Histoire naturelle* (Ier s. après J.-C.), plusieurs exemples de relations étroites entre des enfants et des dauphins. Il décrit également les dauphins qui

---

[1] Dans ses Notes complémentaires au *Banquet des Sept Sages*, Jean Defradas envisage que cette dernière histoire "reporte à l'époque pré-argonautique, c'est-à-dire à ce qu'il y a de plus ancien dans le mythe".

pêchent les bancs de mulets "de société avec l'homme", dans la province Narbonnaise, sur le territoire de Nîmes, dans un étang appelé Latera [qui paraît être l'étang de Lattes, près de Palavas (Hérault)]. De la même manière, dans sa thèse de doctorat en pharmacie, Stéphane Lebreton – se référant à une publication de 1985 – décrit les Imragen, ethnie vivant sur le Banc d'Arguin en Mauritanie, faisant appel à la collaboration des dauphins pour pêcher également le mulet. Il s'agit là d'une "association bipartite où l'intérêt des Imragen rejoint celui des dauphins". "En 1937, à Napier (Nouvelle Zélande) est mort un dauphin, qui remplissait les fonctions de pilote, indiquant le chenal à l'entrée et à la sortie des bateaux, en sautant d'une vague à l'autre", indique E. De Saint Denis dans son Commentaire du Livre IX de *l'Histoire naturelle* de Pline L'Ancien.

Dans l'une de ses *Lettres*, Pline Le Jeune (IIe s. après J.-C.) fait le récit d'un enfant chevauchant un dauphin venu à sa rencontre, – "aucun des deux n'a peur, aucun ne fait peur" –, avec d'autres enfants et un second dauphin (autre prodige) nageant à leurs côtés. La scène est située dans la colonie d'Hippone de la province d'Afrique.

Il faudra attendre 1975, pour que débutent, aux Etats-Unis, au Dolphin Research Center de Marathon Kay en Floride, les premières recherches sur la delphinothérapie, à l'initiative du neuropsychiatre David Nathanson, Professeur à l'Université internationale de Miami. La méthode appliquée depuis 1988 par Nathanson – travaillant avec une dresseuse, Linda – fait appel à un groupe de *Turiops truncatus*, auquel appartient Marina, "actrice" du film *Le Grand Bleu* de Luc Besson. Les consultations du "Docteur Marina" et des autres "cétacés praticiens" ont pour objectif de faire progresser psychologiquement les enfants handicapés mongoliens, autistes, hyperactifs, dyslexiques, etc. Nathanson croule sous les demandes de parents. Le coût du traitement particulièrement élevé – fixé à 35.000 francs français pour 16 séances en 1992 – n'est pas à la portée de tout le monde. Parallèlement, en Grande-Bretagne, le Dr Horace Dobbs accompagne des malades dépressifs sur un canot pneumatique au large de Cornouailles pour côtoyer les dauphins. Certains malades en tirent un réel bien-être.

En Israël, Sophie Donio – s'inspirant des recherches américaines – a introduit une activité de delphinothérapie au Centre de tourisme Dolphin Reef à Eilat. Responsable de cette activité, Sophie Donio – monitrice de plongée et licenciée en psychologie – travaille également depuis 1993 avec le Dr Daniel Meir, psychiatre à l'Hôpital universitaire Etanim à Jérusalem. Sophie Donio – interviewée par le *Journal du psychologue* – indique d'une part avoir peu de patients et d'autre part refuser des demandes. Sophie Donio est par ailleurs d'une extrême prudence dans ses déclarations concernant les effets de l'application d'une telle thérapie.

Il est en effet important de préciser ici que le dauphin est loin d'être une panacée : tous les dauphins ne sont pas attirés par les personnes handicapées physiques ou mentales, toutes les personnes handicapées ne sont pas attirées par les dauphins, et quand l'un(e) est attiré(e) par l'autre, et réciproquement, il ne se passe pas obligatoirement quelque chose concernant l'évolution de la maladie ou du handicap de la personne.

12. LES POISSONS ANTI-STRESS
 [*Cf.* Bibliographie : D. Bidaud, N. Christophe]

Une étude américaine a révélé une vertu inattendue chez les poissons en aquariums. A. Katcher, H. Segal et A. Beck, chercheurs à l'Université de Pennsylvanie, ont démontré l'action apaisante des poissons chez l'homme placé en situation de stress, notamment lors d'extractions dentaires.
L'Association des amis de l'aquarium du Musée national des arts africains et océaniens de Paris travaille à l'installation d'aquariums en milieu hospitalier pour réduire le niveau d'anxiété des patients, notamment des enfants. Des aquariums ont été installés dans les salles d'attente et de soins de quelques hôpitaux parisiens (Necker, Saint-Vincent-de-Paul).

13. LES ANIMAUX-SOLDATS
[*Cf. Bibliographie* : R. Boissy, M. Monestier, A. Wlosniewski]

Les animaux-soldats – l'appellation est de Martin Monestier – peuvent-ils être considérés comme se trouvant dans la situation d'améliorer la vie des personnes en difficulté ? Quoiqu'il en soit, on ne leur pas demandé leur avis et ils méritent d'être cités parmi les animaux ayant apporté une aide aux hommes. De nos jours, les animaux-soldats des armées modernes sont essentiellement des chiens, – et plus précisément des chiens détecteurs de mines –, hormis quelques dauphins, phoques et otaries engagés comme "agents très spéciaux", notamment par les armées américaine et ex-soviétique. Concernant plus particulièrement la Gendarmerie, celle-ci utilise les chiens comme détecteurs de drogues ou d'explosifs. Les chiens sont aussi dressés au pistage et à la garde. Il ne faut pas oublier pour autant ces animaux-soldats que furent en des temps anciens les chiens de guerre – engagés en meute dans les combats – et les chiens sanitaires, les pigeons voyageurs, les éléphants de guerre, les chameaux et dromadaires des guerres du désert, les chevaux de selle et les animaux de trait et de bât que furent également les chevaux, mais aussi les boeufs... et les mulets et les ânes.

Ces derniers ont joué un rôle important durant certaines guerres et notamment la Guerre de 1914-1918. Les témoignages et photos publiés par Raymond Boissy le confirment : "Sans les ânes nos courageux soldats de Verdun auraient perdu la bataille par manque d'eau, de nourriture, de grenades, de cartouches, de mitrailleuses, de torpilles... Guère plus grands que des moutons, les narines la plupart du temps ouvertes d'un coup de couteau [pour les empêcher de braire], les ânes acheminaient le ravitaillement par des fossés profonds nommés boyaux qui reliaient toutes les tranchées depuis l'arrière jusqu'à la première ligne. Ces bêtes venues d'Algérie, du Maroc, furent sacrifiées par milliers...".

Il en fut de même du mulet – le "vaisseau des montagnes" – tout au long de notre histoire et jusqu'à la guerre d'Algérie, après qu'il eût été un auxiliaire indispensable de la conquête de celle-ci pour laquelle 2.600 mulets avaient été réunis sur le sol algérien au printemps 1840. En ce qui concerne la conquête de Madagascar ce sont 6.000 mulets qui furent utilisés. En outre, jusqu'à récemment encore, la vérité historique du moment consistait à rappeler que c'est sur une mule que Bonaparte franchit le Grand Saint-Bernard, et non sur un cheval comme le représente le fameux portrait de David *"Bonaparte gravissant le Saint-Bernard"*. Cependant, depuis 1978, après consultation par Lucien Lathion des documents de l'armée et écrits de l'époque, il apparaît que ceux-ci restent muets sur cette question précise (tout en chiffrant à 2.000 le nombre de mulets réquisitionnés et rassemblés). Et ce serait "marchant, la cravache à la main", à moins que ce soit "avec ses chevaux", "encore que cela ne soit pas impossible" que ce fut à dos de mulet... que le Premier Consul aurait franchi le col ! En ce qui nous concerne, par sympathie pour les mules et les mulets, nous prendrons résolument parti et adopterons comme vérité historique le tableau de Paul Delaroche, datant de 1847, représentant Bonaparte franchissant le col sur sa mule !

14. LES ANIMAUX DE LABORATOIRES

A l'image des animaux-soldats, les animaux de laboratoires sont des animaux sacrifiés par l'homme à son seul bénéfice. Expérimentations et recherches diverses pratiquées sur le vivant, procédés toxicologiques et méthodes d'investigation physiques, chimiques ou biologiques préalables à la commercialisation de toutes spécialités pharmaceutiques, pourvoyeurs futurs d'organes vivants destinés à être transplantés sur un receveur humain malade, tel est le lot peu enviable de ces animaux (rongeur, chien, primate... et cochon pour ce qui est des xénogreffes envisagées dans l'avenir). Il s'agit ici d'une aide vitale rendue par le règne animal à l'humanité.

Et on ne peut évidemment qu'être d'accord sur le principe avec l'Article 6 de la Déclaration universelle des droits de l'animal selon lequel "les méthodes de remplacement doivent être développées et systématiquement mises en oeuvre".

15. LES ANIMAUX DE LA FERME

Les animaux de la ferme peuvent être utilisés à des fins pédagogiques et thérapeutiques. De nombreuses fermes pédagogiques pour enfants et adolescents – dont la plus célèbre est peut être, près de New-York, la Ferme de Green Chimneys accueillant depuis 1947 des jeunes des quartiers du Bronx ayant des troubles du caractère et du comportement – ont été créées dans les pays scandinaves et anglo-saxons. Divers établissements de ce type – dont certains accueillent des enfants et adultes atteints de handicaps mentaux ou physiques – se sont développés en France depuis une vingtaine d'années. Ces fermes mettent en contact les jeunes et moins jeunes avec des animaux domestiques (lapins, poules, cochons, moutons, chèvres, vaches, chevaux, etc.) qui jouent manifestement un rôle dans certaines thérapies dispensées.

Mais sans se référer à cette utilisation pédagogique et thérapeutique particulière de l'animal de la ferme, si nous prenons l'animal élevé à des fins de rente, il n'est pas si évident d'établir une frontière entre animal domestique et animal familier.

La demi-douzaine de vaches de telle exploitation agricole de montagne des chaumes vosgiens, nées dans la ferme avec l'assistance de la fermière, élevées par elle dans les mêmes temps que les divers membres de la famille, font partie de la vie de celle-ci au quotidien, participent de ses joies et de ses peines et influent sur son équilibre pour le meilleur et le moins bon. Il s'agit en effet d'animaux de rente, ce qui implique une séparation provoquée et inévitable, souvent repoussée à plus tard, et qui est le moment venu l'objet d'un véritable deuil. A la Ferme du Vieux Sapin à La Bresse (Vosges), un an après, Christine ne peut parler sans émotion du départ d'Esméralda, l'ancienne chef de son troupeau de vaches... Il en est de même pour le canard de Barbarie qui depuis de très nombreuses années trônait, énorme et majestueux, au milieu de la basse-cour et que son poids et son âge ont conduit au sacrifice. Et bien, le canard, il a laissé un vide ! Et puis, lui, il connaissait le renard et ne s'éloignait pas du bâtiment de la ferme, imité en cela par ses collègues anatidés sur lesquels il avait autorité et par le reste de la basse-cour. En l'absence de l'ancêtre, les jeunes se sont éloignés... et le renard s'est régalé !

16. LES ANIMAUX DE COMPAGNIE / LES ANIMAUX FAMILIERS

42 millions d'animaux de compagnie en France ! Il s'agit là d'une aide psychologique et sociale de masse, apportée individuellement par la présence du chien ou chat ou autre compagnon animal, à la personne seule, au couple sans enfant ou – le plus souvent et contrairement peut-être à une idée reçue – à la famille avec enfants, voire à la famille nombreuse. C'est dans le monde rural que le taux de possession d'animaux de compagnie reste de loin le plus important, contrairement également à l'impression que l'on pourrait avoir en parcourant les trottoirs de certaines de nos villes, et notamment ceux de Paris où pourtant la densité en animaux est inférieure à celle des autres grandes villes françaises. On se rend compte cependant – comme l'avait pressenti Ange Condoret dans les années 1950 – du "rôle social de l'animal de compagnie dans le rythme de la vie du citadin, de son utilité et parfois de sa nécessité".

Le chat et le chien – dans l'ordre – sont de loin les animaux de compagnie les plus répandus. On trouve ensuite, mais nous sommes ici dans un autre registre, les poissons, les oiseaux, les rongeurs et les lagomorphes. Et enfin ce qu'il est convenu d'appeler les NAC ou "nouveaux animaux de compagnie" consistant en une cohorte hétéroclite de tortues, insectes, mygales, serpents, lézards et autres crocodiles !

Nous n'établirons aucune corrélation entre l'animal et son propriétaire. Pour l'humour, nous nous contenterons de nous interroger. En nous en tenant aux chiens, quels peuvent être les points de convergences et de divergences existant entre le possesseur du calme, affectueux et élégant Dogue allemand ou Terre-Neuve et celui du non moins calme et non moins affectueux Basset Hound aux proportions psychédéliques ?

D'animaux de compagnie, il n'y avait qu'un pas à franchir pour que nombre de ceux-ci finissent par être considérés comme membre à part entière de la cellule familiale à l'équilibre de laquelle ils participent pleinement (éventuellement avec tous les excès qui peuvent parfois caractériser les relations des membres d'une même famille entre eux).

Le médecin du boeuf ou de l'âne
qui par son opération
aura causé la mort de l'animal
devra payer un cinquième de son prix.

CODE D'HAMMOURABI
(XVIIIe s. av. J.-C.)

*L'animal est essentiellement
la même chose que l'homme.*

SCHOPENHAUER

CHAPITRE II

INTERACTIONS GÉNÉRALES HOMME / ANIMAL

L'homme et l'animal : les deux passions d'Ange Condoret.
[Thèse pour le doctorat vétérinaire de Jean-Claude Brunetaud, 1991.]

ANALYSE :
Ange Condoret, a fait ses études à l'Ecole vétérinaire de Toulouse et a ouvert son cabinet (vétérinaire spécialiste pour petits animaux) en 1948 près de Bordeaux.

De 1965 à 1975, lors de consultations, Condoret est en contact avec plus d'un millier d'enfants dont il constate qu'ils sont le plus souvent à l'origine de la demande de consultation pour l'animal familier. Et il s'intéresse à l'attachement croissant de l'enfant citadin à l'égard des animaux domestiques.

En 1968, il présente un rapport *"Le vétérinaire urbain et la santé publique"* qui insiste sur les bienfaits de la présence animale sur l'hygiène mentale du citadin (notamment sur la guérison des névroses) et sur les effets que peut procurer "l'animalthérapie" pour les enfants inadaptés.

La même année, il participe à une expérimentation consistant en l'introduction d'une chienne auprès d'un groupe de fillettes psychotiques totalement repliées sur elles-mêmes et observe les modifications de comportement induites par la présence de l'animal : recherche d'un contact et apparition d'une amorce de jeux avec l'animal et aussi entre elles, amélioration des rapports entre enfants et avec le personnel soignant.

Suite à ses rencontres avec Boris Levinson, psychologue américain, et Hubert Montagner, alors zooéthologue à l'Université de Besançon, Condoret va s'intéresser spécialement à la tranche d'âge des enfants de 3 à 4 ans et observera de 1975 à 1978, dans le cadre d'une école maternelle, les effets positifs de la présence d'animaux variés (chien, chat, hamster...) sur leur comportement.

"L'animal, qui lui ne parle pas, devient soudain ce corps qui fait parler, ce corps qui va régir une nouvelle conduite, ce corps qui ouvre à l'enfant émerveillé les portes du rêve, les portes des êtres, les portes de la nature, les véritables portes du monde", déclare Condoret dont l'aboutissement de trois années d'expérimentations et observations est résumé dans le film *"L'enfant et l'animal : Eveil aux communications"*.

Le cas de la jeune Bethsabée est resté célèbre... Bethsabée souffre d'autisme, elle ne parle pas et ne communique avec personne... Elle est accueillie dans une classe maternelle... Bethsabée refuse tout contact... Un jour, la tourterelle de la classe prend son envol... Un sourire illumine le visage de Bethsabée... Le désir de contact avec l'animal apparaît... Et on assiste à la naissance d'un désir général de communiquer...

De ses observations audiovisuelles Condoret tirera les bases de "L'intervention animale modulée précoce" (IAMP), méthode relationnelle originale ayant pour but de faciliter, grâce à la présence d'un animal choisi par l'enfant lui-même, l'exercice spontané des communications tactiles et gestuelles (transition naturelle et spontanée entre les communications non verbale et verbale). Cette transition qui s'effectue généralement chez l'enfant à l'âge de 3 ans, peut se prolonger jusqu'à l'âge de 6 ans chez des enfants atteints de trouble du caractère et du comportement.

Condoret militera durant plus de quinze ans pour que soit reconnu le rôle social de l'animal de compagnie dans le rythme de vie du citadin, de son utilité et parfois de sa nécessité. Il créera un néologisme pour définir ce phénomène : "urbanimalisation".

En 1977, Condoret a fondé la Société pour l'étude psychosociologique et médico-pédagogique de la relation à l'animal familier chez les enfants normaux ou inadaptés (SEPMRAE), mais son projet de création d'un Centre infantile d'éveil aux communications humaines par l'animal (CIECHA) n'aboutira pas. (Un vétérinaire intervenant dans des problèmes de pathologie infantile, cela ne fait pas l'unanimité !). Il créa aussi en 1977 l'Association française d'information et de recherche sur l'animal de compagnie (AFIRAC).

Les recherches de Condoret n'ont pas eu l'écho favorable escompté dans les milieux médico-psycho-pédagogiques français. C'est aux Etats-Unis que ses travaux sur les relations Homme / Animal sont les plus connus et reconnus.

Ange Condoret (1923–1983), praticien, précurseur de la médecine vétérinaire des petits animaux, syndicaliste vétérinaire urbain canin est aussi un homme de communication, écrivain-poète, passionné de peinture et d'architecture avec un goût affirmé pour les voyages.

"Sa profonde sensibilité, son amour incommensurable pour l'animal, sa foi dans l'homme l'ont amené à défricher le terrain encore méconnu des relations Homme / Animal" et c'est à travers l'étude de ces interactions que la dimension particulière d'Ange Condoret apparaît.

COMMENTAIRES :

Ange Condoret avait prévu l'évolution des relations Homme/Animal et, par la même, de la profession de vétérinaire.
Ange Condoret a été le pionnier en France en matière d'étude des relations Homme/Animal et – pour ce qui nous préoccupe – des relations Personnes handicapées ou malades/Animal.
Le néologisme "urbanimalisation" créé par Ange Condoret pour désigner "l'extraordinaire vogue des animaux familiers dans la ville" a été intégré par Encyclopædia Universalis, *dans son Additif 1979, au lendemain de l'Année mondiale 1978 de l'animal qui fut*

celle de la Déclaration universelle des droits de l'animal. Sous le titre "L'urbanimalisation et les droits des animaux", Françoise Armengaud y traite des "animaux de bonne famille et de bonne compagnie" et précise que "dans un milieu hyperurbanisé, l'animal parait bénéfique, salvateur, voire thérapeute". "Urbanimalisation" n'a pas été retenu par le langage courant et on peut regretter que le mot n'ait pas été repris par Encyclopædia Universalis dans sa nouvelle édition 1992.

L'animal, adjuvant thérapeutique. [Thèse pour le doctorat en pharmacie par Dominique Bidaud, 1992.]

ANALYSE :

Le chien-guide d'aveugle joue évidemment un rôle primordial pour aider la personne dans ses déplacements, mais psychologiquement le chien (Labrador, Golden Retriever et Berger allemand) peut aussi contribuer à redonner autonomie et confiance aux non-voyants et être, parallèlement, un très bon atout pour communiquer avec les voyants (à la différence de la canne blanche qui est un instrument d'autoségrégation).

Le chien pour sourd, quant à lui, permet à la personne concernée de réagir aux stimuli de son environnement et – comme pour le chien-guide d'aveugle – apporte une aide psychologique et sociale.

A l'image de la Canine Companions for Indépendence (CCI) qui depuis quinze ans éduque 60 chiens chaque année aux Etats-Unis, en France l'Association nationale pour l'éducation de chiens d'assistance pour handicapés (ANECAH), créée en 1989, a pour vocation la formation de chiens d'assistance (Golden Retriever et Labrador) et leur remise à des personnes handicapées moteurs, l'apport du chien se situant au niveau d'une aide physique et d'une aide psychologique et sociale.

Le rôle d'assistance tenu par le singe capucin (genre *Cebus*) auprès des personnes tétraplégiques, présente un réel intérêt au plan pratique et au plan psychologique et social. Depuis 1979 une quinzaine de tétraplégiques américains bénéficient du soutien de cet animal. Cette expérience a fait des émules au Canada et en

Israël. Un programme a débuté en France au Centre de rééducation et de réadaptation fonctionnelle de Kerpape à Ploemeur (Morbihan). *[Cf. 1. Les animaux d'assistance aux handicapés physiques, pp. 10-33]*

En 1958, des psychologues et psychiatres américains sont les premiers à utiliser l'animal de compagnie comme moyen de thérapie des malades mentaux et des handicapés mentaux. Certaines observations et expérimentations de Levinson, Corson, Condoret, etc. mettent en jeu divers animaux (chiens, chats, tourterelles) et montrent les bénéfices tirés de la compagnie des animaux dans le cadre de "thérapies facilitées par l'animal".

La "thérapie avec le cheval" donne des résultats positifs sur les traitements des troubles de la psychomotricité, sur le psychisme et la socialisation, ceci en secteur psychiatrique mais aussi avec des handicapés mentaux ou des handicapés physiques.

Des bienfaits certains sont apportés par les quelques rares fermes de réadaptation existantes, par les poissons rouges évacuateurs de stress (chez le dentiste à l'occasion d'une extraction...!), par la thérapie d'enfants souffrant de troubles psychiques facilitée par les dauphins en Floride (Etats-Unis) et la thérapie de la maladie d'Alzheimer par les animaux de compagnie, notamment les chiens... et plus particulièrement Jeff le chien du Directeur des relations extérieures de la Compagnie Sandoz-USA ! *[Cf. 2. Des animaux guérisseurs de troubles psychiques, pp. 34-57]*

Concernant les personnes âgées, il est traité des bienfaits produits par les animaux de compagnie (chats, oiseaux, poissons, chiens...) en ce qui concerne d'une part les personnes vivant dans la solitude et d'autre part celles vivant en collectivités. Lesdits bienfaits peuvent être d'ordre médical (réduction de la pression artérielle, ralentissement du rythme cardiaque et diminution d'anxiété) ou d'ordre social (amélioration des relations avec l'entourage et prise de responsabilités).

L'introduction volontaire des animaux – animaux collectifs, animaux visiteurs et animaux de résidants – dans les diverses maisons de retraite et hôpitaux des secteurs public et privé peut apporter beaucoup aux personnes âgées ou malades. *[Cf. 3. Rôle thérapeutique des animaux de compagnie vis à vis des personnes âgées, pp. 58-77]*

Cette introduction d'animaux dans le milieu hospitalier ou médicalisé ne va évidemment pas sans poser divers problèmes et il convient notamment d'assurer le suivi thérapeutique des animaux. Pathologies infectieuses virales et bactériennes d'une part et d'autre part parasitoses externes et internes du chien et du chat sont abordées sous les angles de la prophylaxie et de la thérapeutique médicamenteuse. L'importante question de la maîtrise de la reproduction des "chats libres à l'hôpital" est envisagée. *[Cf. 4. Le suivi thérapeutique des animaux en milieu hospitalier, pp. 78-117]*

La thérapie par l'animal semble promise à un bel avenir et nous devrions assister à une prolifération de programmes faisant intervenir l'animal comme adjuvant thérapeutique.

COMMENTAIRES :

Cette étude inventorie la pluplart des différents types d'aides susceptibles d'être apportées par le règne animal (mammifères terrestres et marins, oiseaux, poissons...) aux personnes handicapées physiques (moteurs ou sensoriels) et mentales, mais également aux personnes malades ainsi qu'aux personnes âgées que celles-ci soient isolées ou vivent en collectivités.

Le travail de Dominique Bidaud est susceptible d'intéresser tous les amis des animaux et plus particulièrement les amis des chiens et des chats pour lesquels il constitue un véritable "Zoo-Vidal".

[Précision humoristique à l'attention de Mesdames et Messieurs les docteurs en pharmacie, Membres du jury et Impétrant : "Les dauphins sont des mammifères et non des poissons !"].

La zoothérapie : utilisation des animaux en milieu hospitalier.

[Thèse pour le doctorat vétérinaire de Myriam Septier, 1994.]

ANALYSE :

La zoothérapie est une "méthode clinique qui cherche à favoriser les liens naturels et bienfaisants qui existent entre les humains et les animaux à des fins thérapeutiques et préventives". [Certains auteurs préconisent d'utiliser le terme de "thérapie facilitée par l'animal" (TFA)].

Les champs d'activités de la zoothérapie sont très vastes, que ce soit à domicile ou dans le milieu familial ou dans le milieu institutionnel, et ceci aussi bien pour des personnes malades somatiques ou mentales, des personnes handicapées mentales ou moteurs ou non-voyantes, des personnes ayant des problèmes de langage ou du comportement, des personnes âgées en perte d'autonomie, etc.

Les animaux de compagnie à demeure ou visiteurs les plus couramment utilisés sont très variés : chats, oiseaux, poissons, chiens, chevaux, etc. Concernant les mécanismes d'actions de la zoothérapie, ils se situent tant au niveau physiologique que psychologique. *[Cf. La zoothérapie. Mécanismes d'action, pp. 1-25]*

A l'Hôpital Rivière-des-Prairies à Montréal (Canada), une expérience de traitement de la schizophrénie par la zoothérapie – avec la participation de Piff, Bouvier des Flandres de 18 mois [de Caroline Bouchard] spécialement entraîné – a donné des résultats très positifs concrétisés par une diminution du comportement autistique chez un groupe de trois enfants. Dans le même hôpital, depuis 1992, Coquin, Chow-Chow d'une infirmière, fait partie de la vie de l'Unité de soins. Il réveille les patients pour le lever, les surveille lors de promenades. Il est même arrivé qu'il avertisse qu'un patient allait avoir une crise d'épilepsie.

L'introduction de Honey, chienne Labrador, dans un hôpital pour personnes très âgées (souffrant de problèmes cardio-vasculaires, arthrite, démence sénile, maladie de Parkinson, etc.) à Caulfield (Australie) a été considérée comme un succès, les soixante patients étant significativement plus heureux, plus responsables, plus intéressés par les autres.

Une expérience de zoothérapie (chiens visiteurs) a été réalisée dans un Centre d'intervention contre les crises de la maladie d'Alzheimer à Johnston (Etats-Unis). Les résultats indiquent que les animaux ont été acceptés par la majorité des patients, les relations de ceux-ci avec leur environnement ayant augmenté ainsi que leurs relations émotionnelles. Le changement le plus important est la diminution de l'état de dépression et le fait que les malades se renferment moins sur eux-mêmes.

La Fondation "Jeff's Companion Animal Shelter" se préoccupe de dresser des chiens affectueux et intelligents en vue de les placer auprès de personnes malades ou d'en faire des chiens de visite à domicile ou dans les établissements hospitaliers.

Toujours aux Etats-Unis, à l'Université de Maryland, il a été constaté expérimentalement que la présence de l'animal peut diminuer les effets du stress et de l'anxiété, ceux-ci s'accompagnant de changements physiologiques touchant le système nerveux parasympathique et diminuant ainsi la pression artérielle.

A San Francisco, des animaux éduqués ont été introduits dans 145 hôpitaux ou cliniques auprès de malades atteints du Sida ou d'un cancer. On constate une hausse du moral du malade qui ne se sent pas rejeté par l'animal à cause de son état physique et qui accepte ledit animal comme un élément positif dans son environnement.

Il a été constaté une diminution de la pression artérielle, du rythme cardiaque et de l'anxiété chez les personnes observant des poissons en aquarium. A l'Hôpital Necker à Paris, les médecins en pédiatrie-chirurgie maxillo-faciale utilisent des aquariums dans les salles d'attente et cabinets de soins.

De nombreuses autres expériences sont menées dans le monde et en France [animaux introduits et parc animalier avec daims à l'Hôpital Georges Clémenceau à Champcueil (Essonne), volières et poulaillers à l'Hôpital Charles Foix à Ivry-sur-Seine (Val-de-Marne), Labradors à l'Hôpital de Saint Gaudens (Haute Garonne), tourterelles à l'Hôpital Paul Brousse à Villejuif (Val-de-Marne), visites de chiens accompagnés de bénévoles au Service de gériatrie de l'Hôpital d'Alençon (Orne), animaux admis en long séjour au Centre hospitalier de Mulhouse (Bas-Rhin), etc.]. *[Cf. Les essais accomplis et les expériences en cours, pp 26-52]*

 La réglementation en matière d'accueil des animaux dans les maisons de retraite et à l'hôpital en France est relativement restrictive et laissée de fait à l'appréciation du responsable de l'établissement. Les indications, contre-indications et limites de la zoothérapie (hygiène, allergie... et soins à donner aux animaux) sont traitées sous l'angle de la médecine et de la médecine vétérinaire. *[Cf. Réglementation. Indications, contre-indications et limites de la zoothérapie, pp. 53-96]*

COMMENTAIRES :
L'auteur donne un intéressant recensement d'essais et expériences en cours – de par le monde et en France – utilisant le fait que si la présence d'un animal domestique peut se révéler confortable pour des gens bien portants, des effets similaires peuvent être attendus sur des personnes malades ou handicapées. Il est à noter que, actuellement, l'emploi de la formulation "thérapie facilitée par l'animal" a tendance à être privilégiée par rapport à celle de "zoothérapie".

La thérapie facilitée par l'animal ou l'animal au service de l'homme malade. [Thèse pour le doctorat vétérinaire de Loïc Lecoeuvre, 1995.]

ANALYSE :
Animal-médicament, animal-machine, animal sensible furent les stades successifs qui – du serpent d'Esculape au chenil de Pavlov – précédèrent la notion de "thérapie facilitée par l'animal" née à la fin du XVIIIe siècle pour aboutir, à partir des travaux de Levinson, Corson et Condoret, à l'actuelle prise en compte scientifique de l'importance de la relation Animal / Homme.

L'histoire du chien-guide pour aveugles prend son essor en 1915 en Allemagne, date à partir desquelles des méthodes d'éducation (famille d'accueil et centre de dressage) sont définies. La fonction de chien-guide pour personnes sourdes (rôles social, psychologique et d'avertisseur) et sa formation ont été définies plus récemment.

Concernant l'animal au service des handicapés moteurs, il convient de distinguer d'une part l'auxiliaire "permanent" pour les tétraplégiques, – à savoir le chien d'assistance et le singe capucin qui assistent la personne pendant l'absence de l'auxiliaire de soins –, et d'autre part l'auxiliaire "thérapeutique" et plus particulièrement le cheval thérapeute (hippothérapie, équithérapie, équitation rééducative, etc.).

L'animal peut être utilisé également au service des personnes atteintes d'une "déficience mentale constitutionnelle caractérisée essentiellement par l'impulsivité, l'instabilité et l'incapacité

d'adaptation au milieu". Chez l'enfant l'animal est décrit comme jouant un rôle symbolique et il est le sujet d'identification par excellence ; chez l'adulte il constitue le support idéal des projections fantasmatiques.
L'animal joue aussi un rôle en tant que source de dépaysement et en tant que facteur de réminiscence des émotions passées. Il est également fait état de différents exemples de relations de personnes dépressives / paranoïaques / autistes / anorexiques avec des dauphins / chiens / canards / biches... et des relations de la personne handicapée mentale et du cheval. *[Cf. 1. Naissance et développement de la thérapie facilitée par l'animal, pp. 3-41]*

Aux Etats-Unis, des expériences positives sont menées quant à l'apport éducatif et psycho-affectif de l'animal en milieu carcéral. Des prisonnières spécialement formées de la prison de femmes de Purdy (Etat de Washington) prennent en charge le dressage de chiens-guides pour personnes handicapées. Au centre de détention de Oakwood Ferensic, on confie à des volontaires des petits animaux qu'ils sont chargés d'apprendre à nourrir et à soigner. "S'il est une chose difficile en prison, c'est d'inculquer aux détenus la notion de responsabilité. Or cela est justement devenu possible par la présence animale", indique Earl Simple, le vétérinaire chargé de l'encadrement de l'opération.

Le principe de fonctionnement des prisons françaises (54.496 détenus) n'intègre aucune expérimentation de ce type.

Il est traité également de l'animal à l'hôpital (vertus calmantes, rôle anti-stress influant positivement sur la santé cardio-vasculaire des malades et qualité d'adjuvant relationnel favorisant les contacts sociaux), ainsi que des contacts entre l'animal et l'enfant et entre l'animal et la personne âgée. *[Cf. 1. Naissance et développement de la thérapie facilitée par l'animal, pp. 41-65]*

La description d'une très intéressante expérience d'hippothérapie menée à l'Hôpital du Vinatier à Bron (Rhône) durant 8 années – au cours des années 1980 – auprès d'une vingtaine de personnes malades mentales âgées de 20 à 50 ans témoigne d'une évolution positive du bilan psychiatrique des personnes concernées. *[Cf. 2. Un exemple de thérapie facilitée par l'animal à l'hôpital, pp. 66-78]*

L'emploi de la thérapie facilitée par l'animal comprend des contre-indications, des limites, des risques (zoonoses et pathologies infectieuses ou parasitaires, morsures, allergies et deuil pathologique de l'animal). Le rôle du vétérinaire prend toute son importance face à l'émergence de cette utilisation nouvelle des animaux... des problèmes d'éthique posés par l'utilisation de l'animal au service de l'homme... et de la prévention des troubles comportementaux tant chez l'homme que chez l'animal. *[Cf. 3. La thérapie facilitée par l'animal..., pp. 79-126]*

COMMENTAIRES :

Cette très intéressante étude – titrée sur "l'homme malade" – traite plus largement des personnes handicapées physiques ou mentales, et aussi des enfants et des personnes âgées. Cette thèse a en outre le mérite rare de s'intéresser à l'univers carcéral. Cependant, on peut regretter que puissent être désignées et regroupées sous le terme de "psychopathes" tout à la fois des personnes malades dépressives, paranoïaques, autistes, anorexiques et les personnes handicapées mentales ! Et on ne peut qu'être en désaccord quand l'ancien "Foyer de semi-liberté de garçons" (fermé en 1983) géré par l'Association Espoir à Vitry-sur-Seine (Val-de-Marne) est assimilé à une prison !

Interactions psychopathologiques et comportementales entre le maître et l'animal de compagnie : conséquences et applications en médecine vétérinaire. [Thèse pour le doctorat vétérinaire de Agnès Fabre, 1992.]

ANALYSE :

L'animal tient une place importante dans l'inconscient collectif et dans l'histoire de l'homme au cours de la préhistoire (peintures rupestres et domestication), dans les mythologies, dans les contes de fées et dans le totémisme. Il s'avère que l'homme a toujours utilisé l'animal comme support de projections fantasmatiques.*[Cf. I. Représentation imaginaire de l'animal, pp. 16-34]*

Les interactions psychopathologiques maître / animal de

compagnie présentent différents stades et formes (peurs enfantines des animaux et rêves et cauchemars desdits enfants mettant en scène des animaux, phobies animales chez l'enfant se prolongeant chez l'adulte, importance de la valeur projective de l'animal de compagnie notamment en matière de craintes sexuelles, animal comme substitut des besoins affectifs, identification à l'animal et deuil de l'animal familier). Il en est de même des interactions comportementales entre le maître et l'animal (communication par les canaux visuel, auditif et olfactif, et troubles provoqués chez l'animal). *[Cf. II. et III. Interactions psychopathologiques et comportementales Homme / Animal, pp. 35-98]*

Le fait pour l'être humain de projeter ses sentiments sur l'animal et qu'il puisse établir avec celui-ci de fortes relations affectives (l'animal ayant une valeur de substitut) induisent un certain nombre d'applications.

Ces applications des interactions psycho(patho)logiques entre le maître et l'animal de compagnie concernent aussi bien l'éducation de l'enfant psychiquement normal et – pour ce qui nous préoccupe plus particulièrement – l'utilisation de l'animal comme auxiliaire thérapeutique tant auprès d'enfants atteints de troubles affectifs, voire psychotiques, que d'adultes handicapés ou malades et de personnes âgées.

Ce sont certaines observations du rôle de l'animal au niveau de psychothérapies infantiles qui ont conduit à la notion de "Thérapie facilitée par l'animal". L'animal fonctionne ici comme un compagnon avec lequel le patient a des relations privilégiées permettant au clinicien de comprendre et déceler certains faits susceptibles d'être interprétés.

Concernant les jeunes, diverses expériences aux résultats variables [menées soit auprès de jeunes inadaptés en milieu scolaire ordinaire, soit au sein d'établissements spécialisés pour adolescents perturbés, soit en clinique de jour pour enfants autistes] montrent que "la clinique fourmille d'exemples de déclic thérapeutique par animal interposé". L'animal le plus souvent cité est le chien, mais sont évoqués aussi les animaux de fermes, une tourterelle, les dauphins et... les animaux en peluche.

Concernant l'adulte, diverses expériences montrent l'animal utilisé en tant que support ou auxiliaire par les psychothérapies ou dont la présence bénéfique auprès des personnes a été observée (collectivités de personnes âgées, milieu hospitalier général ou psychiatrique, centres pour délinquants, milieu carcéral, etc.). L'animal joue divers rôles auprès des personnes handicapées physiques : – chiens-guides d'aveugles ; – chiens d'assistance destinés soit aux handicapés moteurs, soit aux malentendants, soit aux hôpitaux et instituts psychiatriques, et chiens éduqués sur mesure pour des personnes à handicaps et problèmes spécifiques multiples ; – thérapies par le cheval ; – singes capucins pour aider les tétraplégiques...
Les thérapies facilitées par l'animal – qui doivent être effectuées dans le respect de l'intégrité de l'animal et de celle du patient – représentent ici une alternative à certaines thérapies traditionnelles. *[Cf. IV. 1. Conséquences et applications des interactions psychologiques, pp. 99-118]*

Certaines utilisations de l'animal sont moins inintéressées matériellement (animal dans la société de consommation et notamment dans la publicité). Par ailleurs, diverses applications ou conséquences possibles des interactions comportementales entre le maître et l'animal de compagnie sont signalées : dressage d'une part et d'autre part interactions pathologiques se manifestant chez l'animal par des symptômes organiques (état de choc, troubles digestifs, troubles respiratoires, troubles cutanés...). *[Cf. IV. 2. Conséquences et applications des interactions comportementales, pp. 119-130]*

Quel peut être le rôle du vétérinaire face à l'existence de liens affectifs profonds entre propriétaires et animaux de compagnie... ? Le vétérinaire doit avoir conscience qu'il joue un rôle, par animal interposé, dans la santé de ses contemporains. *[Cf. IV. 3. Rôle du vétérinaire, pp. 131-138]*

COMMENTAIRES :

Cette étude aborde les relations de l'Homme avec l'Animal de la préhistoire à la fin du XXe siècle. Il est intéressant que l'auteur ait consacré une place non négligeable à la notion récente de thérapie facilitée par l'animal et aux interactions spécifiques du monde animal avec les enfants et adultes handicapés et les personnes âgées.

Apports pédagogiques, psychologiques et thérapeutiques de l'animal de compagnie. [Thèse pour le doctorat vétérinaire de Joël Curti, 1998.]

ANALYSE :

Les interactions Homme / Animal – considérées aujourd'hui comme un élément de la qualité de vie – ont évolué au cours des temps : rapports du type commensal, puis animal domestiqué et utilisé au profit de l'homme, enfin passage à l'état d'animal de compagnie voire d'animal familier.

Les interactions Enfant / Animal constituent une aide au développement psychologique de l'enfant et sont un véritable "outil" dont la valeur pédagogique peut notamment être utilisée avec des élèves en difficulté scolaire.

L'animal dans la ville... On assiste à une surpopulation, et ceci bien que les animaux de compagnie soient comparativement peu présents dans les villes, contrairement à une idée reçue qui est la conséquence de la promiscuité dans un espace urbain confiné. En 1995, Paris compte 200.000 chiens et entre 200.000 à 800.000 chats... auxquels il convient d'ajouter les autres espèces domestiques ainsi que les espèces commensales que sont les pigeons, étourneaux, chats libres, rats... et la vingtaine de couples de faucons crécerelles nichant dans les tours de Notre-Dame, dans le Sacré-Coeur, dans le Dôme des Invalides [ou dans la Tour du quartier de la Porte d'Italie].

Besoin d'un lien avec la nature, rôle de médiateur de l'animal qui facilite les échanges et contacts humains, relations avec l'animal fondées sur les échanges affectifs, valorisation par l'animal, sont autant de facteurs qui expliquent que la France (3ème taux au monde, pour ce qui est de la population animale, derrière l'Australie et les Etats-Unis) compte une population animale estimée à 42,3 millions dont 7,8 millions de chiens et 8,2 millions de chats.

Dans la société actuelle, il n'est pas évident d'engager une conversation avec un inconnu ou un voisin. Cette difficulté devient insurmontable pour certaines personnes âgées qui ne partagent plus les valeurs de référence de personnes plus jeunes, d'où le réconfort et la compagnie apportés par un animal. Aux apports positifs, il ne faut pas oublier d'ajouter le "revers de la médaille" dont notamment les réactions (pathologiques) face à la perte de l'animal. *[Cf. 1. Interactions Homme / Animal, pp. 2-38]*

La présence de l'animal entraîne certaines conséquences psychiques et physiologiques : – modifications psychologiques bénéfiques pour les malades hospitalisés ou les personnes âgées en collectivité ; – pression artérielle et taux de cholestérol triglycérides moins élevés ; – aide au diagnostic des troubles psychologiques chez l'enfant ou l'adulte dans le cadre de tests mettant en situation les animaux ou des tests dits des affinités animales (dont le célèbre Rorschach) ; – aide à la psychothérapie de l'enfant (autisme) ou de l'adulte (maladie d'Alzheimer) ; – sociabilisation et intégration sociale de jeunes marginalisés tant dans les grands centres urbains qu'en structures d'éducation spécialisée ; – rôle de l'animal dans l'univers carcéral.

Il convient cependant d'envisager une utilisation raisonnée de l'animal. Celui-ci n'est qu'un moyen, pas une panacée, et il peut exister des contre-indications. *[Cf. 2. L'animal thérapeute, pp. 38-68]*

Une étude concrète de l'éducation donnée aux chiens d'assistance pour personnes handicapées moteurs (Labrador et Golden Retriever) par l'Association nationale pour l'éducation de chiens d'assistance pour handicapés (ANECAH) illustre cette étude généraliste des apports pédagogiques, psychologiques et thérapeutiques de l'animal. *[Cf. 3. Assistance aux handicapés moteurs, pp. 69-84]*

On recense à ce jour diverses expériences pratiques de "thérapie facilitée par l'animal" : Ferme de la Belle-Chambre à Sainte Marie-du-Mont (Isère) accueillant des personnes autistes ou psychotiques, Ferme des Vallées à Montmoreau (Charente) accueillant des personnes adultes handicapées mentales [et participant à la sauvegarde d'animaux à effectif réduit dont le Baudet du Poitou et la Vache Maraîchine], Institut d'actions éducatives de Velars-sur-Ouche (Côte d'Or) accueillant des jeunes en difficulté... *[Cf. 4. Animal - Handicap - Institution, pp. 85-89]*

COMMENTAIRES :
Cette très intéressante étude à caractère généraliste considère les interactions Homme / Animal comme un élément positif de la qualité de vie et inventorie les apports de l'animal de compagnie dans notre société moderne au cours des différentes situations susceptibles d'être vécues au cours d'une vie.
L'une des originalités du travail consiste peut-être en l'intérêt témoigné par l'auteur aux relations de l'animal et de l'homme adulte en milieu urbain.
Cette thèse a également le mérite rare de s'intéresser au milieu carcéral. Mais, à ce sujet, on peut vivement regretter le rapprochement effectué – sous le titre : "L'animal dans l'univers carcéral" – entre les animaux dont s'occupent les "détenus" d'une part et d'autre part les animaux compagnons des "jeunes de banlieue" ! Ce rapprochement milieu carcéral / jeunes de banlieue nous paraît pour le moins inopportun !

Relation Enfant-Animal. [Thèse pour le doctorat en médecine de Alexandra Gendrey, 1998.]

ANALYSE :
Après avoir traité succinctement de l'enfant et l'animal dans la littérature *[Cf. I., pp. 10-13]*, du modèle animal chez les philosophes, les naturalistes et les psychologues *[Cf. II., pp. 14-17]*, des similitudes et différences comportementales entre l'enfant et l'animal *[Cf. III., pp. 18-32]*, l'auteur s'intéresse aux nombreux exemples surprenants et passionnants d'enfants isolés de la société des hommes et ayant vécu parmi les animaux.
Certains sont légendaires (Romulus et Rémus par exemple). D'autres sont vérifiés, voire étudiés (Buffon, Condillac, Rousseau). Le résultat fut de constater que ces enfants n'étaient pas tous rejetés pour les mêmes raisons : "Certains étaient débiles de naissance ou l'étaient devenus faute de soins ; certains faisaient de réels progrès d'adaptation et d'imitation une fois réintroduits dans la société humaine ; d'autres enfin conservaient un comportement autistique après des années parmi les hommes".

52 cas d'enfants "sauvages" découverts et étudiés à travers le monde sont répertoriés, les plus anciens remontant au XIVe siècle et les plus récents datant des années 1960. Généralement, malgré de grands efforts pédagogiques, même après des années, ils conservent une grande difficulté – voire une impossibilité – à marcher et à parler, ils manifestent un intérêt vigoureux pour les personnes veillant à leur subsistance, ils présentent une indifférence sexuelle, le plus souvent une photophobie et une nyctalopie, ils hument les choses et possèdent de remarquables perceptions auditives et une surprenante insensibilité thermique.

Il apparaît que l'animal a été en mesure de communiquer aux enfants "sauvages" un certain nombre de concepts : comment trouver la nourriture, comment se protéger du froid, l'adaptation à un mode de vie nocturne, comment prendre place dans une structure sociale animale, se méfier des espèces différentes de la famille adoptante, en particulier de l'espèce humaine. L'enfant "sauvage" a été réceptif à une approche d'une espèce différente.

Le cas de Misha Defonseca est édifiant... Vivant actuellement aux Etats-Unis, près de Boston, elle raconte son histoire dans un livre : *Survivre avec les loups*. Le témoignage de Misha montre comment des relations avec un animal sauvage, le loup, ont pu s'établir chez l'enfant de 10 ans qu'elle était et comment, devenue adulte, elle garde les chèmes de sa communication avec l'animal. *[Cf. IV. Le cas des enfants sauvages, pp. 31-43]*

L'animal entre dans la vie de l'enfant comme "objet transitionnel" (tel que défini par D. W. Winnicot), successivement animal "inanimé", animal "animé", animal "animal". Grâce à l'animal l'enfant est mieux préparé aux relations interhumaines.

L'enfant fait constamment intervenir l'animal au cours de la psychothérapie. L'importance de l'animal dans la vie psychique de l'enfant se situe dans différents registres : le registre du jeu et de la fantaisie, le registre fantasmatique et la relation d'objet animal au sens psychanalytique du terme.

Pour ce qui est de la psychothérapie, l'enfant fait constamment intervenir l'animal au cours de celle-ci.

Il peut être une identification, un révélateur de transfert, un objet phobogène ou phobolytique, selon la place qu'il lui assigne : ami, frère, parent, souffre-douleur, générateur d'angoisse, rival, complice. *[Cf. V. L'animal dans la psychothérapie de l'enfant, pp. 44-52]*

Après avoir répertorié les travaux des initiateurs que furent Levinson, les Corson et Condoret, ainsi que, ultérieurement, Montagner, et les applications basées sur l'interaction Enfant / Animal qui en découlèrent (notamment la delphinothérapie avec les enfants autistes et la thérapie par l'équitation)*[Cf. VI., pp. 53-62]*, l'auteur rend compte de l'observation d'une part de Mickaël et de son rapport à l'animal, d'autre part d'Olivier en activité poney et enfin d'un groupe de cinq autres enfants psychotiques et autistes en interaction avec des chiens *[Cf. VII., pp. 63-81]*.

L'étude des enfants "sauvages" montre que l'enfant se trouve dans un état de réceptivité à l'animal. Une étude comparative Enfants "sauvages" / Enfants autistes révèle de surprenantes similitudes et induit l'hypothèse que l'enfant autiste a lui aussi accès à l'animal. Temple Grandin explique dans *Ma vie d'autiste* combien l'isolement autistique est difficile à vivre et comment les animaux peuvent accéder à cette solitude.

COMMENTAIRES :

Les récentes biographies respectives de Misha Defonseca et de Temple Grandin permettent d'appréhender les relations Enfant / Animal dans des situations extrêmes.

"Au ranch [...] il y aurait des chevaux à monter au galop et un travail physique intense", songeait la jeune Temple à la veille des vacances au cours desquelles elle observe certain comportement animal et s'en inspire. Aujourd'hui, présentant des particularités qui caractérisent l'état d'autiste, Temple Grandin déclare : "En 1950, on m'a étiquetée autiste et j'ai tatonné pour trouver le chemin qui me ferait revenir du versant lointain de l'obscurité".

Son chemin, c'est à travers l'Europe en guerre que Misha, 10 ans, l'a parcouru à la recherche de ses parents : plus de 3000 km à pied, le plus souvent dans la forêt, se cachant des hommes... A deux reprises, en Allemagne, puis en Pologne, elle doit le fait de survivre à des loups dont elle épouse les comportements. 50 ans plus tard Misha Defonseca raconte.

Le chien et l'enfant : la grande famille. [Thèse pour le doctorat vétérinaire de Anne-Claire Gagnon, 1985.]

ANALYSE :

Le chien semble être le premier des animaux a avoir été domestiqué par l'homme (environ 10.000 ans av. J.-C.). L'importance du chien auprès de l'homme s'est peu à peu affirmée. D'abord animal de boucherie, puis animal de pelleterie, le chien a conquis ses lettres de noblesse : Anubis (Dieu égyptien), Cerbère (Gardien des Enfers), Argos (Chien d'Ulysse), etc. L'animal est profondément ancré dans notre passé. Il est toujours présent dans nos mythes et dans l'histoire de nos civilisations.

Quelle est sa place actuelle dans la vie de l'enfant ? Dès sa naissance, l'enfant moderne est entouré par un monde animal :
– "nounours" ou autre animal en peluche ("objet transitionnel" de Donald W. Winnicot apportant apaisement et défoulement), etc. ;
– parallèlement, dans la fréquence d'apparition des rêves, les animaux occupent la deuxième place après les parents ; – puis l'enfant découvre l'animal-animé par les livres d'images, le langage, la musique, etc.

D'une manière générale, l'enfant trouve un réconfort auprès des animaux, ceux-ci étant comme lui dans une situation de dépendance. L'animal joue un rôle de "guérisseur" auprès de l'enfant atteint de troubles psycho-affectifs.

L'étude de certaines pratiques et croyances ancestrales montre que l'animal a été une "panacée universelle" dans la pharmacopée. L'histoire a même connu des animaux canonisés pour services rendus à l'humanité [Guinefort, Lévrier greyhound du seigneur du château proche de Neuville, dans la Dombes, fut canonisé en 1250 pour avoir sauvé l'enfant de son maître... Le culte de Saint Guinefort s'est poursuivi jusqu'au XIXe siècle].

Les expériences de thérapies proprement dites, c'est-à-dire la mise en présence d'animaux aux côtés de patients à des fins thérapeutiques, ne remontent qu'à une période rapprochée à quelques rares expériences plus anciennes près dont il ne subsiste aucun rapport médical ni protocole de thérapie.

Il faut attendre les années 1950 et les pionniers en matière de thérapie facilitée par l'animal que furent Boris Levinson et Elisabeth et Samuel Corson. Le Dr Levinson, psychologue américain, met en valeur le rôle de co-thérapeute que l'animal (chien ou chat) peut jouer auprès de l'enfant. Les Corson, psychiatres américains, adaptent la démarche thérapeutique de Levinson dans leur pratique clinique psychiatrique sous la dénomination de Pet-Facilitated Therapy.

En France, Ange Condoret, vétérinaire, – qui a effectué un stage aux Etats-Unis –, est le pionnier de la recherche en ce domaine. Condoret définit l'Intervention animale modulée précoce (IAMP) consistant en une nouvelle "méthode relationnelle au service de l'enfant" basée sur le choix d'un animal par l'enfant en vue de favoriser une communication privilégiée.

A ces pionniers en matière de recherche dans le domaine des relations Animal / Enfant perturbé, on ne peut ajouter que quelques trop rares travaux actuels (B. Smith, G. Mehta, K. Zarrouk, etc.). *[Cf. I. L'homme et l'animal. L'animal dans la vie de l'enfant. L'animal guérisseur, pp. 3-26]*

Les interactions (contacts et initiatives de communication) sont analysées au sein de 23 "dyades mystérieuses Enfant / Animal" avec une étude particulière en situation de jeu. Les 12 garçons et 11 filles fréquentent des écoles maternelles de Besançon et de ses environs. Les 20 chiens concernés appartiennent à 10 races différentes : Berger allemand, Boxer, Caniche, Dalmatien, Epagneul breton, Griffon korthals, Montagne des Pyrénées, Setter irlandais, Spitz et "Bâtard".

Au terme de ces observations, il apparaît à l'auteur que la relation Enfant / Chien est bénéfique dans la mesure où elle peut se développer dans une famille accueillante, et pour l'enfant et pour le chien, et que cette "expérience animale" sera d'autant plus bénéfique pour l'enfant qu'il y aura été amené par ses parents. *[Cf. II. Les interactions Enfant / Chien. Etude particulière en situation de jeux, pp. 27-51]*

Entre chien et enfant, tout n'est pas toujours rose... Les risques sont de nature psychologique (importance excessive donnée à l'animal notamment) et de nature pathologique (morsures d'une part et d'autre part zoonoses ou maladies transmissibles du chien à

l'homme directement : rage, pasteurellose et lympho-réticulose bénigne d'inoculation... ou indirectement : toxocarose, hydatidose, brucellose, leishmaniose, teigne, salmonellose, leptospirose...).
Face à ces problèmes et pour une meilleure relation Enfant / Chien il faut éduquer les enfants et les propriétaires et informer le public d'une manière générale. *[Cf. III. Les risques. Pour une meilleure relation Enfant / Chien, pp. 52-69]*
Le vétérinaire a un rôle de plus en plus important à jouer en favorisant la relation Famille / Chien et, en conséquence, il est suggéré par l'auteur que l'éthologie fasse l'objet d'un enseignement dans le cursus des études vétérinaires.

COMMENTAIRES :

Il est intéressant de constater que – s'appuyant sur ses observations et recherches ayant trait aux relations Enfant / Chien au sein de la famille –, l'auteur conclut en préconisant l'utilisation des animaux familiers dans les thérapies d'enfants perturbés, ou même en milieu hospitalier.

Les rapports entre l'enfant et le chien. Rôle du vétérinaire dans la relation. [Thèse pour le doctorat vétérinaire de Georges Bonan, 1995.]

ANALYSE :

Les notions de "phénomène transitionnel" (dérivé de la notion d'objet transitionnel de D.W. Winnicot), de schéma infantile (Cf. K. Lorenz), de figure d'attachement auxiliaire (théorie développée par J. Bowlby), de partenaire de jeu, de communication non verbale permettent de saisir les fondements de la relation entre l'enfant et le chien.
Les expériences menées ont permis d'établir des liens entre les caractéristiques des enfants et des chiens et les types d'interactions observées, ainsi que la manière dont ces interactions se déroulent.
Cependant les premiers résultats sont à interpréter avec précaution. [Concernant le domaine des odeurs, le chien serait capable de reconnaître l'état émotionnel de ses partenaires, le chien pourrait ne pas avoir le même comportement de flairage vis-à-vis d'un enfant

psychotique et vis à vis d'un enfant non psychotique, etc.] *[Cf. I. Fondements de la relation, pp. 9-32]*

Outre un rôle thérapeutique qui fait principalement l'objet de nos préoccupations, l'animal joue plusieurs autres rôles vis à vis de l'enfant : d'une part un rôle affectif (animal confident, consolateur, protecteur, compagnon de jeu), d'autre part un rôle d'éducateur (approche de la sexualité, découverte de la mort et de la souffrance, auxiliaire de lien avec le réel à l'école) et enfin le rôle de compagnon qui participe à l'élaboration du système de communication de l'enfant et à son développement sensoriel, psychomoteur et social. [Divers auteurs ont constaté la présence bénéfique d'animaux dans les établissements pour enfants handicapés mentaux ou, dans un autre registre, dans les établissements de réinsertion pour délinquants, ainsi d'ailleurs que dans les prisons.] *[Cf. II. Rôles de l'animal auprès de l'enfant, pp. 33-44]*

Le psychologue américain, Boris Levinson, reçut un jour en consultation, avec la présence exceptionnelle de son propre chien Jingles, un enfant qui habituellement refusait tout contact avec l'extérieur. L'enfant se mit à jouer avec le chien et demanda à revenir... pour revoir le chien. Et le dialogue impossible jusqu'alors se noua !

Levinson utilisera par la suite cette facilité de communication qui existe entre animaux et enfants. Le succès de la thérapie dépend de la capacité du thérapeute à comprendre la communication non verbale qui – l'animal étant alors l'objet transitionnel – permet à l'enfant de répéter des situations traumatiques antérieures. Cette psychothérapie serait intéressante avec des enfants présentant des troubles névrotiques (enfants inhibés ou timides – enfants présentant des obsessions ou compulsions – enfants anxieux ou instables), enfants ayant un retard de langage ou de développement affectif dont les enfants autistes.

En France, Ange Condoret, vétérinaire, fut le premier à s'intéresser aux travaux des psychologues et psychiatres américains. Ayant décrit ce que lui avait permis d'observer son expérience vétérinaire quant à l'importance de l'animal dans l'univers de l'enfant, il définit en 1978 une nouvelle méthode relationnelle au service de l'enfant : l'Intervention animale modulée précoce (IAMP) basée sur le choix de l'animal par l'enfant en vue de favoriser une communication privilégiée.

Condoret préconise une intervention animale modulée en fréquence, en durée et en rythme, en fonction de l'enfant, de ses besoins et de son âge.

De nos jours le rôle de l'animal en tant qu'adjuvant est à la fois étudié et utilisé. L'Hôpital de Denver au Colorado (Etats-Unis) ouvre ses portes aux chiens des enfants malades et il a été observé que les enfants atteints de longue maladie ont retrouvé meilleur moral et se sont mis à communiquer plus facilement ; l'Institut de zoothérapie à Montréal (Canada) a montré que la présence de chiens, chats, oiseaux, animaux de ferme, etc., atténue l'influence négative de l'environnement hospitalier et s'avère extrêmement positifs pour les patients, principalement les enfants. *[Cf. II. D. L'animal dans la thérapeutique, pp. 45-54]*

Agressions de la part de l'animal et manifestations anormales de l'enfant envers son compagnon animal (traduisant un déséquilibre psychologique chez l'enfant) sont les deux aspects des risques de la présence d'un chien auprès d'un enfant.

Le vétérinaire a un rôle à jouer dans la relation enfant-animal et plus généralement famille-animal (choix de l'animal, éducation du chiot, intervention lors de troubles comportementaux de l'animal, intervention lors de thérapie assistée par l'animal et lors de la mort de l'animal). *[Cf. III. et IV. Risques. Rôle du vétérinaire, pp. 55-82]*

COMMENTAIRES :

Il nous a paru logique de classer cet intéressant travail – traitant limitativement des relations entre l'enfant et le chien – avec les différentes études et recherches couvrant plus généralement les interactions Homme / Animal. Il convient de rappeler en effet que les premières études des relations Enfant / Animal sont à la base de la notion plus générale de "thérapie facilitée par l'animal". (Concernant les risques liés à la présence animale, se reporter à la thèse pour le doctorat vétérinaire de Christelle Dewaulle).

Chien et chat. Du bon usage de l'animal de compagnie en pratique médicale. [Thèse pour le doctorat en médecine de Michèle Maier-Herrmann, 1996.]

ANALYSE :

"Face à la présence animale au foyer, la neutralité, voire l'indifférence du médecin n'est jamais de mise", déclare l'auteur qui, poussant plus avant le raisonnement, va jusqu'à "envisager la prescription de l'animal par le médecin de famille à la condition exclusive que celui-ci agisse en prescripteur éclairé".

Le médecin de famille doit tenir compte de la présence au foyer d'un animal domestique et intégrer cette donnée dans sa démarche à la fois diagnostique et thérapeutique.

Les vertus thérapeutiques de l'animal se déclinent à l'infini et le médecin doit apprécier à sa juste valeur l'intervention positive de l'animal dans l'existence quotidienne de son maître (facteur d'équilibre, stimulus d'un exercice régulier, alternative bienvenue à la médication antidépressive, etc.). A l'opposé, l'attachement à l'animal peut constituer un obstacle incontournable à une hospitalisation ou à un départ en maison de retraite. *[Cf. Introduction]*

L'animal de compagnie porte en lui – en rendant la vie de son maître plus complexe et variée – le pouvoir d'améliorer, sinon la santé, du moins la qualité de vie de chacun et principalement des personnes fragiles ou fragilisées, enfants, personnes malades ou handicapées, personnes âgées.

Expérimentalement il est montré que caresser un chien familier, observer des poissons en aquarium, etc. peut être bénéfique sur la prévention des risques cardio-vasculaires dans la mesure où cela diminue certains facteurs de risque, notamment stress et angoisse. Cet impact peut être mesuré objectivement à différents niveaux (pression artérielle, fréquence cardiaque, taux plasmatiques de triglycérides et de cholestérol, taux de 17-hydroxycorticostéroïdes dans les urines, etc.).

Les animaux domestiques interviennent également en favorisant la bonne forme de leur maître qui, elle-même, permet de réduire les réactions du corps à un certain nombre de stress.

Augmentation des interactions sociales, amélioration des interactions familiales, amélioration de l'image de soi sont les effets psychologiques induits par la présence de l'animal domestique.

L'auteur fait une étude bibliographique des relations privilégiées existant entre l'animal et la personne âgée d'une part et l'animal et l'enfant d'autre part. Répondant à une enquête menée par l'association belge Ethologia, 95 % des gériatres conseillent et recommandent un compagnon familier ; un sondage récent réalisé auprès de 1.035 pédiatres par la même association Ethologia fait apparaître que 75 % des médecins interrogés conseillent la présence d'un animal de compagnie auprès de l'enfant. *[Cf. I.1.Les effets bénéfiques des animaux de compagnie sur la santé humaine, pp. 28-78]*

La thérapie facilitée par l'animal repose sur le principe que les résultats, observés chez la personne indemne de pathologies notables, sont transposables chez l'homme malade, en situation de souffrance physique ou psychique.

S'appuyant sur les études et recherches existantes, il apparaît que l'animal peut intervenir à 3 niveaux : – sur le patient (prescription en cas de solitude, dépression, problèmes émotionnels, stress, handicaps sensoriels et moteurs, pathologies cardiovasculaires) ; – sur le patient et le clinicien (animal catalyseur favorisant les relations) ; – sur le patient, le clinicien et le personnel hospitalier (animal "mascotte" ou "visiteur" ou "propre animal du patient ou du résidant" rendent plus accueillants et plus humains des établissements souvent déstructurants pour la personnalité des patients ou des résidants).

L'auteur traite des applications de la thérapie facilitée par l'animal en psychiatrie. D'une manière générale, l'introduction d'animaux a des répercussions positives sur l'état des patients (autisme, schizophrénie, syndromes dépressifs, maladie d'Alzheimer, trisomie, infirmités cérébrales, épilepsie, etc.). En matière d'autisme, l'auteur fait état d'expériences et observations – aux résultats extrêmement variables – montrant cependant une possibilité d'interaction de l'animal, en l'occurrence le chien, dans le domaine du non-verbal, l'animal pouvant dans certains cas pousser l'enfant "à s'extérioriser pour des périodes plus ou moins fugitives" et "à sortir de son monde". Expérimentalement, il s'avère que des patients schizophrènes se rendent plus volontiers à des séances de thérapies si celles-ci sont organisées avec la présence d'oiseaux en cage et il est observé une meilleure participation aux discussions avec une nette diminution des attitudes hostiles ou suspicieuses.

L'auteur s'intéresse également à l'action de l'animal en milieu hospitalier, en maison de retraite, dans les prisons et d'une manière générale en tant qu'outil de réadaptation et de réinsertion sociale.

Les principaux axes de recherches actuels en matière de thérapie facilitée par l'animal se concentrent sur l'éveil de l'enfant, l'école (dont les institutions spécialisées pour jeunes enfants "émotionnellement perturbés"), les banlieues défavorisées, la drogue et la délinquance, le troisième âge. *[Cf. I.2. La thérapie facilitée par l'animal (TFA), pp. 79-159]*

Morsures (épidémiologie, clinique, conduite à tenir et prévention), zoonoses incriminant chiens et chats (parasitoses, mycoses, maladies bactériennes et maladies virales), allergies aux phanères de chiens et de chats (épidémiologie, allergènes en cause, manifestations cliniques, diagnostics et conduite à tenir) – ainsi que les mesures prophylactiques individuelles ou collectives pour une cohabitation réussie – font l'objet d'une étude très large. *[Cf. II. Les risques pour la santé de l'homme inhérents à sa cohabitation avec l'animal, pp. 160-502]*

COMMENTAIRES :

Les interactions Homme / Animal induisent des interférences entre médecine humaine et médecine vétérinaire. Le médecin doit tenir compte de la présence de l'animal et le vétérinaire doit s'interroger sur les raisons d'un éventuel comportement pathologique de l'animal.

Ce très intéressant et complet travail de 562 pages et 277 références bibliographiques nous incite à gager avec l'auteur que "Peut être un jour l'animal s'intégrera-t-il à l'arsenal coutumier du médecin ?"

*L'équitation
est considérée comme un exercice
qui fait partie de la gymnastique
et qui peut être employée utilement
pour la conservation de la santé
et son rétablissement.
Le mouvement du corps
que procure l'équitation
peut être très salutaire.*

DIDEROT

CHAPITRE III

LE CHEVAL
EN HIPPOTHÉRAPIE OU ÉQUITHÉRAPIE

Contribution du cheval à la réhabilitation des personnes handicapées. [Thèse pour le doctorat vétérinaire de Sabine Morice-Guérin, 1996.]

ANALYSE :

L'équitation thérapeutique correspond à une technique particulière de thérapie psychomotrice "agissant par l'intermédiaire du corps sur les fonctions mentales et comportementales perturbées".

Les bienfaits de l'équitation thérapeutique – effectués sous contrôle médical – se traduisent par une réhabilitation physique.

La pratique du cheval a une "influence mécanique" de par la position que le cavalier doit adopter dans l'espace pour pouvoir se maintenir en selle et de par les mouvements du cheval et les réactions propres à celui-ci qui font que, à chaque moment, le cavalier doit réajuster sa position. Cette influence mécanique statique a pour conséquence une verticalisation du corps, divers effets bénéfiques sur le squelette, une amélioration de la masse musculaire, une facilitation des mouvements respiratoires. L'ensemble des postures adoptées et les mouvements effectués interviennent quant à eux au niveau de l'élaboration du "schéma corporel" et se traduisent par une amélioration du tonus musculaire, une amélioration de l'équilibre, une amélioration des praxies, une lutte contre l'adduction des membres inférieurs chez les IMC, une organisation spatiale et temporelle, etc. *[Cf. II. Réhabilitation physique des personnes handicapées par le cheval, pp. 20-58]*

La rééducation par l'équitation étant une technique de thérapie psychomotrice, sous ce seul angle le cheval aide déjà à la réhabilitation mentale. Mais la rééducation par l'équitation est plus que cela et peut interférer directement sur la personnalité du sujet.

L'auteur aborde cette question sous l'angle psychanalytique, le cheval étant considéré comme objet fantasmatique et instrument de la régression et de retour aux origines.

Le cheval – en tant qu'objet transitionnel (selon Donald. W. Winnicot) et objet intermédiaire (selon Dr Rojas-Bermudez) – apporte une aide dans les situations conflictuelles et angoissantes. En outre le cheval autorise l'épanouissement de la personnalité, un développement de la confiance en soi chez l'enfant handicapé, une ébauche de la socialisation par la communication et la responsabilisation, etc. *[Cf. III. Réhabilitation psychologique des personnes handicapées par le cheval, pp. 59-84]*

Le rôle du cheval en tant que loisirs et sport est étroitement imbriqué aux aspects réhabilitation physique et réhabilitation psychologique envisagés précédemment.

L'aspect loisirs équestres (promenades à cheval ou en attelage, etc.) présente l'avantage de pouvoir être pratiqué par tous et même par des personnes polyhandicapées, l'auteur précisant que néanmoins "toutes les personnes handicapées ne sont pas obligées de succomber au charme de l'équitation".

L'équitation en tant que sport (de compétition) peut être pratiquée tant dans le cadre de la Fédération française handisport (FFH) pour les handicapés physiques que dans celui de la Fédération française de sport adapté (FFSA) pour les handicapés mentaux.

Le milieu du cheval constitue par ailleurs une source d'emplois potentielle que ce soit sous forme de l'insertion ponctuelle de travailleurs handicapés ou sous forme de la création d'établissements de travail protégé ayant des activités en rapport avec le monde du cheval (gestion d'un centre équestre ou d'un élevage...). *[Cf. IV. Réhabilitation sociale des personnes handicapées par le cheval, pp. 85-104]*

Cette étude est introduite par une analyse de l'évolution des liens entre l'homme et le cheval au travers de la préhistoire et jusqu'à nos jours : le cheval-proie (milliers de squelettes des "charniers de Solutré" en Bourgogne), le cheval domestique (de 4.000 ans av. J.-C. jusqu'à nos jours), le cheval éducateur (utilisé comme auxiliaire de l'éducation des adolescents depuis l'antiquité gréco-romaine) et enfin le cheval thérapeute reconnu scientifiquement comme tel depuis quelques années à partir d'expériences aux Pays-Bas, en Grande-Bretagne et aux USA.

En France, à ce jour, deux associations (Handi-Cheval et Fédération Nationale de Thérapie avec le Cheval) coexistent et sont à l'origine de diverses formations professionnelles ayant trait à "la rééducation par l'équitation". *[Cf. I. Du cheval sauvage au poney psy, pp. 2-19]*

Il ne faut pas oublier que si le cheval est un excellent "outil pédagogique" en matière de rééducation physique, psychologique et sociale, la "thérapie facilitée par l'animal" se déroule sous l'autorité de thérapeutes dont la formation est indispensable.

COMMENTAIRES :

Du fait de l'angle "psycho-véto-médico-éducatif" original sous laquelle elle est abordée, cette étude intéresse aussi bien les personnes handicapées physiques ou mentales, les rééducateurs et autres travailleurs sociaux, que les spécialistes de l'équitation et les amis du cheval.

L'ensemble des travaux contemporains (dont ceux de Sabine Morice-Guérin) confirme ce que Diderot préconisait dès 1755 dans son Encyclopédie *: "[Le mouvement du corps que procure l'équitation] cause de douces secousses dans les viscères de la poitrine et du bas-ventre ; il les applique et les presse sans effort les uns contre les autres ; il donne l'occasion à ce que l'on change d'air ; il fait que ce fluide pénètre avec plus de force dans la poitrine..."*

Etude de cinq cas cliniques d'enfants présentant un syndrome autistique et leur relation à l'animal : le poney. [Thèse pour le doctorat vétérinaire de Charlotte Daubrée, 1997.]

ANALYSE :
Repli sur soi (absence de contact ou trouble du contact), immuabilité (nécessité que rien ne change), absence de langage et de communication caractérisent l'autisme. Le travail d'observation, de recherche et d'interprétation de l'auteur est précédé d'une étude bibliographique abordant très succinctement le développement de l'enfant, l'autisme (définition, étiologie, étude clinique et diagnostic) et le traitement de celui-ci (traitement chimiothérapique, prise en charge éducative, psychothérapie accompagnée de prises en charge orthophonique, psychomotrice... et "thérapie facilitée par l'animal").*[Cf. I. Références bibliographiques, pp. 4-34]*

La présente recherche s'appuie sur l'étude du comportement – assortie d'une observation clinique – de cinq garçons autistes âgés de 6 à 13 ans lors de séances en poney-club où l'animal a été utilisé uniquement comme un outil thérapeutique, intermédiaire entre l'éducateur et l'enfant et servant de support à projection. Les cinq enfants – Frédéric, Paul-Aurélien, Anatole, Guillaume et Samuel – relèvent de l'Atelier de la "Souris verte" au sein du Service "Rochefeuille" de psychiatrie de l'enfant et de l'adolescent du CHUR de Clermont-Ferrand (Puy-de-Dôme). Les ponettes et poneys – Miss, Kanak, Négrillo et Rio – appartiennent à un centre équestre situé à 25 km de l'hôpital.

Le protocole d'observation a été défini, après 1 an de travail avec les enfants et leur contact avec le poney, et porte sur les conduites sensorimotrices de l'enfant, le pansage, la préparation et la monte du poney et des exercices adaptés à chaque enfant. Il vise à la mise en évidence d'une part des actions perceptives motrices et praxiques et d'autre part des tentatives de communication.

Le compte rendu très détaillé des observations des séances au poney-club – sur des périodes allant de 4 à 16 mois selon le cas – montre la variabilité des acquisitions des enfants d'une séance à l'autre. *[Cf. II. L'atelier poney avec cinq enfants autistes, pp. 35-101]*

La progression de chacun des cinq enfants a été évaluée à l'aide de la "Grille de repérage clinique des étapes évolutives de l'autisme infantile traité" élaborée par G. Hall et collaborateurs (Cf. *Psychiatrie de l'enfant*, XXXVIII, n°2, 1995, pp. 495-527).

"Cette grille de repérage [distinguant 4 stades ou étapes] offre les éléments de compréhension de sortie de l'état autistique grâce à l'analyse apportée aux premiers développements psychiques, en particulier à la genèse de l'image du corps et à la structuration de l'espace qui l'accompagne".

Pour les cinq enfants, les séances au poney-club ont été bénéfiques pour les aider à émerger totalement ou partiellement du premier stade dit "état autistique réussi" caractérisé par des signes défensifs pathologiques, des expressions pulsionnelles et émotionnelles réduites au minimum avec apparition de crises de tantrum (manifestations auto ou hétéroagressives rares, malaises, voire crises comitiales), un langage absent ou écholalique, des troubles de l'image du corps, un regard absent ou fuyant et périphérique, une tendance à la perception d'un espace unidimensionnel "avec le besoin de se fixer autour d'un point en entretenant une stéréotypie unisensorielle", un repérage temporel très perturbé.

Pour trois d'entre eux, Guillaume, Anatole et Samuel, la deuxième étape dite de "restructuration de la première peau" n'est pas complètement dépassée.

Pour Guillaume, le simple fait de mettre le pied dans l'étrier a déclenché des angoisses telles que son activité a été arrêtée et qu'il lui faudra un temps suffisant de récupération. Pour Anatole, les déplacements au pas et à fortiori au trot déclenchent des stéréotypies nouvelles semblant venir conjurer des vertiges et des angoisses de chute, alors qu'il construit une bonne verticalité, une bonne assise sur le poney à l'arrêt. Pour Samuel, toute activité n'a pu se passer que dans un grand accompagnement, "collé" à la monitrice ou l'éducatrice, et ses progrès ont semblé tenir au fait qu'il pouvait avant tout être le spectateur des apprentissages de ses camarades.

Les deux autres enfants, Paul-Aurélien et Frédéric, ont abordé certains niveaux des troisième étape dite de "phase symbiotique" et quatrième étape dite de "séparation / individualisation".

Paul-Aurélien et Frédéric prennent plaisir à panser, à préparer l'animal, à grimper seul sur lui et à le faire trotter. Les enfants ont tous conquis une meilleure marche, abandonnant certaines attitudes hypertoniques (Paul-Aurélien ne marche plus sur la pointe des pieds) ou hypotoniques (Samuel n'a plus ses grands fléchissements des genoux ou de la taille).

Concernant le développement de la communication et du langage, pour les trois enfants qui sont encore en deçà du langage verbal, les cris des premières séances ont progressivement fait place à des mimiques et bruitages, avec ensuite apparition de lallations avec une tonalité de voix différente. Les deux enfants les plus en progrès ont mis en place des énoncés de désir et d'action "Je veux... Donne..." et des termes de socialisation "Bonjour, Merci, Au revoir". *[Cf. III. Présentation des résultats, pp. 102-125]*

La thérapie consiste en "un langage sensoriel puis moteur, ébauche de communication" entre l'animal et l'enfant. Mais l'animal serait-il de quelque secours en ce qui concerne les soins de l'enfant sans la parole de la monitrice et sans les mots de réconfort de l'éducatrice, s'interroge l'auteur.

COMMENTAIRES :

Il s'agit d'une des trop rares études – basées sur une observation de terrain – consacrée à un accompagnement socio-éducatif des traitements chimio-psycho-thérapiques de l'autisme chez l'enfant.
Conduire un tel essai thérapeutique exige une équipe de partenaires constituée... de l'éducatrice ou éducateur spécialisé(e) sensibilisé(e) au monde du cheval... de la monitrice ou du moniteur équestre sensibilisé(e) au monde du handicap... et évidemment du "matériel vivant et original" constituant un "véritable outil thérapeutique" qu'est la ponette ou le poney choisi(e) en raison de son bon caractère .
L'interrogation finale de l'auteur – en guise de conclusion – nous paraît une sage réflexion.

CHAPITRE IV

LE CHIEN-GUIDE POUR PERSONNE AVEUGLE

Contribution à l'étude du choix, du dressage et des rapports avec son maître du chien-guide d'aveugle. [Thèse pour le doctorat vétérinaire de Fabrice Clerfeuille, 1988.]

ANALYSE :

Le profil requis pour être chien-guide d'aveugle tient compte de la morphologie (bon marcheur et taille adaptée à la stature de la personne guidée), du caractère (équilibré, résistant nerveusement, curieux, etc.), de l'entretien et de la beauté (de préférence poil court et une certaine "prestance").

Trois races (Labrador, Golden Retriever, Berger allemand) présentent les qualités requises et représentent 95 % des chiens en exercice.

Le Labrador Retriever – robe à poil serré et court de couleur jaune, marron ou noire – est apparu en France en 1896. Le Golden Retriever – robe au poil plat ou ondulé avec des franges de couleur or ou crème – est une race enregistrée en France dans les années 1930. Ces deux races d'origine anglaise peuvent être définies par cinq traits de caractère : intelligent, doux, sociable, obéissant et calme.

Le Berger allemand a une robe à poil dur ou long de couleur noire ou gris fer, gris cendré, unicolore ou avec le ventre et la tête ainsi que l'intérieur des pattes plus ou moins marron jaune ou gris clair. Le Berger allemand – dont l'apparence actuelle date de la fin du XIXe siècle – peut être défini par les cinq traits de caractère ci-après : vif, gai, obéissant, loyal et aptitude particulière au dressage. L'auteur fait un inventaire des affections handicapantes rencontrées dans ces trois races et propose un protocole de sélection des chiens reproducteurs. *[Cf. Choix des chiens-guides d'aveugles, pp. 3-120]*

L'auteur expose les méthodes concourant à l'obtention d'un bon chien de travail afin de constituer une base de connaissances pour les éducateurs et les utilisateurs des chiens-guides. *[Cf. Dressage des chiens-guides d'aveugles, pp. 121-216]*

La cécité a sur la personne concernée des répercussions locomotrices, psychologiques et sociales auxquelles un chien-guide est susceptible d'apporter une certaine compensation.

Au plan de la locomotion, la cécité entraîne chez la personne, au cours d'un déplacement, une posture de marche différente de celle d'un voyant. La personne aveugle adopte instinctivement une posture de protection (de peur de heurter un obstacle), peu visible ou tout à fait évidente selon la personne, qui s'accompagne d'une tension nerveuse importante occasionnant une fatigue certaine.

Le chien peut permettre à lui seul une autonomie d'une part en évitant tous les obstacles sur les trajets habituels connus de lui (en ce qui concerne les trajets nouveaux, le non-voyant a juste à demander son chemin et il commandera à son chien les directions à emprunter) et d'autre part en permettant à la personne de se déplacer à la vitesse optimale qui est la sienne, ce qui limite sa tension nerveuse.

Les répercussions psychologiques de la cécité résultent de l'incapacité de comprendre et de percevoir l'environnement. La personne aveugle de naissance ne perçoit ni l'horizontalité, ni la verticalité, ni le volume, ni la notion de distance, etc. (concernant la personne devenue aveugle, celle-ci perd progressivement la perception de l'environnement).

Ces désordres psychologiques suscitent le plus souvent un

repliement sur soi et un isolement pour lesquels l'animal peut intervenir positivement. Dans une telle thérapeutique psychologique le chien peut avoir un double intérêt, d'une part au plan psychologique pur (compagnie, affection, valorisation, sécurité, etc.) et d'autre part au plan médical global (favorise marche et exercice physique en général).

Les répercussions sociales de la cécité sont liées aux répercussions locomotrices et psychologiques.

Le chien-guide joue un véritable rôle social. Il est prouvé qu'il augmente grandement le nombre de relations sociales établies par son maître. En outre le chien peut représenter pour la personne aveugle un symbole à la fois d'indépendance et de promotion, ceci étant ajouté à la fierté de posséder un beau chien.

Le chien-guide devant vivre 24 h/ 24 h avec son maître, et ceci pour une durée de 12 à 15 ans, il convient de rechercher l'harmonie la plus parfaite entre la personne aveugle et l'animal.

Pour ce faire, il conviendra que les motivations de la demande d'un chien-guide par la personne aveugle soient étudiées minutieusement. Le choix du chien devra tenir compte de la compatibilité physique (taille et poids), de la compatibilité de tempérament (émotivité, activité, etc.) et de la compatibilité dans la marche (vitesse et balance, type de parcours). La personne aveugle devra être formée (15 jours à 1 mois).

Une fois le chien-guide remis à la personne aveugle, son suivi est nécessaire au niveau éducation et au niveau médical. *[Cf. Rapports avec son maître, pp. 217-300]*

COMMENTAIRES :

Passionnante étude présentant "le chien-guide d'aveugle avec ce qu'il peut apporter au non-voyant" et réunissant "les informations nécessaires à la création d'un futur centre d'élevage" en vue d'un accroissement du nombre très insuffisant de chiens-guides actuellement formés annuellement.

Parmi les personnes aveugles existent des inconditionnels du chien-guide. On peut observer que ce sont généralement des personnes de compagnie agréable, calme, à l'image de leur toujours sympathique compagnon à quatre pattes. Ne pas en déduire le contraire !

Contribution à l'étude du comportement du chien : mise en pratique de tests comportementaux sur chiots en vue de la sélection du chien-guide d'aveugle. [Thèse pour le doctorat vétérinaire de Isabelle Willig, 1991.]

ANALYSE :

En 1951, à Wasquehal (Nord), M. Paul Corteville éduque le premier chien-guide d'aveugle en France.

40 années plus tard, en 1991, existent neuf écoles françaises de chiens-guides dont huit fédérées au sein de la Fédération nationale des clubs et écoles de chiens-guides d'aveugles (FNCECGA).

Le chien-guide est remis gratuitement à la personne aveugle. Tout ce qui limite le coût du prix de revient d'un chien éduqué est important, d'où l'utilité d'un choix judicieux du chiot grâce à une sélection préalable de manière à éviter pertes de temps et d'argent.

La particularité de l'élevage réside dans l'impossibilité de choisir les reproducteurs parmi les chiens-guides donnant les meilleurs résultats dans la mesure où les chiens-guides sont stérilisés.

Origine (essentiellement Labrador et Golden Retriever, voire Curly-Coated Retriever), qualités physiques et psychiques requises, éducation des chiens font l'objet d'une présentation générale, et ceci jusqu'au stade de la remise au non-voyant pour lequel le chien constitue une véritable prothèse vivante et devient rapidement le compagnon partageant tous les aspects de la vie quotidienne.

Tant les femelles et mâles destinés à être reproducteurs que les chiots appelés à devenir chiens-guides sont choisis actuellement en fonction de critères plus suggestifs que scientifiques. C'est la raison pour laquelle il est envisagé de créer un centre de recherche, d'élevage et de sélection. *[Cf. I. Présentation du chien-guide d'aveugle, pp. 3-24]*

Le comportement du chiot évolue selon des stades successifs, tous importants quant à l'équilibre psychique ultérieur de l'animal. L'âge de la septième semaine semble être le moment propice pour que les meilleures relations de confiance possibles s'établissent définitivement entre l'homme et le chiot, l'animal étant et restant très sensible et dépendant de son environnement.

De très nombreux schémas explicites illustrent le travail de l'auteur relatif au comportement du chien adulte en fonction de l'hérédité et de l'environnement. *[Cf. II. Ethologie canine, pp. 25-98]*

L'auteur présente les tests comportementaux généralement utilisés pour mesurer les capacités des chiens : tests uniques effectués une seule fois dans la vie d'un chien à un âge précis (dont les Tests d'Aptitudes Naturelles) et batteries de tests répétitifs. Une large place est plus particulièrement accordée aux tests spécialisés pour chiens-guides d'aveugles : Tests de Pfaffenberger, Tests de Goddard et Tests de Giboudeau. *[Cf. III. Tests comportementaux, pp. 99-138]*

Le travail de recherche de l'auteur a abouti en la mise en pratique de tests comportementaux (Tests de Giboudeau modifiés et autres) sur un effectif de 74 chiots, avec compte-rendu des difficultés rencontrées, des résultats et de leur analyse et interprétation.

Les résultats de l'expérimentation conduisent à la proposition par l'auteur d'un protocole pour le choix des chiots qui, du fait de sa simplification, devrait pouvoir être effectivement appliqué par les écoles de chiens-guides. *[Cf. IV. Mise en pratique de tests comportementaux sur chiots, pp. 139-196]*

Le protocole de testage proposé devrait pouvoir offrir aux écoles d'une part la possibilité de recruter les chiots les plus performants au point de vue caractère et les mieux adaptés à la fonction de chien-guide d'aveugle, et d'autre part aboutir dans le temps à une sélection efficace.

COMMENTAIRES :

Le protocole de testage proposé est destiné à améliorer la qualité de l'assistance apportée aux personnes aveugles par les chiens-guides.

L'intéressant travail bibliographique effectué par l'auteur – comprenant 122 titres – constitue une très importante source d'informations.

Pour Isabelle Willig, les races utilisées sont essentiellement des Retrievers (Labradors et Goldens Retrievers).

Etablissement d'un modèle de suivi médical des chiens-guides d'aveugles. [Thèse pour le doctorat vétérinaire de Valérie Zapata, 1995.]

ANALYSE :

La Fédération nationale des écoles de chiens-guides d'aveugles (FNECGA) se trouve confrontée à la nécessité de sélectionner les reproducteurs les plus performants en vue de procurer les meilleurs chiots aux différentes écoles.

Le travail de l'auteur a pour but d'établir un modèle de suivi médical, le choix des affections étudiées devant prendre en compte d'une part les particularités liées au travail spécifique du chien-guide (sens parfaitement fonctionnels, absence de troubles de la locomotion et concentration optimale sur le travail) et d'autre part les particularités répondant aux objectifs de recherche et de sélection du Centre d'étude, de sélection et d'élevage pour chiens-guides d'aveugles et autres handicapés (CESECAH).

Les différentes pathologies prises en compte font l'objet d'une étude sous l'angle de la fréquence, de l'étiologie, de la pathogénie, de l'examen clinique et du diagnostic.

Valérie Zapata décrit en premier les pathologies héréditaires ou pour lesquelles existe une prédisposition liée à la race ou à la lignée familiale : – affections locomotrices liées à des anomalies du développement squelettique (dysplasie de la hanche et ostéochondroses) ; – affections locomotrices consécutives à des maladies neuromusculaires (myopathie du Golden Retriever mâle, myopathie héréditaire du Labrador Retriever, myoclonie réflexe familiale du Labrador, neuropathie à axone géant chez le Berger allemand, radiculomyélopathie dégénérative chronique) ; affections ophtalmologiques des paupières (entropion et ectropion, distichiasis, etc.), de la cornée (kératite du Berger allemand, etc.), de l'iris, du cristallin (cataractes du Berger allemand, du Golden Retriever et du Labrador), de la rétine (dysplasie du Labrador Retriever, atrophie rétinienne progressive ou centrale) ; – pathologies de l'appareil cardiovasculaire et troubles de l'hémostase (hémophilies) et autres affections (atrophie pancréatique juvénile idiopathique du Berger allemand, épilepsie, tendance à l'obésité, etc.).

L'auteur accorde une place aux affections liées au vieillissement :
– affections de l'appareil locomoteur et rachis (arthrose dont coxarthrose, spondylarthrose) ; – causes endocriniennes de fatigabilité (diabète et hypoglycémie, hypothyroïdie, hypercorticisme et insuffisance surrénalienne) ; – baisse des activités visuelles, auditives et olfactives ; – baisse d'endurance par altération des fonctions respiratoires et cardiaques ; – dégénérescence du cerveau ; – pathologies rénale et digestive. *[Cf. I. Suivi médical des chiens-guides d'aveugles : affections à prendre en compte, pp. 6-94]*

Un premier bilan du suivi médical de chiens-guides d'aveugles est dressé à partir des réponses à un questionnaire – élaboré par l'auteur – adressé à 6 sur 8 des écoles de chiens-guides d'aveugles françaises fédérées et à une dizaine d'écoles étrangères. *[Cf. II. Bilan actuel du suivi médical des chiens-guides d'aveugles en France et à l'étranger, pp. 95-117]*

L'auteur propose un modèle de mise en place d'un suivi médical spécifique, rationnel et homogène – dans le cadre d'un élevage sélectif de chiens-guides – consigné sous forme d'un carnet de santé. *[Cf. III. Création d'un suivi médical propre au chien-guide d'aveugle et utile à l'élevage, pp. 118-181]*

La mise en place d'un tel suivi médical coûteux constitue un investissement pour l'avenir. La sélection diminuera le taux de réformes des chiens pour raisons médicales, en conséquence leur coût, et de plus on pourra aboutir à l'éradication de certaines tares.

COMMENTAIRES :

A l'image des personnes qu'ils sont appelés à aider, les chiens-guides d'aveugles peuvent être victimes de cécité, mais aussi de surdité, de myopathies, d'épilepsie...
L'homme s'aidant de l'animal, celui-ci est en droit de bénéficier des meilleurs soins et attentions, d'où l'importance de ce travail de recherche auquel peut se référer toute personne ayant un chien, que celui-ci lui serve de guide, d'assistance ou plus simplement de compagnie.
Les travaux de Valérie Zapata font apparaître qu'en France on utilise essentiellement le Labrador Retriever et en moindre proportion le Berger allemand, le Golden Retriever, ainsi que des

croisements Labrador x Golden Retriever ; à l'étranger on utilise en outre le Flat-Coated Retriever et surtout les résultats de croisements de Labrador et Golden Retriever entre eux ou avec une autre race (Curly-Coated Retriever et Caniche royal notamment).

Il convient de souligner la richesse de la bibliographie du présent travail qui référence 109 titres.

Signalons deux autres thèses de doctorat vétérinaire s'intéressant spécifiquement à la santé du Labrador Retriever : – K. Savary, "Contribution à l'étude d'une maladie neuromusculaire canine : la myopathie centronucléaire du Labrador Retriever", *1995 ;* – *C. Grimaud*, "Détermination expérimentale des valeurs de référence électrorétinographiques chez le Labrador Retriever sain pour servir au dépistage précoce des dégénérescences rétiniennes", *1997.*

Généalogie des chiens-guides d'aveugles français. [Thèse pour le doctorat vétérinaire de Fabien Auffret, 1995.]

ANALYSE :

Il s'agit de répertorier les chiens-guides d'aveugles français à origine connue en vue de sélectionner les meilleures lignées.

Dans les premiers temps, les écoles ont commencé à éduquer des chiens abandonnés sans distinction de races. La tendance actuelle est aux Retrievers : Labradors – qui font l'unanimité –, Goldens Retrievers, voire Curly-Coated Retrievers, ainsi que leurs croisements.

Sélection et socialisation du chiot (famille d'accueil de 2 à 12 mois), éducation du chien à l'école (reposant sur l'obéissance et le développement de l'esprit d'initiative), adaptation chien-maître constituent les diverses étapes de la formation des chiens. *[Cf. I. Organisation de l'éducation du chien-guide en France, pp.17-32]*

Actuellement, en France, chaque école possède son propre élevage ou protocole pour se procurer les animaux.

Les affections locomotrices (dysplasie coxo-fémorale et ostéochondrite disséquante de l'épaule) d'une part, les affections oculaires (atrophie rétinienne progressive, entropion et ectropion) d'autre part et enfin une cryptorchidie ou ectopie testiculaire sont les affections rencontrées le plus fréquemment parmi la population canine concernée. [Bien qu'elles n'aient jamais été décrites dans les dossiers des chiens-guides français, il convient de ne pas oublier la radiculomyélopathie dégénérative chronique et la myopathie héréditaire des Retrievers, ainsi que certaines affections hématologiques].

Concernant l'étude comportementale, huit critères sont retenus par les éducateurs : agressivité, puissance, sensibilité, mollesse, peur, nervosité, excitabilité et indépendance.

L'auteur présente des exemples concrets de transmissions de tares physiques et comportementales au sein de portées significatives, et ceci dans les différentes écoles. *[Cf. II. Recensement des affections à déterminisme héréditaire et des comportements, pp. 33-56]*

L'auteur envisage la généalogie des chiens-guides d'aveugles français de 6 écoles en publiant pour chacune d'elles et concernant tous les accouplements dans lesquels au moins un des parents a une origine connue : – une fiche "signalétique" des reproducteurs (soit 1 mâle et 1, 2, 3 ou 4 femelles, soit 1 femelle et 1 ou plusieurs mâles) avec pour chacun : nom, race, sexe, date de naissance et éleveur (producteur) ; – un schéma d'accouplement des reproducteurs (1 mâle ou 1 femelle accouplé avec 1 ou plusieurs congénères) avec date de naissance des portées et pour chacune d'elles qualités et défauts de chaque chiot ; – une fiche "généalogie" avec ascendants connus des reproducteurs (sur 1, 2, rarement jusqu'à 3 voire 4 générations). *[Cf. III. Généalogie des chiens-guides d'aveugles français, pp. 57-280]*

COMMENTAIRES :

L'important travail de l'auteur constitue une véritable banque de données permettant de choisir les parents des futurs chiens-guides et d'obtenir des lignées les plus satisfaisantes possibles, et ceci pour le plus grand bien et le plus grand confort des personnes aveugles.

Les passionnés de généalogie trouveront nature à assouvir leur curiosité en reconstituant des arbres à l'architecture rendue relativement complexe du fait de la polygamie et de la polyandrie.

[Exemple : Vicomte, Labrador mâle, est issu du croisement intraracial Kupros lucifer x Sandra dont on connait pour chacun les deux parents et quatre grands-parents... Il s'avère que Vicomte – accouplé intra-racialement avec Biba, Farina, Vicky et Julie – est le géniteur de 4 portées d'un total de 29 chiots dont 3 ayant développé une ostéochondrite disséquante de l'épaule doivent être réformés et 1 présente une boiterie de l'antérieur droit d'origine inconnue... En outre la première des lices, Biba, s'est accouplée également avec César, Labrador, dont est née une portée de 8 chiots tous porteurs d'une tare comportementale (excitabilité) rendant leur avenir aléatoire... Si nous ajoutons que Farina, la deuxième lice, et Ulysse... : 2 portées d'un total de 15 chiots dont 2 porteurs de tares... et que la même Farina et Tommy... ! (Pour plus amples renseignements se reporter à la thèse de Fabien Auffret)].

Le Centre national de sélection et d'élevage de chiens-guides d'aveugles. Présentation et analyse du projet. [Thèse pour le doctorat vétérinaire de Patricia Dufourmont-Bariaud, 1994.]
et
Reproduction et sélection dans un centre national d'élevage de chiens-guides d'aveugles. [Thèse pour le doctorat vétérinaire de Laurent Lémery, 1995.]

ANALYSE :

Les premières images de l'aveugle avec son chien remontent à la Rome antique et il faut atteindre le XVIIIe siècle pour voir les premiers balbutiements de dressage, puis 1915 pour que soit créé en Allemagne le premier centre d'éducation de chiens-guides d'aveugles, et enfin 1951 pour que le dressage soit institué en France.

"Un être vivant, sensible, intelligent, désireux d'être agréable à son maître, un compagnon exceptionnel avec lequel le maître établit un lien affectif puissant qui contribue à la sortie du repli sur soi et de l'isolement, qui facilite la communication avec autrui et par conséquent la réintégration dans la société", ainsi est défini le chien-guide d'aveugle.

Il apparaît en effet que – parmi les aides à la mobilité (canne blanche, marquage des sols, sonnerie, etc.) dont disposent actuellement les personnes aveugles – le chien-guide offre le plus vaste champ de facultés.

Sur 55.000 non-voyants recensés en France, 5.000 pourraient utiliser les services d'un chien-guide. Leur nombre en activité est chiffré à 800 (pour 4.000 en Grande-Bretagne).

La carence française en chiens-guides reflète une difficulté à produire des animaux de qualité. La formation d'un animal opérationnel se fait par une succession d'étapes devant se dérouler sans faute : sélection (chiot exempt des nombreuses tares génétiques locomotrices, hématologiques, oculaires, etc.), élevage et socialisation en famille d'accueil (de l'âge de 6 à 8 semaines jusqu'à 12 mois), éducation (durant 4 mois dans une école) et remise à titre gracieux au maître après une période d'entraînement du couple chien-guide et aveugle durant un mois.

La plupart des échecs sont liés au mauvais contrôle de l'origine des chiens, d'où l'existence d'un projet de centre de sélection visant à produire un maximum de chiots présentant des aptitudes au travail de chien-guide et exempts de maladies héréditaires ou congénitales invalidantes". *[Cf. P. Dufourmont-Bariaud et L. Lémery, Introduction]*

Les données bibliographiques et d'observations ayant trait à la réglementation et à la conception technique (types de chenils, équipements, maîtrise de l'ambiance thermique et sonore, maîtrise de l'hygiène, etc.) quant à l'accueil d'une collectivité canine font l'objet d'une étude synthétique. *[Cf. P. Dufourmont-Bariaud, I. Accueillir une collectivité canine, pp. 8-33]*

Choix des reproducteurs, choix d'une méthode de sélection, éradication des principales tares génétiques et étude des effets positifs et négatifs de la consanguinité en élevage sont les bases de la constitution d'un bon élevage canin. *[Cf. L. Lémery, I., II., III., pp. 2-81]*

Les besoins des personnes aveugles consistent essentiellement d'une part en une autonomie de déplacement et d'autre part en la présence d'un compagnon de tous les instants, aux effets thérapeutiques bénéfiques tant au plan physiologique que psychologique.

Il apparaît que c'est par le biais d'un centre de sélection et d'élevage – dont les bâtiments, le choix des matériaux et le projet de fonctionnement sont conceptualisés – que pourraient être obtenus des chiens répondant le mieux aux besoins des non-voyants.

Patricia Dufourmont-Bariaud présente en détail les fonctions des projets d'une part de l'Unité technique vétérinaire (suivi de la reproduction, suivi de santé des reproducteurs, dépistage des tares héréditaires, stérilisation des animaux réformés, banques de données, études et recherches, etc.) et d'autre part de l'Unité d'élevage (accueil et hébergement des adultes reproducteurs, élevage et sociabilisation des chiots sous la mère, hébergement des chiots jusqu'à leur départ en famille d'accueil, etc.). *[Cf. P. Dufourmont-Bariaud, II. Le projet de Centre national de sélection et d'élevage de chiens-guides d'aveugles, pp. 34-92]*

Le futur centre de sélection prévoit la reproduction de Labradors et Bergers allemands, celle de Golden Retriever n'est pas envisagée en raison du manque de recul par rapport à cette race quant au fait qu'elle ne soit pas porteuse de tares héréditaires. Laurent Lémery présente donc les paramètres de reproduction en élevage des Labradors et des Bergers allemands avec les originalités raciales les concernant, ainsi que leurs caractères spécifiques de sélection et origine génétique.

L'objectif sera de fournir annuellement environ 200 chiots ayant réussi les premiers tests d'aptitude, et ceci à partir de 40 lices et 10 mâles reproducteurs.

Compte tenu de ces données, Laurent Lémery propose un protocole de base qui est un modèle théorique pour la sélection génétique de reproducteurs des races Berger allemand et Labrador. Seuls les résultats à venir permettront d'envisager la poursuite d'une sélection sous la forme préconisée. *[Cf. L. Lémery, IV., pp. 82-116]*

COMMENTAIRES :

Pour Patricia Dufourmont-Bariaud et Laurent Lémery, compte tenu des critères demandés en matière de morphologie, caractère, entretien et beauté, les races habituellement utilisées sont les Retrievers (Labradors, Goldens Retrievers), le Berger allemand et quelques autres races.

Contribution à la sélection de reproducteurs pour constituer un élevage de chiens-guides pour aveugles. [Thèse pour le doctorat vétérinaire de Isabelle Franzetti, 1997.]

ANALYSE :
Le Centre national d'étude, de sélection et d'élevage de chiens-guides pour aveugles et autres handicapés (CESECAH) – inauguré en juin 1996 – est implanté à Lezoux (Puy-de-Dôme). 800 m² de bâtiments (chenils : 24 boxes pour chiens adultes et 24 boxes de maternités, laboratoires, infirmerie, etc.) sont prévus sur un terrain de 20 hectares. [En 1997 seule est réalisée la première tranche des travaux : 14 boxes et 2 salles de mise-bas sont opérationnels.]
La mission du CESECAH consiste à approvisionner 8 écoles françaises de chiens-guides en chiots répondant à des critères bien définis, permettant ainsi une formation optimale de ces chiens et un taux de réforme (actuellement de 1 sur 2) fortement réduit.
Il est procédé à un recensement des questions auxquelles sont confrontées chacune des 8 écoles adhérentes de la Fédération nationale des associations et écoles de chiens-guides d'aveugles (FNECGA).
Il apparaît que la France manque de chiens-guides pour aveugles. Environ 1.000 non-voyants ont un chien. 5.000 pourraient en bénéficier. 110 à 160 chiens sont formés selon les années.
Le problème est complexe : – les écoles de chiens-guides ont de faibles moyens financiers et humains ; – la dysplasie coxo-fémorale et le comportement de peur sont des importantes causes de réforme ; – les femelles, préférées aux mâles, sont en nombre insuffisant.
Les modèles étrangers (Suède, Grande-Bretagne, Australie et Etats-Unis) ont incité à la création d'un centre ayant pour vocation l'élevage, la sélection, l'étude et la création d'une banque de données regroupant l'ensemble des renseignements sur la population de chiens nés au centre. [Le centre doit dans un premier temps acquérir des chiennes reproductrices]. *[Cf. I. Présentation du chien-guide pour aveugle et du CESECAH, pp. 2-31]*
Sont exposés les problèmes rencontrés par le CESECAH au

niveau des spécificités du chien-guide pour aveugle tant dans son travail (qualités de marcheur et de guide) que dans sa relation à l'homme (avec son maître et avec les autres humains), les critères requis (format, comportement et caractère, capacités physiques et aptitudes à la production), les tares héréditaires qu'elles soient locomotrices (dysplasie coxo-fémorale et ostéochondroses) ou oculaires (dysplasies et maladies dégénératives de la rétine, etc.) ou autres (obésité, épilepsie et hémophilie), enfin la pathologie comportementale et certaines affections héréditaires liées à la fonction de reproduction.

Pour prévenir ces problèmes, le CESECAH a choisi, pour débuter l'élevage, de se limiter à deux races : Labrador Retriever et Berger allemand.

Il a été décidé de commencer à sélectionner les femelles (les saillies étant achetées) en définissant un niveau de sélection requis et en étudiant l'ascendance de chaque chiot futur reproducteur, ceci grâce à l'examen des pedigrees (qui permet de connaître les 14 ascendants des 3 générations précédentes) et à une enquête téléphonique auprès de chaque personne ayant un chien ascendant du chiot sélectionné par le CESECAH. *[Cf. II. Les objectifs et les moyens du CESECAH, pp. 32-59]*

La contribution personnelle de l'auteur consiste en l'élaboration d'un questionnaire téléphonique s'adressant aux propriétaires des ascendants des chiens que le CESECAH veut acquérir.

L'auteur présente un exemple type dudit questionnaire – ainsi que les fiches signalétiques établies et autres renseignements obtenus en l'utilisant – concernant les parents, grands-parents et arrières grands-parents de 24 jeunes chiennes (20 Labradors et 4 Bergers allemands) étudiées pour être sélectionnées. 15 de celles-ci (14 Labradors et 1 Berger allemand) ont été acquises en tenant compte des renseignements ainsi obtenus. *[Cf. III. Contribution personnelle, pp. 60-137]*

Les chiots issus des chiennes acquises définitivement par le CESECAH après enquête seront suivis de très près afin de déterminer s'ils sont en moyenne plus aptes à devenir chien-guide d'aveugle que ceux acquis sans effectuer le travail de recherche préliminaire.

COMMENTAIRES :
Comme l'indique l'auteur, la population étudiée étant très faible et certains renseignements recueillis sur les ascendants des chiots étant entachés d'incertitudes, il s'agit de faire preuve d'une grande prudence en matière d'interprétation des résultats.

Selon Isabelle Franzetti, au vu des races testées et utilisées dans les 8 écoles de la FNECGA, il s'avérerait que les chiens les plus utilisés sont les Labradors et les individus issus de croisement Labrador x Golden Retriever – les Goldens Retrievers étant peu utilisés en race pure –, et quelques Bergers allemands.

Dysplasie de la hanche des chiens-guides d'aveugles : bilan et résultats des méthodes de sélection. [Thèse pour le doctorat vétérinaire de Christine Odasso, 1994.]

ANALYSE :
Compte tenu de l'investissement nécessité, il convient de ne pas éduquer des chiots porteurs de tares invalidantes sévères, notamment la dysplasie coxo-fémorale, anomalie du système locomoteur souvent rencontrée (d'autres lésions plus rares, telles que les ostéochondroses, ne constituent pas un motif de réforme).

La dysplasie de la hanche – fréquemment présente chez les races de grande taille (Bergers allemands, Goldens Retrievers, Labradors) – est caractérisée par un "développement anormal de l'articulation coxo-fémorale, mauvaise coaptation de la tête fémorale dans l'acétabulum" qui entraîne l'apparition d'arthrose. Le tout a pour conséquence une douleur plus ou moins vive à la marche entraînant le retrait prématuré des chiens-guides de leur travail.

L'étiologie de la maladie (transmission héréditaire et influence du facteur environnement), le diagnostic clinique et radiographique, le traitement médical et chirurgical sont sommairement présentés.

[Cf. I. La situation actuelle et les problèmes posés par la sélection, pp. 4-35]

Pour qu'un chien fasse un bon guide il doit être capable de concentration, calme, non agressif, apte à l'initiative, en bonne santé et indemne de tares.

Le travail de recherche personnel de l'auteur consiste en la collection ou la réalisation, puis la lecture, de radiographies de hanches d'animaux – dont la généalogie est connue – pour analyser certaines lignées de chiens-guides d'aveugles.

Un manque de données totalement fiables n'a pas permis de tirer des conclusions définitives, mais il peut cependant être émis quelques hypothèses se résumant ainsi : absence quasi-totale de chiens strictement indemnes en matière de dysplasie de la hanche (situation actuelle des Retrievers), majorité de chiens légèrement dysplasiques (dont nombre de Bergers allemands) et peu de chiens très dysplasiques.

Il convient de noter que la dysplasie coxo-fémorale n'interdit à un chien-guide de travailler que si elle est cause de boiterie. Par contre elle est toujours source de réforme pour un futur reproducteur.

Un centre d'élevage devrait pouvoir permettre une sélection génétique par détection du gène à partir de la connaissance des ascendants, descendants et collatéraux. *[Cf. II. Travaux personnels de l'auteur, pp. 36-46]*

Il est nécessaire de faire un maximum d'efforts pour diminuer la propagation de la dysplasie car elle finirait à terme par rendre les Retrievers inaptes au travail de chien-guide. *[Cf. Conclusion, pp. 47-49]*

Schémas d'accouplements, pedigrees et résultats des examens radiologiques de dysplasie de la hanche concernant certains étalons, lices et descendances des écoles de chiens-guides d'Eze (Alpes Maritimes) et Angers (Maine-et-Loire) sont publiés *in fine*, constituant une première banque de données permettant de déterminer des lignées où pourront être choisis les parents des futurs chiens-guides. *[Cf. Annexes, pp. 50-125]*

COMMENTAIRES :

Le travail de l'auteur devrait constituer une contribution non négligeable à l'amélioration de la sélection du chien-guide et, en conséquence, à l'amélioration du service apporté à la personne aveugle.

"Certains pensent que les Labradors, [Goldens Retrievers] et Bergers allemands ne sont pas les seuls chiens aptes à ce travail et

qu'il faut permettre, après examens comportementaux et médicaux, une diversité correspondant à la diversité des caractères mais aussi des désirs des non-voyants futurs maîtres", indique Christine Odasso. *Ceci est confirmé par M. Joachim Roméro, Directeur de l'Ecole de chiens-guides d'aveugles de Paris et de la Région Parisienne au sein de laquelle sont éduqués aussi des Hovawarts, un Berger blanc américain canadien, un Barbet, un Berger de Beauce, un Bouvier des Flandres.*

Il est intéressant par ailleurs de signaler que si, auparavant, il paraissait difficilement envisageable de donner un chien-guide à un jeune aveugle, Jean-Claude Filiatre [in Aymon Natacha (Dossier coordonné par), pp. 48-51] *indique que les expériences récentes ont prouvé qu'un animal peut être confié à un enfant pour lequel il joue le rôle de copilote, de compagnon et de facteur d'autonomie.*

Les propriétaires de Labrador : étude sociologique d'après enquête. [Thèse pour le doctorat vétérinaire de Pascal Aillery, 1996.]

ANALYSE :

Devenu avant tout animal de compagnie, – alors que ce Retriever était exclusivement un chien de chasse à l'origine –, c'est pour la qualité des rapports psychologiques entretenus avec ses maîtres que le Labrador plait. Sa stature, son calme que l'on pourrait qualifier de flegme, son humeur toujours égale, son manque d'agressivité, et son éducation plus rapide que d'autres races, en font un chien-guide d'aveugle idéal [et un chien d'assistance pour handicapé moteur en fauteuil tout aussi idéal]. L'auteur compare le profil des propriétaires de Labrador avec celui des propriétaires de 7 autres races de chiens. C'est avec les propriétaires de Setter (chien de chasse souvent utilisé comme animal de compagnie) et de Boxer (joueur et attiré par les enfants) que l'on trouve le plus d'affinités.

COMMENTAIRES :
Cette étude permet de mieux connaître le Labrador qui est sans conteste l'animal susceptible de rendre le plus de services aux personnes handicapées, malades, âgées... ainsi d'ailleurs qu'aux successifs présidents de la République française ! [Cf. Jugurtha-Giscard d'Estaing, Baltique-Mitterrand, Nil-Chirac... Il est à noter que Baltique a eu en outre une carrière de chienne écrivain. Auteur de la saga des Aboitim 1, Aboitim 2 *et* Aboitim 3 *(Cf. Bibliographie), elle écrit d'ailleurs bizarrement : "Comme tout Labrador qui se respecte vraiment, je n'ai pas la patte marine et je déteste l'eau". Quand on sait l'amour inné des Labradors pour l'eau, c'est à croire que Baltique a utilisé les services d'un nègre et qu'elle s'est contentée d'apposer l'empreinte de sa patte au bas du manuscrit, sans relire].*

> *Je remarque avec admiration*
> *cet effet des chiens de quoi se servent les aveugles,*
> *et aux champs et aux villes ;*
> *je me suis pris garde comme ils s'arrêtent*
> *à certaines portes d'où ils ont accoutumé*
> *de tirer l'aumône, comme ils évitent*
> *le choc des coches et des charrettes,*
> *lors même que pour leur regard*
> *ils ont assez de place pour leur passage ;*
> *j'en ai vu, le long d'un fossé de ville,*
> *laisser un sentier plein et uni et en prendre un pire,*
> *pour éloigner son maître du fossé.*
> *Comment pouvait-on avoir fait concevoir à ce chien*
> *que c'était sa charge de regarder*
> *seulement à la sûreté de son maître*
> *et mépriser ses propres commodités pour le servir ?*
> *Et comment avait-il la connaissance*
> *que tel chemin lui était bien assez large,*
> *qui ne le serait pas pour un aveugle ?*
> *Tout cela peut-il se comprendre*
> *sans ratiociner et sans discours ?*
>
> MONTAIGNE

CHAPITRE V

LE "CHIEN ÉCOUTEUR" POUR PERSONNE SOURDE

Le chien d'assistance pour personne sourde

La première expérience de chiens d'assistance pour personnes sourdes signalée en France, à notre connaissance, est celle de l'Association Cani-Soutien (Fondateur : Michel Hasbrouck) dont fait état Dominique Bidaud, en 1992, dans sa thèse de doctorat en pharmacie. [Une enquête – menée en 1999 auprès des associations nationales les plus représentatives des personnes sourdes en France – n'a pas permis de retrouver la trace de cette initiative et de cette association.]

A la même époque, Odile Poupart, jeune femme sourde, présente son magnifique "chien écouteur" : "Mon chien m'aide à être autonome. Griotte m'avertit quand on sonne à la porte. Elle me réveille quand elle entend la sonnerie. Elle ramasse la clé que j'ai laissé tomber sans m'en apercevoir... Je l'emmène avec moi au bureau. Si quelqu'un m'appelle, Griotte – qui est dressée à réagir à mon nom – m'indique la personne qui veut me parler".
[Cf. *Communiquer*, ANPEDA n°102, Avril/Mai/Juin 1991, p. 12]

En 1992, Odile Poupart et Irène Kuijer crééent l'Association Le Chien Ecouteur et le Centre d'éducation des chiens écouteurs à Saint-Etienne-de-Villeréal (Lot-et-Garonne). "Ces chiens agissent sur des bruits que ne peuvent, évidemment, pas percevoir leurs maîtres : la porte d'entrée, la sonnette en fin de cuisson du four, celle du minitel qu'utilisent les sourds pour communiquer entre eux, le réveil du matin, un bébé qui pleure, la perte de clés dans la rue, [ils peuvent prévenir leur maître dès qu'ils entendent le générique d'une émission de télévision], bref tout ce qui régit la vie quotidienne", déclare Irène Kuijer. Ce même article de presse est illustré par une photo sur laquelle paraissent Hermine et Honey. *[Cf. La Dépêche de Toulouse, 18 janvier 1994]*

Une année plus tard, Sylvie Buttolo précise : "Roméo fait office de relations publiques ! Il m'aide involontairement dans la vie sociale, il peut servir à faire démarrer un échange, une relation, en servant de motif au dialogue. C'est un bon médiateur". Ses propos sont illustrés par une photo – communiquée par L'Association Le Chien Ecouteur – sur laquelle posent quatre apprentis "chiens écouteurs", Kiba, Ishep, Idylle et Ixia. [Cf. *Ecouter*, Fraternité catholique des sourds, Février 1995, p. 26]

En 1995, après avoir éduqué sept chiens d'assistance, Le Chien Ecouteur a malheureusement dû suspendre ses activités faute de financement.

Dans une lettre du 30 septembre 1999, Sandrine Herman – dont le chien, Honey, a été éduqué par Le Chien Ecouteur – nous a fait part de la création en cours, à son initiative, de l'Association Wouaf 'Signes ayant notamment pour objet de promouvoir l'éducation des chiens d'assistance pour les personnes sourdes.

Puisse cette association permettre que se développe en France l'utilisation des chiens "écouteurs", à l'image de ce qui existe aux Etats-Unis et en Grande-Bretagne. Nous rappelons que, en effet, aux Etats-Unis, où est né en 1975 le concept de chien d'assistance, la Canine Companions for the Independence (CCI) forme des signal dogs (chiens pour sourds et malentendants) et que la Grande-Bretagne a développé en 1982 un programme "Hearing dog for the deaf" qui a formé depuis plus de 200 chiens pour sourds.

CHAPITRE VI

LE CHIEN D'ASSISTANCE POUR PERSONNE HANDICAPÉE MOTEUR

Ce n'est que depuis 25 ans que l'idée est venue à une enseignante américaine, Bonita Bergin, d'éduquer des chiens destinés à assister dans leurs tâches quotidiennes les personnes atteintes d'un handicap moteur, en fauteuil. Une quinzaine d'années plus tard, ce modèle américain a inspiré la création, en France, de l'Association nationale d'éducation de chiens d'assistance pour handicapés (ANECAH).

Précisons que, selon les règles de l'ANECAH, "pour obtenir un chien, une personne handicapée doit : – réellement désirer un chien, et faire preuve d'une motivation suffisante pour prendre la responsabilité d'un animal ; – avoir un handicap compatible avec la conduite d'une chien, à savoir un bras semi-valide afin de tenir la laisse, caresser le chien et récupérer un objet rapporté et une élocution compréhensible par le chien, en particulier avec de bonnes intonations ; – faire une demande auprès du bureau national de l'ANECAH ou de l'un des deux centres de formation ; – remplir un dossier et passer un entretien avec un éducateur de l'ANECAH ; – participer à un stage de passation de quinze jours".

Un nouveau chien d'assistance : le chien pour handicapés moteurs. [Thèse pour le doctorat vétérinaire de Jean-Marc Elbaz., 1995.]

ANALYSE :

En 1975 naissait aux Etats-Unis un nouveau concept de chien d'assistance, le chien pour personnes souffrant d'un handicap moteur, à l'initiative de Bonita Bergin qui créa l'association Canine Companions for Independence (CCI) à Santa Rosa (Californie). Le but général de l'américaine CCI est de former des chiens pour aider les personnes ayant un handicap autre que la cécité : – chiens d'assistance (service dogs) pour handicapés moteurs ; – chiens pour sourds et malentendants (signal dogs) formés pour alerter la personne atteinte de surdité ; – chiens sociaux généralistes (social dogs) travaillant dans les institutions et hôpitaux avec des groupes de personnes malades ou âgées ou déficientes mentales ; – chiens spécialistes (speciality dogs) éduqués sur mesure pour aider une personne dans une situation handicapante particulière.

Il existe actuellement, aux Etats-Unis, d'autres associations plus récentes formant des chiens pour handicapés moteurs : Independence dogs incorporation (Pennsylvanie), Support dogs for the handicapped incorporation (Missouri).

Sur le modèle de la CCI, et appliquant les méthodes de celle-ci, a été créée en France en 1989, à l'initiative de Marie-Claude Lebret, l'Association nationale d'éducation de chiens d'assistance pour handicapés (ANECAH).

L'ANECAH dispose de deux centres de formation de chiens dits d'assistance pour handicapés moteurs. L'un des centres fonctionne au sein du Lycée professionnel agricole (LPA) d'Alençon (Orne). Il est constaté que la présence des chiens influe très favorablement sur la vie du lycée, aussi bien pour les élèves que pour les personnels, et ceci que ce soit sur le plan relationnel, sur le plan psychologique et personnel, ainsi que sur le plan pédagogique. Aux dires des élèves, mais aussi et surtout des enseignants, "la présence des chiens entraine des cours plus détendus, plus chaleureux et donne plus d'entrain pour travailler". Les élèves volontaires des classes de 1ère et de Terminale participent tant à l'entretien des chiens (alimentation, brossage, promenade, etc.) qu'à l'accompagnement de ceux-ci lors de leurs sorties en hôpitaux, établissements pour handicapés, etc.

L'auteur présente l'aspect financier de la formation du chien (prix de revient moyen de l'ordre de 70.000 francs français) précédant la remise à titre gratuit du chien éduqué à la personne handicapée. *[Cf. I. Système américain de formation et infrastructure mis en place en France, pp. 2-9]*

Le choix des chiens d'assistance (Labrador Retriever ou Golden Retriever) fait l'objet d'un développement accordant une large place aux affections physiques auxquelles sont prédisposées ces deux races (dysplaxie coxofémorale / ostéochondroses / obésité) et dont certaines peuvent entrainer la réforme de l'animal, d'où l'intérêt de pouvoir déceler toute anomalie le plus tôt possible afin de rentabiliser l'investissement affectif, financier et temporel.*[Cf. II. Choix des chiens, pp. 10-27]*

Après un bref exposé sur le développement comportemental du chien et les méthodes de communication avec celui-ci lors de la sociabilisation et du dressage, l'auteur décrit la sélection du chiot, la formation dispensée (première éducation en famille d'accueil bénévole et formation spécialisée en centre ANECAH) et le devenir du chien au sortir de ladite formation selon qu'il est remis à un handicapé moteur seul ou qu'il est attribué à une communauté. *[Cf. III. et IV. Notion de comportement canin et formation du chien d'assistance, pp. 28-52]*

Le premier rôle du chien d'assistance est de faciliter la vie quotidienne de la personne handicapée moteur en lui permettant une relative indépendance, en induisant une stimulation physique (vocale ou motrice) et une stimulation psychologique, en ayant un rôle de "catalyseur des relations sociales" et en jouant un rôle dissuasif donc sécurisant. Le chien d'assistance participe ainsi à une forme de "thérapie facilitée par l'animal" à l'égard de la personne handicapée moteur.

Les modalités d'obtention d'un chien (demande à effectuer par la personne handicapée moteur et formation de celle-ci), le suivi de la vie et l'entretien des connaissances de l'animal et sa conversion en fin de carrière sont abordés. *[Cf. V. Relations chien d'assistance / handicapé moteur, pp. 53-74]*

COMMENTAIRES :

Cette étude basée sur l'expérience de l'ANECAH met en évidence le rôle spécifique et relativement nouveau et méconnu du chien d'assistance pour handicapés moteurs.

Moins connu en effet que le chien guide d'aveugles, le chien d'assistance pour handicapés moteurs joue un rôle social peut-être encore plus important dans la mesure où il est appelé à participer à la vie de la personne en continu : ramasser les lunettes, pièces, briquet et autres objets tombés sur le sol, apporter un livre ou le téléphone sans fil, se substituer au propriétaire pour transmettre l'argent et récupérer les marchandises à une caisse ou à un comptoir, ouvrir et fermer les portes et les tiroirs, allumer ou éteindre la lumière, aider la traction du fauteuil dans des passages difficiles à l'aide d'un harnais particulier, aboyer sur commande et solliciter l'assistance d'une tierce personne dans le cas d'une situation difficile... soit au total une cinquantaine d'actes précis.

Selon Jean-Marc Elbaz, Bonita Bergin (aux initiales prédestinées) eut l'idée de créer la Canine Companions for Independence en observant – en Asie (sans autre précision) – des ânes aidant les handicapés à se déplacer dans la rue. Selon d'autres auteurs l'idée sera venue à Bonita Bergin en Turquie en voyant des personnes handicapées se servir de singes ou de chiens pour les assister dans leur vie quotidienne. Nous préférons croire en l'idée de l'origine asine de l'initiative de B.B. !

Chiens d'assistance pour handicapés moteurs. [Thèse pour le doctorat vétérinaire de Stéphanie Mosel, 1997.]

ANALYSE :

Les répercussions motrices (paraplégie, atteintes de myopathies ou de scléroses en plaques, etc.), les répercussions psycho-émotionnelles (dépression, angoisse, solitude, etc.) et les répercussions sociales (problèmes d'accessibilité, regard des autres, etc.) du handicap physique sont autant de désordres et de déficits auxquels le chien d'assistance est susceptible d'apporter une relative compensation tant par son aide pratique que par sa seule présence. [En matière d'étiologie et de définitions, l'auteur se réfère à la classification internationale des handicapés de Philippe Wood et à ses concepts de déficience, d'incapacité et de désavantage.] Le chien d'assistance pour handicapés moteurs, véritable "prothèse vivante", peut désormais "être les membres de la personne handicapée". Le chien se révèle également être un véritable "outil" thérapeutique au plan psychologique et un "catalyseur des relations sociales" (l'animal est un véritable "objet de communication" entre les personnes valides et les handicapés).

L'auteur décrit les procédures de demande d'obtention et d'attribution d'un chien d'assistance.

Au cours d'un stage de formation de deux semaines, la personne handicapée doit acquérir les connaissances concernant l'entretien du chien et sa psychologie, l'utilisation du matériel spécifique (laisse et sac à dos) et l'apprentissage des différents ordres.

Les chiens font ultérieurement l'objet d'un suivi.

Les résultats obtenus peuvent être impressionnants, l'aide humaine restant néanmoins irremplaçable dans bien des situations. Il est bien évident qu'une adéquation du chien et de la personne concernés est indispensable, l'homme et l'animal devant être "unis par une affection profonde". *[Cf. I. Apport du chien d'assistance pour une personne handicapée, pp. 1-20]*

Les relations intraspécifiques chez le chien, les relations interspécifiques entre l'homme et le chien, la pré-éducation du chiot (de 2 à 18 mois) en famille d'accueil bénévole et l'éducation en centre de formation (durant 6 mois) font l'objet d'un long développement.

A l'issue de sa pré-éducation, l'animal connaît – outre les bonnes manières – une trentaine d'ordres. Il lui reste à apprendre une vingtaine de commandements spécifiques au travail de chien d'assistance pour faciliter la vie d'une personne handicapée (commandes de rapport d'objets – commandes directionnelles destinées à faciliter la circulation en fauteuil roulant – commandes spécifiques d'assistance : ouvrir ou fermer les portes et les tiroirs, allumer ou éteindre les lumières, effectuer des échanges au comptoir, solliciter de l'aide en cas de besoin, etc.).

L'éducation dispensée en centre de formation dans un lycée professionnel agricole (LPA) est effectuée en situation réelle par des éducateurs travaillant en fauteuil roulant, mais aussi par les élèves du lycée (les chiens accompagnent les élèves en cours où ils doivent rester impassibles... même devant le squelette en biologie !), par des contacts avec des enfants handicapés une fois par semaine, ainsi que par des contacts avec d'autres animaux (devant lesquels ces chiens de chasse "retrievers" doivent rester imperturbables !). *[Cf. II. Education du chien d'assistance, pp. 21-42]*

Seuls les Retrievers – Labrador et Golden notamment – ont donné toute satisfaction parce que très équilibrés et souples de caractère. (Le Labrador, plein d'énergie, convient à des personnes ayant des forces dans les bras et les épaules, et le Golden Retriever, posé et appliqué, aux enfants et personnes disposant de moins de force.)

L'auteur traite ensuite succinctement des affections du chien (affections ophtalmologiques et hématologiques / obésité / épilepsie) et de la sélection des chiots, des examens médicaux auxquels ils sont soumis et, pour finir, du devenir des chiens réformés en raison de maladies révélées tardivement. *[Cf. III Choix du futur chien d'assistance, pp. 43-60]*

L'association vise de plus en plus à faire bénéficier de l'aide psychologique de ces chiens tant des enfants autistes ou polyhandicapés, que des pensionnaires de maisons de retraite ou patients hospitaliers en long séjour ou des personnes souffrant de vide affectif et de solitude.

COMMENTAIRES :

L'étude de Stéphanie Mosel, ainsi d'ailleurs que celle de Jean-Marc Elbaz, se réfèrent à la seule expérience française en la matière, celle de l'Association nationale d'éducation de chiens d'assistance pour handicapés (ANECAH) – et de son Centre de formation du LPA d'Alençon (Orne) – dont "la vocation est de remettre gratuitement à des personnes handicapées moteurs un chien spécialement éduqué pour les assister".

Evaluation rétrospective des couples personne handicapée-chien éduqué par l'ANECAH de 1991 à 1995. [Thèse pour le doctorat vétérinaire de Géraldine Heillaut, 1999.]
et
Etude rétrospective des couples maître handicapé-chien d'assistance formés [par l'ANECAH] entre 1991 et 1995. [Thèse pour le doctorat en médecine de Antoine Gastal, 1998.]
et
Proposition d'évaluation des capacités requises pour l'obtention [par l'ANECAH] d'un chien d'assistance aux handicapés. [Mémoire pour le diplôme d'ergothérapeute de Stéphanie Thiérion, 1997.]

ANALYSE :

La présente étude multidisciplinaire (médecine, médecine vétérinaire et ergothérapie) vise à aider l'Association nationale pour l'éducation des chiens d'assistance (ANECAH), association dont il est rappelé que la finalité est depuis 1989 de former des chiens d'assistance pour les mettre gracieusement à la disposition de personnes atteintes de handicaps moteurs.

La partie ergothérapique de l'étude porte sur les 133 premiers couples personne handicapée-chien éduqué formés par l'ANECAH. Cette aide animale intéresse particulièrement les ergothérapeutes parce qu'elle touche à deux domaines qu'ils connaissent bien et dans lesquels ils jouent un rôle important : l'indépendance et l'autonomie des personnes handicapées.

Il s'agit ici d'évaluer les capacités requises chez une personne handicapée pour que celle-ci puisse obtenir un chien d'assistance.

Les parties médicale et vétérinaire de l'étude sont basées sur les résultats d'une enquête (dite "Enquête ANECAH") auprès de 93 personnes parmi les premiers bénéficiaires de chien d'assistance entre 1991 et 1995, ainsi qu'auprès de leur entourage, et consistent en l'analyse des réponses écrites à un questionnaire *ad hoc* (Trois dossiers : *"Votre mode de vie"*, *"Vous et votre chien"* et *"Vous et votre entourage"*) adressé par courrier aux bénéficiaires.

La personne handicapée voit-elle sa qualité de vie améliorée par la fonction d'assistance assurée par le chien et l'exécution de cette fonction d'assistance ne nuit-elle pas au chien ?

L'étude médicale évalue la qualité de vie et l'indépendance de la personne handicapée, l'étude vétérinaire consiste en une évaluation physique, comportementale des chiens et de leur aptitude à exécuter les commandes.

Les objectifs de cette double évaluation médicale et vétérinaire sont d'affiner les méthodes de sélection et d'éducation des chiots et de préparer au mieux les personnes handicapées bénéficiaires, la finalité de l'étude étant que soit mieux reconnu le bien-fondé de l'assistance apportée par les chiens aux personnes handicapées moteurs et de permettre un large accès aux lieux publics aux personnes accompagnées de ces chiens.

Les trois auteurs rappellent les méthodes de sélection des jeunes Labradors et Goldens Retrievers destinés à être chien d'assistance, leur pré-éducation en famille d'accueil et leur éducation finale en centre ANECAH au terme de laquelle ils sont capables d'exécuter une cinquantaine de commandes (pour 60 % d'entre eux, les autres étant réformés), les enseignements théorique et pratique dispensés aux personnes ayant formulé une demande, les modalités de formation du couple maître / chien et le suivi ultérieur des couples maître / chien. *[Cf. A. Gastal, I. à III., pp. 10-50 et G. Heillaut, I., pp. 4-53 et S. Thiérion, pp. 1-6]*

L'obtention d'un chien de la part de l'ANECAH nécessite de la personne handicapée certaines capacités physiques, cognitives et visuo-spatiales étudiées au plan ergothérapique par S. Thiérion.

Il est indispensable que la personne handicapée possède d'une part un bras valide et d'autre part le meilleur équilibre possible du tronc, la personne étant amenée à se pencher en avant ou sur le côté lors de certains contacts physiques avec le chien.

Il s'agit pour la personne de donner convenablement les ordres. Pour ce faire, la capacité d'organisation spatiale est l'élément le plus fréquemment sollicité pour que lesdits ordres soient convenablement exécutés. En effet si la spontanéité, l'intelligence et l'expérience du chien entrent en jeu, dans certains cas le chien ne fait qu'obéir.

Outre des capacités phonatoires indispensables, une attitude comportementale constante, la personne handicapée doit avoir des capacités visuelles (acuité, champ visuel, etc.) et une appréhension visuelle (fixation, poursuite oculaire et exploration) satisfaisantes.

La difficulté dans l'attribution des chiens est de savoir à partir de quel degré de handicap il est impératif d'imposer une limite, qu'elle soit physique, intellectuelle ou cognitive.

Il convient de préciser que si chaque chien reçoit de la part de l'ANECAH une éducation identique et systématique, le chien est cependant capable d'apprendre par la suite, c'est-à-dire de tirer profit des situations rencontrées et de s'adapter à celles-ci. C'est ainsi que le couple homme / chien s'harmonise, chaque couple devenant alors unique. *[Cf. S. Thiérion, pp. 7-19]*

Dans la population initiale de 93 personnes (59 hommes et 34 femmes), la moyenne d'âge est de 30,3 ans.

68 réponses aux questions à caractère médical (il peut être considéré que celles-ci sont représentatives de la population totale) ont été analysées par A. Gastal.

Dossier *"Votre mode de vie"* : 96 % sont en fauteuil roulant dont 2/3 électrique ; 84 % ont une autonomie diminuée suite à une atteinte des membres supérieurs dont 70,5 % ont une autonomie fortement diminuée et se déclarent totalement dépendantes ; 34 % ont des difficultés à parler fort. Sur le plan du mode de vie 42 % travaillent en milieu professionnel ordinaire ou poursuivent des études.

Dossier *"Vous et votre entourage"* : 99 % estiment que la présence du chien est très agréable (66 %) ou agréable (33 %) ; 78 % que le rôle affectif du chien est très important et positif pour la personne et l'entourage ; 73 % que le chien ne pose pas de problèmes d'obéissance ; 71 % que le chien ne pose pas de problèmes de nuisance ; 62 % que le chien remplit une fonction d'assistance importante ou très importante ; 54,5 % que cette fonction d'assistance augmente en fréquence avec le temps .

L'entourage donne une note moyenne de 8 sur 10 à la prestation du chien (83 % ont octroyé une note supérieure à 8).

Dossier *"Vous et votre chien"* : entre 98 % et 91 % déclarent ne pas avoir eu de problèmes pour assurer la charge financière représentée

par le chien pour les frais vétérinaires, la nourriture et les frais de transport ; 88 % que le chien leur permet de faire un peu moins (48 %) ou beaucoup moins (40 %) appel à leur entourage ; 85 % que le stage de formation ANECAH a eu une influence favorable en ce qui concerne leur relation maître / chien ; 81 % que leur entourage estime que le chien ne lui a pas donné de travail supplémentaire ; 75 % indiquent n'avoir jamais eu de problèmes entre chien et entourage ; 71 % déclarent que l'utilisation des fonctions d'assistance du chien est devenue plus facile (50 %) ou un peu plus facile (21 %) avec le temps ; 59 % que les fonctions d'assistance du chien sont devenues plus utiles (30 %) ou un peu plus utiles (29 %) avec le temps ; 45 % que le chien motive pour avoir plus d'activités (promenades, discussion avec les autres...).
Si ces réponses ne sont pas obligatoirement significatives statistiquement, compte tenu du trop faible nombre de couples maître / chien considérés, elles n'en sont pas moins indicatives et encourageantes. *[Cf. A. Gastal, IV. Résultats, pp. 51-94]*

Dans la population initiale de 93 chiens (61 Labradors et 32 Goldens Retrievers / 55 mâles et 38 femelles) la moyenne d'âge est de 6 ans, 25 % ayant plus de 7 ans.

71 réponses aux questions à caractère vétérinaire (il peut être considéré que celles-ci sont représentatives de la population initiale) ont été analysées par G. Heillaut.

Dossier *"Vous et votre chien"* : 1 animal souffre de dysplasie coxo-fémorale ; 2 Labradors sont épileptiques ; 1 animal souffre de cataracte et 1 présente un entropion ; 2 Labradors et 1 Golden Retriever ont des problèmes ligamentaires sans que l'obésité semble devoir être mise en cause ; aucune atteinte à la qualité de la vie du chien d'assistance dans la mesure où aucun animal anxieux ou déprimé n'a été mis en évidence (certains signes ont cependant été observés chez des chiens vivant avec des personnes seules) ; aucun trouble comportemental (si ce n'est que 12 % présentent quelques prérogatives de chien dominant) ; entre 1/3 et 1/2 des chiens ont peur parfois ou souvent dans la rue, constituant un véritable problème pour 4 personnes.

59 % des chiens sont considérés comme bons chiens d'assistance

au vu de la qualité d'exécution des 52 commandes apprises, 76 % au vu de la qualité d'exécution des 24 commandes considérées comme étant les plus importantes. *[Cf. G. Heillaut, II. Contribution personnelle à l'étude, pp. 54-80]*
L'étude ne cherche pas à prouver que le chien, et lui seul, apporte une meilleure autonomie ou un bien-être social à n'importe quelle personne handicapée. En effet, le fait de prendre l'initiative de demander un chien prouve, d'une part une attitude volontaire et battante qui n'est pas forcément présente dans l'ensemble de la population des personnes handicapées, et d'autre part une prédisposition naturelle à bénéficier de ce que peut apporter un chien ou un animal de compagnie au niveau émotionnel.

Cette étude rétrospective ne cherche pas non plus à prouver que de telles personnes n'auraient pas aussi bien réussi sans chien d'assistance.

Il semble que les fonctions d'assistance aient un plus grand retentissement sur l'autonomie des personnes les moins dépendantes, alors que les autres profitent plus des rapports émotionnels.

Il faudrait mettre en place d'une part un protocole de sélection permettant de limiter l'incidence chez l'animal des maladies à composantes génétiques (dysplasie coxo-fémorale, épilepsie, cataracte, entropion) et l'obésité, d'autre part des méthodes de lutte contre les troubles comportementaux de l'animal (peur des bruits urbains, comportement de prédation, hyperexcitabilité, vols de nourriture, etc.).

Un cursus éducatif idéal du chien d'assistance consisterait :
– à prolonger la période de présence du chiot chez l'éleveur de 7 à 8 voire 9 semaines avant la remise à la famille d'accueil ;
– à procéder rapidement à une première visite chez le vétérinaire pour les vaccinations et l'établissement d'un certificat à retourner à l'ANECAH et attestant de la bonne santé et de l'absence de maladies héréditaires ; – à pratiquer à l'âge de 7 mois une radiographie de dépistage de la dysplasie coxofémorale ;
– à écarter à l'âge de 1 an les animaux trop craintifs et à effectuer un nouveau test en milieu urbain à l'arrivée au centre ANECAH ;

– à exclure du circuit à l'arrivée au centre ANECAH les animaux présentant des maladies héréditaires invalidantes ; – à mettre en évidence les maladies héréditaires à expression tardive en vue de pouvoir lutter efficacement contre elles...
Un stage de remise à niveau annuel devra être organisé et, après l'âge de 7 ans, il conviendra d'effectuer un suivi clinique particulier de l'animal. *[Cf. A. Gastal, V. Discussion, pp. 95-103 et G. Heillaut, III. Discussion, pp.81-91]*

Les capacités requises pour l'obtention d'un chien d'assistance ne peuvent être quantifiées. Il s'avère en effet que les handicaps des maîtres, concernant leur versant moteur ou gestuel, peuvent être très différents. Ce sont essentiellement les capacités intellectuelles et cognitives de la personne handicapée qui entrent en jeu lors de l'utilisation d'un chien d'assistance.

Les études sur les conséquences de la présence du chien montrent par ailleurs d'une part une diminution globale de l'appel à l'entourage et d'autre part l'importance du soutien psychologique apporté par le compagnon animal. (Il est conseillé – lorsque le maître présente un déficit au niveau de la puissance de la voix – d'orienter celui-ci vers des séances d'orthophonie).

Le fait que les fonctions d'assistance continuent à être utilisées au fil des années est un indice de leur réelle utilité. Le chien semble s'adapter à l'évolution des déficiences et il n'existe donc pas de contre-indication à son attribution à une personne atteinte de pathologies évolutives au niveau physique.

Les résultats globaux de l'étude montrent le faible pourcentage de nuisances et d'effets délétères occasionnés par le chien au bénéficiaire et à son entourage.

A l'image des Etats-Unis, il conviendra d'obtenir la même reconnaissance concernant le chien d'assistance pour handicapés moteurs que celle reconnue au chien-guide d'aveugle tant par le public que les pouvoirs publics.

Sur le plan vétérinaire, il conviendra d'affiner le protocole de sélection. Par ailleurs, la peur exprimée par l'animal constituant une entrave importante à la fonction d'assistance, des dépistages comportementaux sont préconisés à 12 mois et 18 mois.

Toujours au plan vétérinaire, il est également préconisé dans l'avenir d'une part une évaluation de la pertinence de la réalisation des radiographies de dépistage de la dysplasie coxo-fémorale dès l'âge de 6 mois, et d'autre part une meilleure étude préalable des familles d'accueil. *[Cf. A. Gastal et G. Heillaut, Conclusions]*

COMMENTAIRES :

Il est intéressant de mieux faire connaître le rôle spécifique du chien d'assistance dont nous rappelons que plus de 300 ont été remis par l'ANECAH entre 1991 et décembre 1999 à des personnes atteintes de handicaps moteurs.

Il existe actuellement deux centres de formation de chiens d'assistance, celui fonctionnant au LPA d'Alençon (Orne) et l'autre sur le site de l'Ecole nationale vétérinaire de Lyon à Marcy-l'Etoile (Rhône).

Depuis février 1995 les chiens d'assistance sont autorisés dans les différents lieux publics – y compris dans les magasins d'alimentation – à la seule condition que figure la mention "tierce personne" sur la carte d'invalidité de leur maître handicapé.

Il est à noter que l'Enquête ANECAH a en outre servi de support à deux études complémentaires, d'une part sur "La pertinence des commandes utilisées pour le chien d'assistance" *par Marie-Claude Lebret, Responsable du Centre ANECAH d'Alençon et d'autre part sur la* "Qualité de vie des personnes en fauteuil roulant avec chien d'assistance" *par le Dr Didier Vernay, neurologue (Cf. AFIRAC,* "La présence animale : un élément de qualité de vie", *pp. 20-24).*

Il en ressort une interrogation sur le suivi et le recyclage à organiser par l'ANECAH pour faire face à l'éventuelle évolution du handicap de la personne assistée. Par ailleurs parmi les 52 ordres d'obéissance et d'aide, si le chien doit connaitre parfaitement les commandes les plus utilisées, certains ordres ne pourraient-ils pas être travaillés en option ?

L'aspect multidisciplinaire (usager, éducateur de chien, médecin, vétérinaire, ergothérapeute...) d'une telle étude est particulièrement intéressant dans la mesure où il constitue le seul moyen pour une évaluation réelle de l'amélioration de la qualité de vie des personnes en fauteuil roulant apportée par l'animal.

52 commandes [*] apprises au chien d'assistance pour handicapés moteurs. [d'après Marie-Claude Lebret, "La pertinence des commandes utilisées pour le chien d'assistance", 1998.]

1. Commandes les plus utilisées

[*] **Nom du chien** : *Sert à attirer son attention et doit précéder chaque commande.*

[*] **Viens** : *Rappel du chien vers vous.*

[*] **Doucement** : *Ordonne au chien d'être calme ou de ne pas tirer sur sa laisse.*

[*] **Au pied** :
a) *en statique : Ordonne au chien de venir se placer à gauche du fauteuil en position assise contre la roue.*
b) *en mouvement : Signifie que le chien doit marcher à votre gauche au niveau de la roue du fauteuil, et doit s'asseoir quand vous vous arrêtez.*

[*] **Cherche-Apporte** : *Ordonne au chien de ramasser quelque chose qu'on lui montre.*

[*] **Genoux** : *Ordonne au chien de poser ses pattes avant sur vos genoux.*

[*] **Donne** : *Ordonne au chien de lâcher ce qu'il tient quand la personne le touche.*

[*] **Apporte** : *Ordonne au chien de prendre quelque chose qu'une personne lui tend.*

[*] **Non** : *Signifie au chien "Quoi que tu sois en train de faire, arrêtes tout de suite", ordre d'interdiction.*

[*] **Pas toucher** : *Ordonne au chien de ne pas toucher ni renifler un objet, un animal, une personne.*

[*] **Pas bouger** : *ordonne au chien de garder la position que le maître lui a donnée jusqu'à son retour et jusqu'à l'ordre "C'est fini".*

2. Commandes diverses

[*] **On y va** : *Signifie que le chien doit vous accompagner pour faire une promenade sans tirer sur sa laisse.*

[*] **Monte** : *Ordonne au chien de monter sur quelque chose.*

[*] **Descend** : *Ordonne au chien de descendre de quelque chose ou de quelqu'un.*

[*] **Assis** : *Ordonne au chien de s'asseoir.*

[*] **Couché** : *Ordonne au chien de s'allonger par terre.*

[*] **Debout** : *Ordonne au chien de se mettre sur ses quatre pattes.*

[*] **Dis bonjour** : *Signifie que le chien doit donner sa patte.*

[*] **C'est fini** : *Signale la fin d'un exercice et la rupture de la commande précédente.*

[*] **Dessous** : *Ordonne au chien de se glisser sous une table, un meuble, en position couché.*

[*] **Attends** : *Ordonne au chien de ne pas dépasser une barrière ou une porte jusqu'à nouvel ordre "C'est fini".*

[*] **Devant** : *Ordonne au chien de venir devant vous et de s'asseoir.*

[*] **Pousse-toi** : *Préviens le chien qu'il devrait se pousser du passage.*

[*] **Aboie** : *Ordonne au chien d'aboyer dans le but d'appeler de l'aide.*

- [*] **Silence** : *Ordonne au chien d'arrêter d'aboyer.*
- [*] **Tes besoins** : *Commande pour inciter le chien à faire ses besoins.*
- [*] **En avant** : *Ordonne au chien de s'engager lors d'un passage de porte ou d'un passage étroit.*
- [*] **Demi-Tour** : *Ordonne au chien de faire un demi-tour.*
- [*] **Recule** : *Ordonne au chien de faire marche arrière.*
- [*] **A ta place** : *Ordonne au chien de regagner sa place habituelle, peu importe s'il est debout, couché ou assis.*
- [*] **Voiture** : *Ordonne au chien de monter dans une voiture, un camion, et de ne pas en descendre.*
- [*] **Collier** : *Ordonne au chien de passer la tête dans le collier.*
- [*] **Up** : *Ordonne au chien de poser ses pattes en avant sur un comptoir, un mur, une porte, etc.*
- [*] **Apporte ta laisse** : *Ordonne au chien d'apporter sa laisse.*
- [*] **Apporte le phone** : *Ordonne au chien de prendre le téléphone.*
- [*] **Lâche** : *Ordonne au chien de laisser tomber ce qu'il tient dans la bouche.*
- [*] **Cherche la balle** : *Demande au chien de chercher sa balle.*
- [*] **Tug** : *Ordonne au chien de tirer sur une sangle avec les dents dans le but d'ouvrir une porte, un placard.*
- [*] **Up la porte** : *Le chien met ses pattes sur la poignée de la porte et la pousse.*
- [*] **Stop** : *Ordonne au chien d'arrêter de tirer le fauteuil.*
- [*] **Roule** : *Ordonne au chien de rouler sur le dos une fois qu'il est couché.*
- [*] **Va vers...** : *Cette commande suivie du nom de quelqu'un ordonne au chien d'aller vers la personne nommée.*

3. Commandes les moins utilisées

- [*] **Up lumière** : *Ordonne au chien de pousser le bouton avec son nez.*
- [*] **Up éteins** : *Ordonne au chien de pousser le bouton avec ses pattes.*
- [*] **Derrière** : *Ordonne au chien de marcher derrière la personne quand elle passe une porte ou dans un passage étroit.*
- [*] **Au chenil ou A la maison** : *Ordonne au chien d'aller dans son chenil ou de rentrer à la maison.*
- [*] **Marche** : *A utiliser dans un escalier pour que le chien descende ou monte marche par marche.*
- [*] **Apporte ton sac** : *Ordonne au chien d'apporter son sac.*
- [*] **Saute** : *Ordonne au chien de sauter par dessus quelque chose sans poser les pattes.*
- [*] **En arrière** : *Commande à donner pour que le chien recule afin que l'on puisse ouvrir une porte, le chien étant de l'autre côté de celle-ci.*
- [*] **Side** : *Idem que l'ordre "Au pied" mais le chien étant à droite du fauteuil.*
- [*] **Tire** : *Ordonne au chien de tirer le fauteuil devant lui à l'aide de son sac.*

COMMENTAIRES :

Une diminution du nombre d'ordres à assimiler par le chien comme par la personne handicapée permettrait sûrement d'améliorer la maîtrise du chien.

Le chien et la rééducation de l'enfant polyhandicapé

Il est un domaine où le chien pourrait éventuellement jouer un rôle de par sa présence et son seul contact, c'est celui – décrit par Jean-Claude Filiatre [in Aymon Natacha (Dossier coordonné par), pp. 48-51] – de la rééducation de certains enfants gravement polyhandicapés : "Vous pouvez utiliser [le chien] comme assistant. Il remplace des objets divers comme un banc, un boudin moelleux, un ours en peluche...", ceci à condition évidemment que l'animal ne laisse pas l'enfant indifférent.

L'auteur atteste de ses propos par une photo tout à fait explicite, légendée : "Sébastien retrouve sa souplesse lorsqu'il est allongé le long du corps de Véga, Labrador blond et soyeux". Le chien est ici "l'aide-opérateur des mouvements coordonnés de l'enfant".

"La méthode ne sera efficacement testée et validée qu'au prix d'un programme de recherche rigoureux, regroupant un nombre important de jeunes polyhandicapés et d'équipes de praticiens et de chercheurs", conclut Jean-Claude Filiatre.

Toujours à condition que l'animal ne laisse pas la personne indifférente, le chien constitue de par sa présence un "univers pour le regard et le toucher", indique Monique Rongières, Présidente du Groupe Polyhandicap France, qui a pu observer les réactions positives de certains enfants ou adultes polyhandicapés au contact de l'animal, ceci notamment au Home Nathalie et au Home Charlotte gérés par l'Association Marie-Hélène à Gouville (Eure).

Si l'enfant est allongé, s'il rampe..., l'animal se met à sa hauteur. La présence d'un chien est souhaitable dans un établissement accueillant de tels enfants, en sachant cependant qu'un univers de personnes polyhandicapées impose une logistique autour d'un animal présent en permanence et qui ne peut et ne doit jamais un seul instant être abandonné à lui-même. C'est cette logistique indispensable (nécessitant la présence de deux personnes compétentes en matière de "thérapie facilitée par l'animal" et susceptibles de se relayer) qui rend difficile l'accueil continu d'un chien dans un établissement et pourrait inciter à la création de services proposant des animaux visiteurs accompagnés.

*Joli-Coeur a peut être plus de vivacité
et d'intelligence [que Capi et Zerbino]
mais il n'a pas de docilité.
Il apprend facilement ce qu'on lui enseigne,
mais il l'oublie aussitôt.
D'ailleurs ce n'est jamais avec plaisir
qu'il fait ce qu'on lui demande ;
volontiers il se révolterait, et toujours il est contrariant.
Cela tient à sa nature,
et voilà pourquoi je ne me fâche pas contre lui :
le singe n'a pas, comme le chien, la conscience du devoir,
et par là il lui est très inférieur.*

HECTOR MALOT

CHAPITRE VII

LE SINGE CAPUCIN
POUR PERSONNE TÉTRAPLÉGIQUE

Le capucin et le tétraplégique. [Thèse pour le doctorat vétérinaire de Fabrice Jaffré, 1991.]

ANALYSE :

Les personnes très lourdement handicapées que sont les tétraplégiques – dans l'impossibilité fonctionnelle d'utiliser leurs quatre membres – doivent obligatoirement avoir recours à une aide humaine (auxiliaire de vie / tierce personne) et si possible à une aide technique (robotique et contrôles électroniques d'environnement). Entre la technique et l'humain, y a-t-il place pour l'aide animale ?

Une large place est faite à l'étude morpho-physio-bio-étho-pathologique et aux facultés d'apprentissage du sympathique singe capucin – dénommé également sajou ou sapajou – et plus précisément de l'espèce *Cebus apella* (couleur : brun avec une houppe de poils sur le front et les tempes ; taille : 32 cm à 56 cm + longue queue ; poids : 1,1 kg à 3,3 kg ; longévité moyenne : 26 ans), ainsi qu'aux principales affections rencontrées chez ce primate et à leurs méthodes de traitement. [Quelques *Cebus albifrons* (face et poitrine blanches) ont été utilisés].

La présence d'un singe capucin auprès d'une personne tétraplégique pouvant communiquer avec l'animal (donc sans troubles du langage ou du comportement trop importants) est susceptible d'avoir un triple intérêt : – d'une part au plan pratique (le capucin a la faculté d'assurer en moyenne trente tâches différentes modulables selon les besoins spécifiques de la personne) ; – d'autre part au plan psychologique ; – et enfin au plan social (le capucin est un véritable "catalyseur des relations sociales").

De cette étude théorique, il ressort que le capucin doit être considéré non pas comme une prothèse vivante mais comme un moyen de psychothérapie et de réhabilitation.

Les aides susceptibles d'être apportées par un singe capucin d'une part ou par un chien d'assistance d'autre part sont en fait complémentaires. Le chien est réservé aux personnes paraplégiques ayant une faible mobilité du tronc mais gardant leurs possibilités manuelles. Parallèlement, il est bien évident que, en matière d'assistance animale d'une personne tétraplégique, seul un singe est capable de placer avec précision le bâton buccal dans la bouche de la personne, une paille dans un verre, une cassette dans un magnétophone, un livre sur un pupitre... *[Cf. I. Etude du capucin, pp. 1-94]*

La sociabilisation du capucin en famille d'accueil durant 3 ans (placement à l'âge de 5 à 8 semaines) est suivie d'une période d'éducation d'une année. Les moyens de communication, les techniques de l'éducation, les commandements de base et stimuli discriminatifs – ainsi que leurs méthodes d'enseignement – sont décrits très précisément. *[Cf. II. et III. Socialisation et éducation, pp. 95-208]*

Une analyse des rapports entre la personne tétraplégique et le singe capucin, montre les intérêts pratique, psychologique et social dont la personne handicapée est bénéficiaire. Dans cette association Personne handicapée / Animal, l'auteur souligne l'importance des formations respectives tant de la personne que de l'animal, la "période d'ajustement" pouvant varier de quelques semaines à plusieurs mois suivant les caractères de l'animal et du récipiendaire.

Il est à noter que le dresseur ayant éduqué le capucin reste en contact régulier avec celui-ci, lequel bénéficie par ailleurs d'un suivi médical vétérinaire. *[Cf. IV. Rapports tétraplégique / capucin, pp. 209-243]*

L'auteur expose les quelques résultats connus au plan mondial :
– aux Etats-Unis (18 singes placés et 20 en phase d'éducation) ;
– au Canada (6 singes éduqués non placés). En France, un Programme d'aide simienne en faveur des personnes tétraplégiques (PAST) a été lancé en 1989 dans le cadre du Centre de rééducation et de réadaptation fonctionnelle de Kerpape à Ploemeur (Morbihan).

L'auteur parie sur le fait que le programme d'aide simienne aura la "même réussite que le programme des chiens-guides".

COMMENTAIRES :

Cet intéressant travail très documenté – dont le titre est digne de notre meilleur fabuliste – nous informe que, aux Etats-Unis, Hellion, Cebus albifrons *de 2 ans, qui fut en 1979 le premier singe placé par Mary Joan Willard auprès de Robert Foster, tétraplégique de 23 ans, était toujours solide au poste en 1990 pour le plus grand bonheur de Robert. (L'auteur ne donne pas l'avis d'Hellion !).*

L'expérimentation française à travers le Programme PAST – limitée dans le temps comme prévu à l'origine – est arrivée à terme en 1996. Le Programme perdure en ce qui concerne les placements effectués de 1994 à 1996. L'évaluation psychologique dudit PAST par J.S. Morvan et coll., publiée en 1998, est analysée ci-après.

Au plan pratique, à ce jour, il semble que les résultats obtenus ne soient peut être pas à la hauteur des espérances suscitées.

A tous les "amoureux des primates", – auxquels est dédiée la thèse de Fabrice Jaffré –, il convient de rappeler avec l'auteur que le capucin le plus connu à ce jour reste le célèbre Joli-Coeur du roman Sans Famille *d'Hector Malot.*

Le Programme d'aide simienne aux tétraplégiques (PAST) : analyses des 34 premiers dossiers de demande de singe capucin. [Thèse pour le doctorat en médecine de Françoise Séveno-Henry, 1995.]

ANALYSE :

La personne atteinte de tétraplégie fonctionnelle se trouve privée de l'usage volontaire de ses membres supérieurs, ainsi que de ses membres inférieurs, les seules possibilités motrices existantes se situant au niveau de la tête et du cou. En conséquence se pose les problèmes au niveau de l'alimentation, de l'élimination urinaire et fécale, de la toilette et de la prévention des escarres. Cette situation est accompagnée de troubles respiratoires, de troubles orthopédiques et de problèmes neuro-végétatifs nécessitant au quotidien des soins infirmiers, ainsi que les services d'un kinésithérapeute. trois types d'aides peuvent être fournis aux personnes tétraplégiques : des aides humaines, des aides techniques et des aides animalières. *[Cf. I. La tétraplégie, pp. 13-27]*

Concernant les aides animalières, et comme cela a été expérimenté depuis 1967 aux Etats-Unis, puis au Canada, les singes capucins semblent requérir le maximum de qualités (petite taille, bonne dextérité, calme relatif, fiabilité à long terme et coût modéré) pour répondre à des demandes quotidiennes, répétitives et exigeant de la précision émanant de la personne tétraplégique. *[Cf. II. Les aides animalières. pp. 28-33]*

D'un "besoin d'autonomie" émis par des personnes tétraplégiques est née l'idée de tenter un programme expérimental d'aide simienne, s'inspirant du programme américain existant, dont l'objet est l'évaluation de l'apport des singes capucins en matière d'autonomie et de complément affectif.

Le Programme d'aide simienne aux tétraplégiques (PAST) – placé sous la responsabilité du Dr Busnel et d'une équipe multidisciplinaire qui s'est constituée au Centre de rééducation et de réadaptation fonctionnelle de Kerpape à Ploemeur (Morbihan) – a débuté en 1989 par le placement de quelques bébés singes en famille d'accueil, le dressage proprement dit ayant débuté en 1991. Les objectifs du PAST sont d'apporter à la personne une aide [quadri]manuelle, facteur d'autonomie et de liberté, et une aide affective et sociale de par la compagnie apportée, de par la valorisation de la personne handicapée qui devient responsable et de par l'attrait suscité par la présence du capucin.

Le *Cebus apella* a été choisi pour le PAST en fonction de sa petite taille, sa longévité, ses potentialités d'adaptation au milieu domestique, son habileté manuelle et sa capacité de concentration, sa bonne santé, sa curiosité pour les objets nouveaux et sa motivation dans la manipulation de ceux-ci.

L'auteur décrit les différentes étapes allant de l'arrivée de l'animal à son placement chez la personne tétraplégique, en passant par les phases de sociabilisation, d'éducation et d'essai de cohabitation.

Le PAST s'adresse exclusivement à des personnes atteintes de tétraplégie fonctionnelle complète. Il existe certaines contre-indications formelles pour pouvoir bénéficier de l'aide d'un singe : la récence du handicap, la communication verbale déficiente, la présence d'appareils vitaux, les mouvements anormaux, le désaccord de personnes intervenant autour de la personne handicapée, l'impossibilité d'utilisation d'un fauteuil roulant électrique, des facultés mentales diminuées et une activité professionnelle ou sociale majeure. *[Cf. III. Le PAST, pp. 34-85]*

Le travail de recherche personnelle de l'auteur consiste en une étude du profil des récipiendaires à travers l'analyse d'une part des 34 dossiers de demande de singes capucins reçus par le PAST jusqu'en novembre 1994 et d'autre part des réponses des personnes concernées à un questionnaire élaboré par l'auteur (que les personnes aient renoncé d'elles-mêmes à leur demande, qu'elles postulent à l'obtention d'un singe ou qu'elles aient déjà reçu un singe).

Cette double analyse est interprêtée en fonction de la motivation des personnes handicapées, de leur mode de vie, de l'ancienneté de leur handicap, de leur expérience de la solitude, etc.

Il s'avère que "le récipiendaire idéal serait une personne ayant largement plus de 35 ans, présentant un handicap ancien et sollicitant une compagnie couplée à un désir d'autonomie accrue. La personne handicapée doit d'autre part faire preuve de

suffisamment de possibilités intellectuelles pour savoir analyser et comprendre le comportement de l'animal afin d'y adapter ses propres réactions." *[Cf. IV. Analyse de dossiers de demande, pp. 86-124]*
    Jacki et Pruneau, capucins mâles, respectivement 6 et 7ans, ont été placés en juin/juillet 1994. 6 mois après les deux expériences s'avèrent positives. *[Cf. V. Deux dossiers de récipiendaires, pp. 125-130]*
    Au départ, l'utilité de l'animal se situe surtout au niveau relationnel. Faire le choix d'accepter un animal chez soi implique qu'il faut avant tout donner une priorité à l'affectif sur le fonctionnel. Le souhaitable est que l'aspect "fonctionnel" équilibre l'aspect "affectif" après quelques années de vie collective.
La fin de l'expérimentation du PAST est prévue en 1996. Une évaluation permettant une analyse objective des résultats sera faite par des spécialistes extérieurs.

COMMENTAIRES :
    Le placement de Jacki a été interrompu en janvier 1997. Pruneau est mort en avril 1998 d'un coma urémique. En décembre 1999, 3 capucins sont placés depuis 1996 et donnent satisfaction : Cosig, Creach et Lulu.

Evaluation psychologique du Programme PAST (Programme d'aide simienne en faveur des personnes tétraplégiques). [Jean-Sébastien Morvan, Valérie Torossian, Angélique Cayot-Decharte, 1998.]

ANALYSE :
    "Le Programme PAST a pour mission de permettre aux personnes tétraplégiques d'accroître leur autonomie par la mise à disposition d'un singe capucin apte à compenser des limitations fonctionnelles pour un certain nombre d'actes de la vie quotidienne. A cet objectif d'éducation fonctionnelle, s'ajoute l'inéluctable relation affective qui s'installe entre la personne handicapée et l'animal social. Cette relation primordiale et incontournable sous-tend un respect profond de la personne handicapée pour son singe", ainsi sont définies les grandes lignes

dudit Programme, en 1994, par le Centre mutualiste de Kerpape à Ploemeur (Morbihan), initiateur et responsable du projet.
Après une présentation succincte du capucin sapajou (*Cebus apella*), J-S. Morvan et coll. rappellent le cadre général du programme et le protocole de la présente étude évaluative, celle-ci s'étant déroulée sur les années 1997/1998 et ayant été effectuée auprès de huit personnes tétraplégiques. *[Cf. pp. 5-15]*
Les motivations et intérêts de la personne handicapée participant au Programme PAST sont d'ordre pratique (être aidée), affectif et socio-scientifique (contribuer à un programme expérimental).
Les auteurs décrivent successivement : – l'importance de la première rencontre de la personne handicapée avec le singe et de la période de familiarisation au Centre de Kerpape ou au domicile ; – les tâches susceptibles d'être effectuées par le capucin (actions de préhension multiples au quotidien et fonction d'accompagnement en même temps que récréative) et leurs limites ; – le temps de l'apprentissage et les relations de proximité s'établissant entre la personne handicapée et le capucin.
Au niveau du fonctionnement de l'interface personne handicapée/singe capucin, les auteurs traitent kaléidoscopiquement les "défauts" et "qualités" témoignés sur le terrain par l'animal au cours des situations étudiées : – d'un côté un singe craintif, agressif, malpropre, défaillant (manque de fiabilité dû à la fatigabilité ou à l'inattention ou en raison du comportement sexuel) et stigmatisant ; – d'un autre côté un singe gratifiant, affectueux, comblant (effet miroir pouvant compenser le sentiment d'isolement et de manque affectif) et performant.
Pour ce qui est de cette approche descriptive des résultats du programme, les auteurs concluent que – tant du côté matériel que du côté relationnel – il apparaît que le singe apporte au quotidien des réponses positives à ce qui était demandé et attendu. Mais il semble aussi que tout ne soit pas facilement maîtrisable dans cette rencontre animal/homme, les limites paraissant d'autant plus difficiles à trouver que les individus en présence sont susceptibles à tout moment de sortir du cadre défini. *[Cf. pp. 16-34]*

Le singe capucin ne laisse pas indifférent. Il est perçu comme un animal hors du commun, capable de jouer un rôle technique, occupant une place sociale et apparaissant comme un compagnon "anthropomorphisé", voire comme un familier. Face à cette image, la personne handicapée se trouve confrontée à elle même et peut éprouver une impression de toute puissance (ou *a contrario* d'impuissance) ou/et de complémentarité ou/et de prolongement de soi.

Qu'en est-il concrètement des relations au jour le jour entre les deux partenaires...? Certaines conduites d'ajustement doivent être adaptées aux situations difficilement maîtrisables résultant de la désobéissance, l'agressivité, la séduction. Des démonstrations d'autorité, de supériorité et même de domination de la part de la personne handicapée semblent être indispensables.

De cette approche clinique, il résulte qu'il convient de trouver une juste distance, un équilibre délimitant très précisément la place et le rôle du singe au sein d'un programme personnalisé. *[Cf. pp. 35-46]*

"La dynamique en jeu dans l'acceptation ou la non-acceptation de l'aide simienne dépasse en complexité, en globalité, les effets de variables isolées", est-il déclaré par les auteurs en guise de conclusions et recommandations !

COMMENTAIRES

L'expérience – et donc l'évaluation psychologique – a porté sur un nombre restreint de sujets, empêchant de ce fait que puissent être envisagées des comparaisons en fonction des situations.
Le Dr Michel Busnel, Responsable du Programme PAST, nous a informé que ledit programme a abouti à 8 placements effectués entre 1994 et 1996.
Fin 1999, trois placements perdurent dans de bonnes conditions, à savoir Cosig, Creach et Lulu. (Il est à noter que, exception faite d'une seule situation d'échec, les autres placements interrompus l'ont été naturellement, consécutivement au décès de la personne handicapée ou de la mort de l'animal). L'expérimentation – limitée dans le temps comme prévu à l'origine – n'est plus reconduite depuis 1996.

Répertoire comportemental acquis par Pruneau, *Cebus apella* **mâle, 7 ans** [in Michel Busnel, *Programme d'aide simienne aux personnes tétraplégiques (PAST)*, Annexe 4, Ploemeur, Centre mutualiste de Kerpape, 1995).]

Lorsque la personne tétraplégique désire faire déplacer un objet, elle communique ses instructions au primate. Elle lui désigne l'objet avec le spot lumineux rouge d'un crayon laser et lui montre, toujours à l'aide de ce faisceau laser, la nouvelle destination désirée, tout en lui donnant l'ordre verbal [*] correspondant :

NETTOYER LE VISAGE AVEC UNE SERVIETTE HUMIDE :
[*] **Ouvrir** : *Ouvre le contenant à serviette pointé par le faisceau.*
[*] **Essuie** : *Prend la serviette et nettoie le visage de la personne.*
[*] **Place** : *Remet la serviette dans son contenant.*

BREUVAGE :
[*] **Ouvrir** : *Ouvre la porte du réfrigérateur pointée par le faisceau.*
[*] **Bouteille** : *Prend la bouteille pointée et l'apporte à la table.*
[*] **Place** : *Insère la bouteille dans son support.*
[*] **Ouvrir** : *Dévisse le bouchon et ouvre la bouteille.*
[*] **Vaisselle** : *Place le bouchon dans la cuvette à vaisselle.*
[*] **Paille** : *Insère une extrémité de la paille dans la bouteille et l'autre dans la bouche.*
[*] **Fermer** : *Ferme la porte du frigo pointée par le faisceau.*
[*] **Vaisselle** : *Place la bouteille et la paille dans la cuvette à vaisselle.*

CUILLER :
[*] **Ouvrir** : *Ouvre la porte du frigo pointée par le faisceau.*
[*] **Place** : *Prend le contenant à nourriture pointé par le faisceau et l'installe sur la table.*
[*] **Fermer** : *Ferme la porte du frigo pointée par le faisceau.*
[*] **Vaisselle** : *Place le couvercle dans la cuvette à vaisselle.*
[*] **Bouche** : *Prend une cuiller, la plonge dans le contenant puis la présente à la bouche, la retire, la dépose dans le contenant ; refait la séquence jusqu'à l'ordre "Vaisselle" ou jusqu'à ce que la personne détourne la tête.*
[*] **Vaisselle** : *Place le contenant et la cuiller dans la cuvette à vaisselle.*

FOURCHETTE :
[*] **Ouvrir** : *Ouvre la porte du frigo pointée par le faisceau.*
[*] **Place** : *Prend le contenant à nourriture pointé par le faisceau et l'installe sur la table.*
[*] **Fermer** : *Ferme la porte du frigo pointée par le faisceau.*
[*] **Ouvrir** : *Ouvre le contenant.*
[*] **Vaisselle** : *Place le couvercle dans la cuvette à vaisselle.*
[*] **Pique** : *Pique la fourchette dans un aliment.*
[*] **Bouche** : *Insère la fourchette dans la bouche ; refait la séquence "pique-bouche" jusqu'à ce que la personne détourne la tête ou jusqu'à l'ordre "Vaisselle".*

[∗] **Vaisselle** : *Place le contenant et la fourchette dans la cuvette à vaisselle.*

CHIFFON :
[∗] **Propre** : *Prend un chiffon pointé par le faisceau et essuie la surface indiquée par le faisceau.*
[∗] **Place** : *Range le chiffon à l'endroit indiqué par le faisceau.*

DECHET :
[∗] **Déchet** : *Prend l'objet pointé par le faisceau et le met dans la poubelle pointée par le faisceau.*

RANGEMENTS D'OBJETS :
[∗] **Place** : *Prend l'objet pointé par le faisceau et le place à l'endroit indiqué par le faisceau.*

BATON BUCCAL :
[∗] **Bouche** : *Prend le bâton buccal pointé par le faisceau et insère la bonne extrémité dans la bouche.*

DONNE :
[∗] **Donne** : *Prend l'objet pointé par le faisceau et le place sur les genoux de la personne.*

RETOUR A LA CAGE :
[∗] **Cage** : *Entre dans sa cage.*
[∗] **Fermer** : *Ferme la porte de sa cage jusqu'à ce qu'elle soit enclenchée.*

PORTE :
[∗] **Ouvrir** : *Tourne la poignée de la porte indiquée par le faisceaux et ouvre la porte.*
[∗] **Pousse** : *Pousse la porte jusqu'à ce qu'elle soit complètement ouverte.*
[∗] **Fermer** : *Ferme la porte jusqu'à ce qu'elle soit enclenchée.*

INTERRUPTEUR :
[∗] **Ouvrir** : *Actionne l'interrupteur de façon à ce que la lumière soit allumée.*
[∗] **Fermer** : *Actionne l'interrupteur de façon à ce que la lumière soit éteinte.*

ASCENSEUR :
[∗] **Pousse** : *Appuie sur le bouton de l'ascenseur pointé par le faisceau.*

LIVRE :
[∗] **Clic** : *Prend le livre pointé par le faisceau et colle le disque métallique sur l'aimant du lutrin.*
[∗] **Ouvrir** : *Ouvre la page de couverture.*
[∗] **Place** : *Ajuste le livre sur le lutrin.*

SORTIE DE CAGE :
[∗] **Ouvrir** : *Pousse la porte de sa cage.*
[∗] **Propre** : *Essuie ses mains sur une serviette attachée à la cage.*

SE PLACER SUR LES GENOUX :
[∗] **Ici** : *Va se placer sur les genoux de la personne.*

LAISSE :
[∗] **Laisse** : *Place sa chaînette dans la main de la personne et celle-ci y attache la grande laisse.*

NON :
[∗] **Non** : *Arrête immédiatement le comportement en cours.*

COMMENTAIRES :
Pruneau a été placé de juin 1994 à mars 1996 chez une première personne à laquelle il a donné entièrement satisfaction jusqu'au décès de celle-ci, puis chez une seconde personne d'avril 1996 à avril 1998, date à laquelle il est mort d'un coma urémique.

> *A quelque heure du jour que l'enfant l'appelât, si profondément caché qu'il se trouvât, [le dauphin] accourait du fond des eaux et, après avoir été nourri de la main de l'enfant, il lui offrait son dos pour y monter ; il le recevait et le portait [de Baïes] à l'école, à Pouzzoles, à travers la vaste baie [du lac Lucrin] ; il le transporta de la même façon pendant plusieurs années.*
>
> PLINE L'ANCIEN

CHAPITRE VIII

LE DAUPHIN ET LES ENFANTS HANDICAPÉS

Exploitation des delphinidés en captivité : étude critique.
[Thèse pour le doctorat vétérinaire de Olivier Maddens, 1994.]

ANALYSE :
   Le dauphin le plus largement répandu dans les zoos marins est le *Tursiops truncatus* (Grand dauphin souffleur ou Bottlenose dolphin), dauphin au célèbre "sourire figé" illustré à la fois par la série TV *"Flipper, le dauphin"* et le film *"Le Grand Bleu"*, pouvant atteindre 4 mètres de long, et qui semble être l'espèce s'adaptant le plus facilement à la captivité et au dressage. On trouve également en captivité les genres *Delphinus*, *Stenella*, *Lagenorynchus*, *Globicephala* et *Orcinus*.
La vie du dauphin capturé est caractérisée par : – le passage d'une vie libre dans un espace illimité à une vie captive dans un espace restreint ; – une alimentation "méritée" et morte sous forme décongelée se substituant à une alimentation chassée et vivante ; – la présence de l'homme et un comportement social entre animaux modifié. L'auteur donne les exemples d'animaux capturés se jetant la tête la première contre la paroi du bassin ou se laissant mourir de faim.

L'auteur décrit le dressage basé sur d'une part l'indispensable conditionnement au coup de sifflet, d'autre part la gestuelle du dresseur, et enfin l'apprentissage par récompense. [Les révérences élégantes et autres sauts périlleux n'ont rien de naturels et sont le résultat d'un dressage.]
L'auteur inventorie les entreprises à caractère commercial exploitant les delphinidés en captivité (2 en France) et par ailleurs les centres de recherches sur les cétacés (1 en France).
[Cf. I. Conditions de captivité des delphinidés, pp. 10-44]
Effectuée au détriment du droit à la liberté de l'animal, l'observation de la vie captive du dauphin débouche sur : – la sensibilisation du public (dont on peut espérer qu'à terme elle contribue à la protection des espèces) ; – la recherche scientifique fondamentale (hydrodynamisme, adaptations physiologiques à la plongée, acoustique ultrasonique : communication et écholocation, recherches et applications militaires) ; – et la delphinothérapie.
Les premières recherches sur la delphinothérapie ont débuté en 1979, au Dolphin Research Center de Marathon Key en Floride (Etats-Unis), à l'initiative du psychologue David Nathanson. Celui-ci était convaincu que le retard mental des enfants handicapés provenait d'une incapacité à se concentrer suffisamment pour pouvoir apprendre et que, en conséquence, il convenait de trouver un artifice permettant d'accroître leur attention. David Nathanson a justement observé la considérable attention que des "enfants retardés" peuvent porter aux animaux. Un enfant hyperactif dans l'incapacité de se concentrer 10 secondes peut être capable de rester calme 10 minutes au contact d'un jeune chien. Pour David Nathanson, une telle capacité d'attention de la part de ces enfants au contact d'animaux rendait envisageable la possibilité d'énormes progrès d'apprentissage.
Depuis 1988, David Nathanson travaille avec des "mongoliens, autistes et handicapés moteurs" en se basant sur la notion de "renforcement positif " selon laquelle "avec une stimulation suffisante, il est possible de transformer pratiquement n'importe quel type de comportement".
L'auteur rappelle que la thérapie facilitée par l'animal entraîne par

Le chien-guide d'aveugle,
figure emblématique de l'animal au secours du handicap.

Planche I

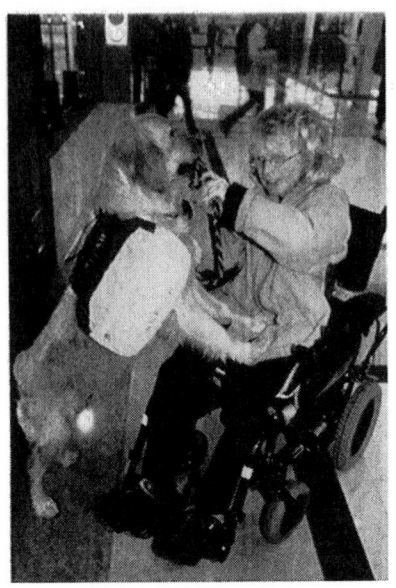

L'association nationale pour l'éducation des chiens d'assistance pour handicapés (ANECAH) a formé plus de 300 chiens.

Planche II

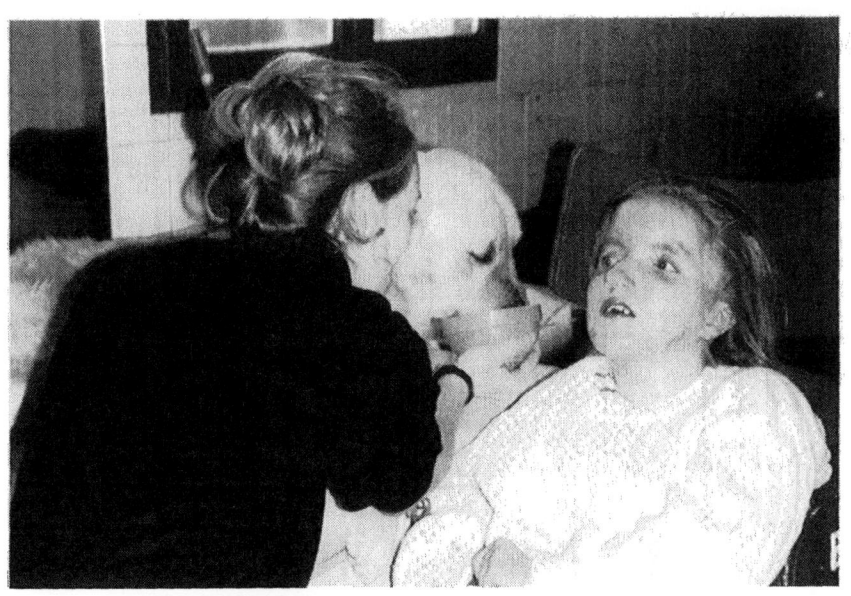

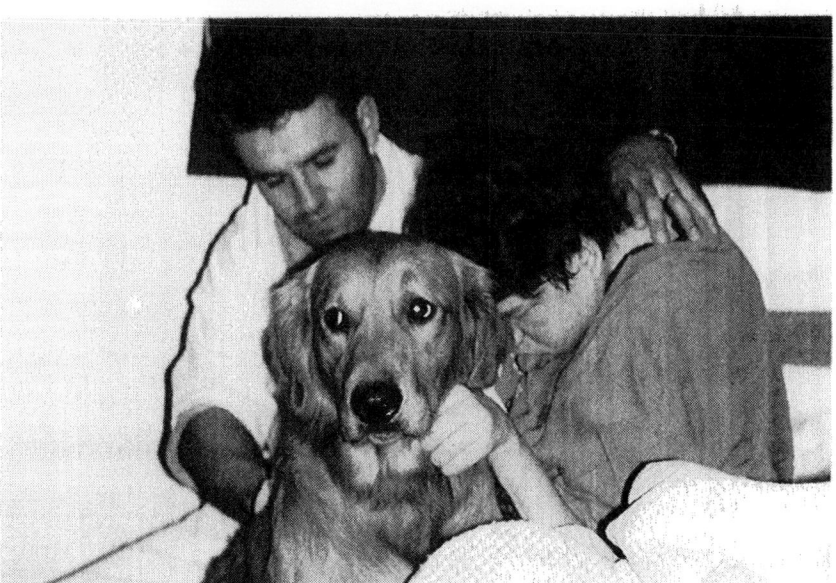

Un univers pour le regard et le toucher
chez le jeune polyhandicapé.

Planche III

Thérapie avec le cheval :
équithérapie, hippothérapie et métiers du cheval.

Planche IV

Le travail c'est la santé... *(Cebus apella)*

... mais ne rien faire c'est la conserver. *(Turiops truncatus)*

En cas d'avalanches, il faut agir et vite,
avant la nuit, l'orage, la neige et surtout avant la mort.

Planche VI

Le flair du chien de catastrophes n'a pas trouvé d'équivalent.
(En haut à droite : un « accidenté du travail ».)

Dans la mythologie grecque, c'est sous la forme d'un Taureau blanc que Zeus se métamorphosa pour séduire Europe...

... un jour prochain un Taureau vosgien descendu des Hautes Chaumes saura séduire notre jeune Europe et l'entraîner avec lui vers les sommets.

exemple des modifications de certains facteurs cardio-vasculaires permettant une diminution de stress, une action anti-dépressive, un accroissement dans la volonté et la capacité d'apprentissage.
La delphinothérapie – s'appuyant d'une part sur l'effet décontractant du milieu liquide et d'autre part sur les talents particuliers du dauphin – procure aux enfants handicapés de nombreux nouveaux stimuli.
L'auteur décrit un programme s'étendant sur 6 mois auquel ont participé 6 enfants "attardés" dont l'âge varie de 2 à 6 ans. David Nathanson travaille en collaboration avec Linda, dresseuse de dauphins. Les séances de rééducation sont individuelles, à raison de 1 par semaine, consistant en 1 demi-heure dans l'eau au contact des dauphins suivie de 1 demi-heure en classe. Les enfants Billy, Danny, Jérémy et Robert travaillent la prononciation de mots au vu de dessins à l'encre noire sur écriteau blanc qui leur sont montrés. Les deux autres enfants Chris et Mando travaillent la mémorisation au vu de mots (ou syllabes) écrits en noir sur écriteau blanc.
"Les 6 enfants ont tous mieux répondu quand ils travaillaient au milieu des dauphins, mais dans des proportions différentes". Le résultat le plus satisfaisant est présenté par Jérémy, 2 ans-et-demi, mongolien, qui a répondu correctement 38 fois sur 100 avec les dauphins, alors qu'il n'a répondu que 4 fois sur 100 lors des séances de travail effectuées en classe, et ceci pour 160 essais "effectués dans l'eau et en classe et considérés séparément". Ceci correspond à une amélioration de la prononciation multipliée par près de 10. Concernant les autres enfants, cette amélioration se trouve multipliée par 6,8 pour 50 essais chez Robert, par 2,7 pour 268 essais chez Mando, par 2 pour 165 essais chez Danny, par 1,5 pour 204 essais chez Chris et par 1,3 pour 210 essais chez Billy.
Abordant l'avenir de la delphinothérapie, l'auteur indique : "Cette thérapie n'a aucune prétention et ne prétend pas guérir : elle apporte un confort supplémentaire pour ces enfants qui prennent alors une place plus active dans la vie de tous les jours et auprès des personnes qui les entourent".
David Nathanson croule sous les demandes de parents d'enfants handicapés. En 1994, 16 séances à Marathon Key coûtent près de

30.000 francs français non remboursables. Les delphinariums ont tendance à associer le maintien en captivité d'espèces marines à la protection de certaines espèces menacées de disparition (lamantins, pingouins, tortues de mer, loutres de mer, éléphants de mer, veaux marins, etc.) ou autres animaux retrouvés malades, blessés, échoués en bord de mer et relâchés en pleine mer après réhabilitation à la vie sauvage. *[Cf. II. Intérêt de la captivité, pp. 45-103]*

Il est actuellement interdit de capturer les delphinidés en France (depuis 1970) et aux Etats-Unis (depuis 1972). Concernant les dauphins en captivité, l'auteur traite de la réglementation, des exigences biologiques face à la logique de profit et de la pathologie (notamment de la psychopathologie dûe à la captivité). *[Cf. III. Limites et inconvénients de la captivité, pp. 104-153]*

*On cite une multitude de faits
qui montrent de la douceur
et de la familiarité chez les dauphins,
et en particulier des manifestations d'amour
et de passion pour des enfants,
près de Tarente, de la Carie ou d'autres lieux.
Et ainsi on raconte, que près de la Carie,
après la prise d'un dauphin qui avait été blessé,
une foule de dauphins vint en groupe dans le port
jusqu'à ce que le pêcheur l'eût relâché :
tous alors s'en retournèrent avec lui.
Les petits dauphins
sont toujours accompagnés d'un grand,
pour assurer leur protection.
On a vu un jour une troupe
de grands et de petits dauphins qui allaient de concert :
et derrière eux, à peu de distance,
deux autres apparemment soutenaient tout en nageant,
quand il s'enfonçait, un tout petit dauphin qui était mort ;
ils le soulevaient, avec leur dos,
comme pleins de commisération
pour empêcher qu'il ne devînt
la proie de quelque bête vorace.*

ARISTOTE

COMMENTAIRES :

L'expérience – menée par David Nathanson en Floride – relatée par Olivier Maddens est intéressante mais peu significative en raison de ses limites (6 jeunes handicapés concernés seulement).

Il nous paraît intéressant de signaler l'existence de deux autres expériences du même type relatées l'une par ses protagonistes Sophie Donio et Daniel Meir (propos recueillis par Natacha Aymon) et l'autre par le journaliste Vincent Rousselet-Blanc (Cf. "L'animal, un thérapeute pas si bête" in Le Journal des Psychologues, *n° 165, mars 1999, pp. 21-53).*

Vincent Rousselet-Blanc fait état de l'action du Dr Horace Dobbs [Membre de la Royal Society of Medicine, Fondateur de l'Oxford Underwater Research Group et de l'International Dolphin Watch] qui – ayant découvert en 1974 quelle joie peut lui apporter sa rencontre avec un dauphin sauvage, Donald, au large des côtes britanniques – a l'idée du réconfort qu'une telle rencontre serait susceptible d'apporter à des dépressifs. Depuis, Dobbs emmène ses malades dépressifs nager en mer, les dauphins pouvant s'approcher de l'embarcation ou en rester éloignés. La rencontre provoque le bien-être du malade "comme si le dauphin sauvage était capable de sonder corps et esprit et d'envoyer des ondes positives". [Coût des séances non indiqué].

"Les relations Homme / Dauphin restent encore un mystère scientifique", indique Dobbs qui – selon Rousselet-Blanc – a permis à de nombreux dépressifs de retrouver goût à la vie. Le journaliste note que l'utilisation qui est faite ici du dauphin est exemplaire car celui-ci est en totale liberté, à la différence de l'utilisation controversée des dauphins en captivité dans les delphinariums pour soigner des personnes atteintes d'autisme.

Interviewé par Le Journal des Psychologues, *Sophie Donio et Daniel Meir font état de l'expérience du Dolphin Reef à Eilat (Israël).*

"Les dauphins ne vivent pas dans un bassin, mais en mer. Ils sont libres d'aller et de venir, ils sont autonomes, ils ont leur propre vie

sociale et sexuelle, leurs bagarres... Ils chassent pour se nourrir en plus de ce qui leur est donné. Et je pense qu'il faut arrêter de dire qu'ils viennent pour la nourriture, car les dauphins recherchent vraiment le contact avec l'homme", déclare Sophie Donio, Responsable des entraîneurs et de la delphinothérapie (ayant une double formation de psychologue et de monitrice de plongée et ayant été en stage à plusieurs reprises au Dolphin Research Center de Floride).

Sophie Donio a mis en place des *"expériences de soutien à l'aide de dauphins"*, traitements réguliers et continus comportant d'une part la nage en mer au milieu des dauphins par séance d'une demi-heure (le dauphin n'est jamais nourri pendant celle-ci) et d'autre part une participation à l'entrainement des dauphins depuis une plateforme avec des exercices adaptés aux problèmes de chaque enfant.

Sophie Donio a travaillé au début avec des personnes très gravement handicapées physiquement, puis avec des enfants trisomiques, autistes, anorexiques, des enfants hyperactifs ayant des difficultés scolaires, des dépressifs ou obsessionnels, etc.

"J'ai peu de patients, environ 25 par an dont certains viennent d'Eilat (2 fois par semaine pendant 1 an), d'autres du Nord d'Israël (4 jours d'affilée chaque mois), quelques uns d'Europe (2 semaines tous les 2 mois ou 3 semaines tous les 3 mois)", précise Sophie Donio. [Coût des séances non indiqué].

Daniel Meir, psychiatre à l'Hôpital universitaire Etanim à Jérusalem, a mis en place en 1993 un travail thérapeutique avec des jeunes autistes, en collaboration avec Sophie Donio.

"On ne guérit pas les autistes à l'aide des dauphins, mais on peut les faire progresser. On peut arriver à un meilleur contact, une meilleure autonomie", déclare Daniel Meir qui ajoute : *"On sait que les autistes ont un spectre très large de sensibilité auditive. Je pense que le dauphin émet des sons que le patient autiste entend et ressent, qui arrivent à lui et que nous ne sentons pas. J'en suis convaincu. [...] Quand on fait écouter des enregistrements de bruits de dauphins à des autistes, ils sont calmes ; quand on arrête, ils s'excitent ; quand on leur remet le bruit du dauphin, ils se calment à nouveau."*

Daniel Meir fait état de quelques moments extraordinaires, et de décrire le déclic chez un enfant autiste qui pour la première fois s'exprime intelligemment et prononce les prénoms des éducateurs alors qu'il connait ceux-ci depuis 10 ans.

Précisant que d'une part tous les dauphins ne s'intéressent pas à l'homme et que d'autre part elle ne pense pas que la delphinothérapie convienne à tout le monde, Sophie Donio estime que l'essentiel est de provoquer l'émotion chez l'enfant, "trouver ce qui lui plait, qui est proche de lui, qui le calme et le sécurise, lui donne une ouverture, un sourire et l'envie de vivre".

Et Sophie Donio d'ajouter que "cela peut être une fleur, un cheval, un ordinateur, n'importe quoi...". En l'état actuel des connaissances, ces propos de Sophie Donio nous semblent résumer la situation.

Ajoutons pour l'humour que nous connaissons une personne adulte, qui a nagé récemment avec les dauphins en Floride... et qui est revenue en pleine forme (apparemment).

Et continuons de rêver avec les légendes de la mythologie ayant trait au dauphin rapportées par Hérodote, Aristote, Pline L'Ancien, Plutarque, Pline Le Jeune, et autres philosophes, historiens et conteurs...

> *Le dauphin est le seul*
> *de tous les animaux du monde*
> *à porter autant d'amitié à l'homme,*
> *celle que recherchent et désirent*
> *tous les plus grands philosophes,*
> *et cela, par instinct naturel*
> *et sans en tirer profit ;*
> *car il n'a aucunement besoin de l'homme,*
> *et néanmoins, il est amical*
> *et bienveillant envers tous,*
> *et, en cas de besoin, en a secouru plusieurs.*
>
> PLUTARQUE

*Dionysos, appelé aussi Bacchus... loua les services
de pirates tyrrhéniens, leur demandant de le prendre
sur leur navire pour passer dans l'Ile de Naxos.
Mais les pirates, ayant feint d'accepter, se dirigèrent
vers l'Asie, dans la pensée de vendre leur voyageur
comme esclave. Quand il s'en aperçut, Dionysos
transforma leurs avirons en serpents, remplit leur navire
de lierre et fit retentir le son de flûtes invisibles.
Il paralysa le navire dans des guirlandes de vigne,
si bien que les pirates, devenus fous, se précipitèrent
dans la mer où ils devinrent des dauphins
– ce qui explique que les dauphins soient les amis
des hommes, et s'efforcent de les sauver
dans les naufrages, car ce sont des pirates repentis.*

*Télémaque, fils d'Ulysse et de Pénelope,
encore enfant, était tombé dans la mer ;
il avait été sauvé par des dauphins,
et c'est pour cela qu'Ulysse portait
sur son bouclier l'image d'un dauphin.*

*On considère [Delphos] comme le fils
que Poséidon avait eu de la fille de Deucalion,
Mélantho, en s'unissant à elle sous la forme
d'un dauphin, d'où le nom de l'enfant.*

*Un jour que [le Milésien Cœranos] vit un pêcheur
avec un dauphin qu'il avait capturé,
il racheta l'animal et le remit à l'eau.
Puis, au cours d'un naufrage, il fut sauvé, seul
de tous les passagers du bateau, par les dauphins.
Plus tard, lorsqu'il mourut, comme le cortège funèbre
passait près du port de Milet, on vit s'avancer
une troupe de dauphins qui participa au deuil.*

*Les Crétois croyaient que les morts
se retiraient au bout du monde,
dans les Iles des Bienheureux,
et que des dauphins les transportaient
sur leur dos jusqu'à leur séjour d'outre-tombe.*

DICTIONNAIRE DE LA MYTHOLOGIE GRECQUE ET ROMAINE

Les amoureux fervents et les savants austères
Aiment également, dans leur mûre saison,
Les chats puissants et doux, orgueil de la maison,
Qui comme eux sont frileux et comme eux sédentaires.

BAUDELAIRE

CHAPITRE IX

L'ANIMAL DE COMPAGNIE ET LES PERSONNES ÂGÉES OU MALADES EN PERTE D'AUTONOMIE

L'intégration des animaux familiers dans les institutions de retraite en France. [Thèse pour le doctorat vétérinaire de Nicolas Christophe, 1995.]

ANALYSE :
"Vieillir, c'est d'abord vivre", rappelle l'auteur après avoir précisé que la maison de retraite ou le logement foyer représente pour nombre de personnes une forme de sécurité, une prise en charge matérielle et médicale, bref un confort, non négligeable, voire indispensable pour leur sensation de bien-être et dont ne pourraient pas bénéficier ces personnes vivant seules chez elles et ceci même en zone urbaine.

L'arrivée en maison de retraite – qui doit avoir été précédée d'une préparation à cette nouvelle vie – ne doit pas être accompagnée d'un effacement de la mémoire de l'histoire individuelle de la personne dont un des éléments peut être la présence animale.

En institution, par son rôle de catalyseur de la vie sociale, la présence animale – qu'il s'agisse d'animaux visiteurs, d'animaux appartenant en propre aux résidants ou de "mascottes" – tend à briser l'angoisse de la solitude en rompant l'isolement affectif, en stimulant l'expression verbale et en étant ainsi source d'échanges, et éventuellement par la-même un médiateur précieux pour les membres du personnel dans leur relation quotidienne avec les pensionnaires.

Les autres impacts positifs de la présence animale sur l'état psychologique de l'adulte âgé en institution consistent : – d'une part en une responsabilisation de l'individu vis à vis de l'animal engendrant une motivation supplémentaire pour vivre et par la-même la volonté de demeurer le plus autonome possible ; – d'autre part un accès conservé à la sensualité par contact physique (chaleur corporelle et douceur du pelage, frottement du visage contre le pelage, prise dans les bras...) non conditionnée par l'animal à des critères esthétiques ayant pu subir les injures du temps.

L'attachement affectif à une personne âgée par un animal peut au contraire avoir des effets négatifs lorsque l'animal est malade, et à plus forte raison à la mort de l'animal.

L'auteur décrit également l'impact positif de la présence de l'animal sur l'état physique de la personne âgée en précisant cependant qu'il ne faut pas s'attendre à des résultats standardisés (à la différence du médicament dont l'action est le plus généralement peu spécifique du support individuel). Une amélioration du fonctionnement cardiovasculaire serait notamment la conséquence directe de la diminution du sentiment de solitude et du stress, ainsi que de l'incitation à l'exercice physique.

Concernant l'association de l'animal à des programmes thérapeutiques, l'auteur indique, en citant Anne-Claire Gagnon, que dans la "thérapie assistée par l'animal", ledit animal est un médiateur, un support à la relation thérapeute / patient, un catalyseur favorisant les changements positifs recherchés par le thérapeute dans le bien être émotionnel, physique et social du patient en vue d'améliorer sa qualité de vie.

En matière de "thérapie assistée par l'animal" en gérontologie, les connaissances concernant des "programmes incluant l'animal dans des activités structurées encadrées par du personnel formé et ayant des objectifs précis" nous viennent du continent nord-américain et généralement du Canada. En France, deux expériences ont été recensées par l'auteur : – d'une part à l'Hôpital d'Alençon (Service de gériatrie) en collaboration avec le Lycée d'enseignement professionnel (LEP) agricole (lycéens volontaires et Labradors et Goldens Retrievers du Centre de formation de chiens d'assistance) ; – d'autre part à l'Hôpital Paul Brousse à Villejuif.

(Il convient de noter la description d'une expérience particulièrement spectaculaire à l'Hôpital de jour destiné aux malades cancéreux adultes de l'Hôpital de la Salpêtrière à Paris à la fin des années 1970). *[Cf. I. L'animal auprès de la personne vieillissante en institution, pp. 4-22]*

La réglementation relative à la présence de l'animal varie, en France, suivant qu'il s'agisse de structure pour personnes âgées incluse dans une structure hospitalière ou non.
Pour ces derniers établissements non régis par les règles hospitalières, une lettre circulaire du 11 mars 1986 relative à la mise en place des conseils d'établissements précise que "les personnes âgées qui ont un animal familier doivent être autorisées à le garder avec elles dans la mesure où il ne créera pas une contrainte anormale pour le personnel et où il ne gênera pas la tranquillité des autres résidants".
En hôpital, en principe, les animaux ne peuvent être introduits (exception faite pour les chiens-guides d'aveugles). Cependant – outre la désormais classique présence des "chats libres" – on connaît de nombreuses exceptions où la présence de l'animal est volontairement recherchée au niveau des structures gériatriques d'hôpitaux (Dunkerque, Alençon, Saint-Nazaire, Villejuif / Hôpital Paul Brousse, Ivry-sur-Seine / Hôpital Charles Foix) ou au niveau de certains services de soins palliatifs accueillant des personnes malades (cancers ou SIDA) en phase terminale.
L'auteur publie les résultats d'une enquête – à laquelle il a collaboré – menée en 1994 par l'Association française d'information et de recherche sur l'animal de compagnie (AFIRAC) et l'Association des directeurs d'établissements d'hébergement pour personnes âgées (ADEHP).

Des animaux sont présents dans 76 % des logements foyers et 66 % des maisons de retraite (Par contre 10 % des logements foyers et 13,6 % des maisons de retraite reconnaissent refuser toute présence animale y compris les visites ponctuelles).
Lorsque les résidants peuvent entretenir personnellement leurs animaux, chats et chiens sont les préférés. S'il s'agit d'animaux "mascottes", oiseaux et poissons sont quantitativement très nombreux et souvent préférés aux chats et chiens.
Les apports bénéfiques de la présence animale sont reconnus tant au plan moral (apport affectif primordial et, à un degré moindre, accroissement des contacts et stimulation de l'estime de soi par la responsabilisation) qu'au plan physique (maintien de la vigilance et stimulation de la mobilité).
Il apparaît que la limitation de l'accueil de l'animal se fonde essentiellement sur la crainte d'une surcharge de travail ou de préoccupation pour le personnel de l'établissement. *[Cf. II. L'accueil des animaux familiers dans les institutions pour personnes âgées en France, pp. 23-39]*
　　L'auteur traite des inconvénients potentiels dus à la présence de l'animal et des diverses solutions envisageables.
L'auteur aborde les problèmes d'hygiène (risques de salissures, déjections intempestives et respect des règles d'hygiène alimentaire) et de risques sanitaires que sont les allergies et surtout diverses zoonoses qu'elles soient transmises par le chat ou/et le chien (ascaridose, cestodose, gale, maladie des griffes du chat ou lymphoréticulose d'inoculation, pasteurellose, rage, salmonellose, teigne, toxoplasmose ou tuberculose), par les oiseaux de compagnie (ornithose-psittacose, tuberculose ou aspergillose), par des rongeurs et lagomorphes familiers.
Chaque maladie est traitée sous l'angle de ses caractéristiques générales, de l'épidémiologie, des risques pour l'homme et de la prophylaxie.
Les solutions prophylactiques préconisées par l'auteur consistent en une évaluation du caractère de l'animal par un vétérinaire (l'animal doit être sociable, doux, n'ayant pas de tendance à l'agressivité, même lorsqu'il éprouve de la peur) et, quelques jours avant l'arrivée de l'animal, un contrôle vétérinaire de détection des

différentes maladies ou symptômes et de vérification de validité des diverses vaccinations. A ce sujet, tout animal en permanence dans un établissement doit être vacciné, mais aussi vermifugé régulièrement, traité contre les puces... (Les litières de chats doivent être changées ou filtrées tous les deux jours... et jamais par une femme enceinte... !). En ce qui concerne les oiseaux, il convient de préférer les serins et canaris aux psittacidés (perroquets et perruches).

Après les problèmes d'hygiène et les risques sanitaires, l'appréhension majeure des responsables d'établissements pour personnes âgées restent d'avoir à assumer le devenir d'un animal en cas de décès du maître, d'hospitalisation ou d'apparition de dépendance. Le désir de la personne vis à vis de l'animal ayant été demandé au maître si l'animal venait à lui survivre, les solutions ressortent du placement de l'animal chez un tiers, du recours aux sociétés de protection animale (deux assurances pour l'avenir des animaux suite au décès de leur maître sont actuellement sur le marché), de l'adoption par l'établissement de l'animal qui devient "mascotte", voire de l'euthanasie (tel pouvant être le choix de la personne qui ne désire pas que l'animal lui survive).

Il apparaît que les nuisances sonores, odeurs, risques de chute, dégradation des locaux, non-respect des espaces verts, risques de surpopulation animale, peuvent être empêchés grâce à de simples informations et à l'application de règles vétérinaires de base.

L'hostilité éventuelle de membres de l'établissement (personnels et résidants) devrait être évitée ou levée par l'information, la formation, une réflexion sur les apports positifs de l'animal ("thérapie facilitée par l'animal") et évidemment par un respect de règles précises au niveau de l'établissement. *[Cf. III. Inconvénients potentiels de la présence animale : solutions possibles, pp. 40-68]*

La présence animale en établissements pour personnes âgées, en France, ne peut se traiter de façon improvisée si l'on veut obtenir une évolution positive et durable de la situation.

En conséquence de quoi l'auteur présente le schéma général d'une démarche logique et obligatoire à mener au sein de chaque établissement, et ceci qu'il s'agisse de l'accueil d'un animal personnel, d'un animal mascotte ou d'un animal visiteur.

Le travail de l'auteur constitue un véritable vade-mecum tant au plan de la réglementation en vigueur, que des informations quant au choix de l'animal, de son âge, de sa race, et plus particulièrement de la nécessaire éducation à lui donner. *[Cf. IV. Accueil des animaux familiers en institutions : bilan pratique, pp. 69-96]*

COMMENTAIRES :

Etude particulièrement complète et intéressante que nous souhaitons voir portée à la connaissance d'un maximum de responsables de maisons de retraite et de foyers logements, et ceci pour le plus grand bien de certaines personnes âgées.

Intérêt de l'introduction d'un animal familier dans une maison de retraite. [Thèse pour le doctorat de médecine de Nicole Guinoiseau, 1992.]

ANALYSE :

Les loisirs favoris des pensionnaires de la Maison du Parc de Saint Cloud (Hauts-de-Seine) sont pratiqués à l'intérieur de la maison de retraite, voire dans la chambre : télévision et lecture intéressant plus des 3/4 des personnes rencontrées. Les activités pratiquées à l'extérieur, telles que les promenades, rassemblent les faveurs de moins de 50 % des pensionnaires. Plus des 2/3 des sujets privilégient les relations avec la famille ou les amis venus de l'extérieur. 1/4 des personnes seulement recherchent le contact avec les autres pensionnaires. Chacun semble vivre "dans une bulle".

Avril 1991 : "Une nouvelle mascotte : un chien à la maison de retraite !", annoncent de petites affichettes ainsi libellées aux 80 pensionnaires. Une semaine plus tard, Pepper – un grand chien au poil long et ébouriffé, croisé Colley x Griffon – fait une entrée remarquée.

Août 1991 : Une enquête portant sur les relations avec Pepper est effectuée au moyen d'un questionnaire proposé aux 49 pensionnaires en état de répondre, par un même enquêteur (Interne en médecine), sous forme de questions orales ouvertes (auxquelles les personnes peuvent donc avoir plusieurs réactions).

A la première question : "Etes-vous pour ou contre la présence du chien Pepper ?", 25 personnes (51 %) sont pour sa présence, 16 sont indifférentes ou formulent une réponse ambivalente, 8 sont contre.

A la question ouverte concernant Pepper – à laquelle les pensionnaires peuvent avoir plusieurs réactions –, on note l'expression de 78 réactions positives dont 62 concernant l'établissement de contacts physiques ou "d'échanges verbaux avec l'animal" et 9 traduisant une modification favorable de l'ambiance de l'établissement (contre 26 réactions négatives).

Aux questions concernant le désir des pensionnaires quant à l'acquisition d'autres animaux familiers, 26 personnes (53 %) répondent par la négative en évoquant plus particulièrement les contraintes liées à l'entretien et la peur de ne pouvoir s'en occuper. 21 personnes (43 %) répondent par l'affirmative – évoquant le plaisir du contact avec l'animal source de santé et de communication – en souhaitant un animal de compagnie (chat, chien, oiseau) ou des animaux confiés à la collectivité (poules, lapins).

Il apparaît que les pensionnaires se prononcent nettement en faveur de l'animal introduit de façon arbitraire dans la maison de retraite et que les mêmes pensionnaires se sont pas à priori favorables à l'introduction d'autres animaux (peur de l'inconnu, de l'intrus chez des personnes tendant au repli sur soi). *[Cf. I. Enquête à la Maison de retraite du Parc de Saint Cloud, pp. 3-37]*

    Les résultats positifs mais limités de l'expérience ci-dessus ont incité l'auteur à élargir son champ d'investigation afin d'analyser les bénéfices que l'animal peut apporter à la personne âgée.

Après avoir évoqué l'historique de la thérapie facilitée par l'animal et notamment en gériatrie *[Cf. II., pp. 38-48]*, et les difficultés liées à l'introduction d'animaux dans une maison de retraite (zoonoses, problèmes en cas de décès du pensionnaire ou de l'animal, point de vue du personnel, etc.) *[Cf. III., pp. 49-54]*, l'auteur traite d'une autre expérience réalisée en France à l'Hôpital gériatrique Charles Foix de Ivry-sur-Seine (Val-de-Marne) et expose plus particulièrement trois cas.

Cas n°1 : Mme B., 86 ans [hospitalisée en long séjour avec une maladie de Parkinson évoluant depuis 20 ans et ne permettant pas le maintien à domicile ; très invalidée − avec épisodes hallucinatoires − elle ne quitte pratiquement plus son fauteuil ni son lit]. Il y a 3 ans, Diablesse, une magnifique chatte au poil fauve a été confiée à Mme B. L'animal a pris la place d'une vraie personne avec laquelle elle dialogue, voire d'un personnage auquel son propre personnage délirant confère des pouvoirs. Il apparaît que son attachement à Diablesse aide Mme B. à lutter contre un syndrome de glissement débutant.

Cas n°2 : Mme G., 90 ans [atteinte d'une arthrite des membres inférieurs sévère (stade IV) avec ulcères de jambes et douleurs de décubitus ; état dépressif secondaire : apathie, somnolence, la malade se replie sur elle-même]. Depuis quelques mois, Mme G. reçoit la visite d'un chat nommé Casquette, hôte du service. Avec le chat son visage s'éclaire, elle s'anime. L'équipe soignante a noté une nette amélioration et ne la trouve plus déprimée. L'animal joue un rôle antidépresseur.

Cas n°3 : Mlle L., 83 ans [structure psychotique sous-jacente, derrière une présentation hypomaniaque chronique (subexcitation avec logorrhée) et existence d'une présentation dépressive]. Il y a 3 ans, Banania, une chatte, lui a été confiée. L'animal a permis à Mlle L. d'acquérir une meilleure autonomie en la responsabilisant et lui permet de multiplier les échanges sociaux. Mlle L. paraît équilibrée sur le plan psychotique. *[Cf. IV. Expérience réalisée à l'Hôpital gériatrique Charles Foix à Ivry-sur-Seine (Val de Marne), pp. 55-61]*

L'étude effectuée conclut au rôle attractif de l'animal familier. L'intérêt de l'introduction d'un animal familier dans une maison de retraite mérite de faire l'objet d'une expérience conduite scientifiquement.

Commentaires :

On ne peut que confirmer notre souhait que les responsables des maisons de retraite et foyers de logement s'intéressent à l'introduction d'animaux familiers auprès des personnes âgées, et ceci pour le plus grand bien de certaines d'entre elles.

Le rôle des animaux de compagnie chez les personnes atteintes de la maladie d'Alzheimer ou de syndromes apparentés. [Thèse pour le doctorat en médecine de Elisabeth Kruczek, 1991.]

ANALYSE :
L'auteur décrit les multiples aspects bénéfiques – confirmés scientifiquement par diverses études réalisées aux Etats-Unis – des relations entre animaux de compagnie et personnes âgées à domicile (37 % des retraités vivent avec un animal familier). Les personnes se sentent "plus indépendantes, plus dignes de confiance, plus serviables, plus sûres d'elles, plus optimistes...".
Parallèlement l'auteur décrit très précisément les inconvénients et dangers dont les risques infectieux potentiels.
"Quand la personne est hospitalisée, elle est souvent plus inquiète pour son animal familier que pour elle-même... Certaines personnes refusent d'aller vivre dans une maison de retraite ou d'être hospitalisées pour ne pas être séparées de leur compagnon animal, mettant parfois en péril leurs chances de guérison", indique l'auteur avant de développer la question de la présence des animaux de compagnie dans les institutions.
Qu'en est-il en France ? La réglementation varie selon qu'il s'agisse d'une institution accueillant des personnes âgées où "les personnes qui ont un animal familier doivent être autorisées à le garder avec elle dans la mesure où il ne gêne pas la tranquillité des autres résidants" (le responsable d'établissement décide après avis consultatif du conseil d'établissement) ou d'un hôpital dans lequel, en principe, l'animal ne peut être introduit (exception faite pour les chiens-guides).
Sur plusieurs milliers d'institutions pour personnes âgées en France, un peu plus de 250 accueillent les animaux : personnes autorisées à garder leur chat, chat ou chien mascotte introduit, chats circulant librement, perroquets et chats et lapins nains introduits et vivant en bonne intelligence, mini-ferme et autres animaux domestiques...
"Les arguments pour les refuser – hygiène et encombrement – sont les mêmes que ceux utilisés autrefois pour les anti-présences maternelles auprès des enfants hospitalisés", est-il indiqué.

Et l'auteur de conclure que l'animal – auxiliaire précieux permettant de maintenir un équilibre affectif – peut, par le bien-être qu'il procure, favoriser parfois le maintien à domicile et permet aux personnes plus dépendantes une vie en institution plus agréable. *[Cf. pp. 32-49]*

Après avoir décrit les états démentiels (maladie d'Alzheimer, démence sénile, états démentiels vasculaires et autres) – dont sont atteints, en France, 5 % de la population de plus de 65 ans et 20 % de celle de plus de 85 ans –, l'auteur s'interroge : "Comment vivre avec une personne atteinte de démence type maladie d'Alzheimer ?". *[Cf. II, pp. 50-65]*

L'étude du "rôle des animaux de compagnie chez les personnes atteintes de maladie d'Alzheimer ou de syndromes apparentés" a été abordée par le biais d'un questionnaire adressé à des familles concernées et par l'analyse des 64 réponses correspondant à un contact effectif malade-animal (chiens essentiellement, puis chats et oiseaux, enfin tortues...). *[Cf. pp. 66-93]*

La présence de l'animal permet de maintenir ou de développer un mode de communication verbale, mais surtout non verbale, par le sourire, le rire, le toucher, la caresse et l'observation.
L'animal – ayant un effet apaisant – joue également un rôle de catalyseur et de médiateur entre le malade et son entourage (familles, soignants, etc.).
Il n'est décrit aucun inconvénient ou danger présenté par l'animal qui soit propre aux états démentiels. *[Cf. pp. 94-110]*

Ayant considéré les diverses situations pathologiques où l'animal intervient, Elisabeth Kruczek indique : "Si l'animal n'est pas thérapeutique au sens médical, il est peut-être co-thérapeute" *[Cf. I., pp. 4-31]*

COMMENTAIRES :

L'important travail bibliographique de l'auteur fait état de nombreuses expériences intéressantes – tant en France qu'à l'étranger – concernant la place accordée à l'animal par la personne âgée, que ce soit à son domicile ou en institution (maison de retraite ou établissement de soins).
Concernant plus particulièrement les personnes démentes, il serait

intéressant que l'enquête spécifique effectuée auprès d'un nombre relativement limité de familles, membres de trois associations départementales (Gard Alzheimer, Haute-Savoie Alzheimer et Rhône Alzheimer), soit reprise auprès d'un échantillonnage représentatif au plan national de familles de personnes en perte d'autonomie.

SIDA et animaux de compagnie : A quelles conditions ? [Thèse pour le doctorat en pharmacie de Carol Fustinoni, 1997.]

ANALYSE :

Les personnes séropositives VIH ressentent fréquemment un sentiment d'isolement et d'exclusion. L'animal de compagnie est susceptible de leur apporter plaisir et réconfort et une enquête récente (1994) a révélé que, chez ces patients, le fait de posséder un animal diminuait la prévalence des symptômes dépressifs.

Or, le plus souvent, face à une personne séropositive VIH et possédant un animal domestique susceptible de poser un problème de santé à son propriétaire, l'attitude thérapeutique aboutit purement et simplement à l'éviction de l'animal, sans tenir compte de l'attachement existant entre la personne concernée et ledit animal. Considérant l'impact psychologique d'une telle décision, peut être serait-il bon de chercher plutôt à conseiller la personne sur des pratiques prophylactiques simples.

C'est ce à quoi s'attache l'auteur en s'intéressant particulièrement à la réceptivité de l'hôte immuno-déprimé en regard des maladies infectieuses animales les plus courantes (micro-organismes opportunistes profitant d'une défaillance immunitaire pour se développer).

L'auteur dresse un tableau des maladies transmises à l'homme par les animaux de compagnie ou familiers les plus courants (chien, chat, oiseau, lapin, hamster et autre rongeur, tortue et poisson d'aquarium).

Il est fait ensuite un inventaire des maladies parasitaires animales, bactériennes et fungiques, présentant un risque particulier pour le sujet séropositif VIH (leishmanioses, toxoplasmose, gale, cryptosporidiose, pneumocystose, cryptococcose, dermatophyties, microsporidioses, campylobactériose, salmonellose, yersiniose, infection à *Bartonnella*, infections à *Rhodococcus equi*, infections à mycobactéries atypiques, pasteurellose, infection à *Bordetella*, chlamydiose aviaire).

Sont indiquées les caractéristiques de l'infection chez l'animal, puis chez la personne immuno-déprimée et, pour chacune des maladies, les méthodes prophylactiques et la conduite à tenir par les personnes immuno-déprimées possédant un animal.

Exemple : Le chien. Le chien est à même de transmettre à l'homme sain et a fortiori à la personne séropositive VIH un nombre certain de maladies : – pathologies généralisées (leishmaniose, cryptococcose) ; – pathologies cutanées (dermatophyties, gale) ; – pathologies digestives (cryptosporidiose, campylobactériose, salmonellose, yersiniose) ; – pathologies pulmonaires (cryptococcose primaire, pneumocystose (?), pasteurellose, infection à *Bartonnella*) et atteintes cérébrales neuroméningées (cryptococcose secondaire).

En l'état actuel des connaissances, les mesures préventives ne peuvent qu'être partielles et la prophylaxie générale consiste essentiellement en une hygiène personnelle et alimentaire très rigoureuse (lavage de mains après toute manipulation en rapport direct ou indirect avec l'animal, etc.), la contamination étant souvent oro-fécale.

Une règle générale peut consister dans le fait que toute personne en état d'immuno-dépression doit éviter le contact avec les animaux atteints de diarrhées, celles-ci pouvant être le signe de campylobactériose ou microsporidioses ou cryptosporidiose ou salmonellose ou yersiniose.

Tout animal suspect d'être contaminé par un dermatophyte devra être éloigné le temps nécessaire au traitement. L'habitation devra être nettoyée avec soins, le sol désinfecté avec de l'eau de javel, la niche et les objets relatifs à l'animal seront aspirés puis lavés et éventuellement saupoudrés d'antifungiques (éliminés par la suite pour éviter que l'animal n'en absorbe).

Si un chien se révèle atteint de leishmaniose, il devra être traité immédiatement et la personne devra prendre toutes les mesures de façon à éviter une transmission par l'intermédiaire du vecteur qu'est le phlébotome (pulvérisation d'insecticides, moustiquaire à mailles très fines...). Si le chien résiste à la thérapeutique, il est judicieux de l'éloigner de son propriétaire.

"Nous ne conclurons pas qu'il n'y a aucun risque [pour une personne séropositive VIH] de posséder un animal de compagnie. Ces risques existent, mais ils ne doivent pas toujours conduire à l'éviction de l'animal, comme cela a trop souvent été le cas ces dernières années", déclare l'auteur au terme de son étude.

Un certain nombre de conditions sont à respecter, que ce soit en ce qui concerne l'hygiène du malade, les conditions de vie de l'animal et le suivi vétérinaire de celui-ci comprenant "examen annuel complet, vaccinations standards et examen des feces. Toute morsure ou griffure doit être lavée soigneusement, désinfectée et une consultation médicale s'impose".

L'auteur indique que, à partir du moment où le taux de CD4 est inférieur à 500 par mm^3 de sang, d'autres dispositions doivent être prises [sans que celles-ci soient précisées].

COMMENTAIRES :

Ce travail a le grand intérêt d'une part d'indiquer que séropositivité VIH et possession d'un animal de compagnie ne sont pas incompatibles, et d'autre part de faire les recommandations qui s'imposent en vue de diminuer les possibilités de transmission des pathologies par l'animal.

Je chante les chiens...
qui ont dit à l'homme abandonné,
avec des yeux clignotants et spirituels :
"Prends-moi avec toi, et de nos deux misères
nous ferons peut être une espèce de bonheur !"

BAUDELAIRE

Dès le mois de Novembre, jusqu'au mois de Mai, un domestique de confiance, qui se nomme le Maronnier, *va jusqu'à la moitié de la descente [du Col du Grand-Saint-Bernard] au-devant des voyageurs, accompagné d'un ou deux grands chiens, qui sont dressés à reconnoître le chemin dans les brouillards, dans les tempêtes et les grandes neiges, et à découvrir les passagers qui se sont égarés. Souvent les religieux remplissent eux-mêmes cet office pour donner aux voyageurs des secours temporels et spirituels ; ils volent à leur aide toutes les fois que le* Maronnier *ne peut pas seul suffire à les sauver...*

C'est aussi dans la recherche des malheureux passagers qui ont été entraînés par les avalanches et ensevelis dans les neiges que brillent le zele et l'activité des bons religieux. Lorsque les victimes de ces accidents ne sont pas enfoncés bien profondément dans la neige les chiens du couvent les découvrent ; mais l'instint et l'odorat de ces animaux ne peut pas pénétrer à une grande profondeur. Lors donc qu'il manque des gens que les chiens ne peuvent pas retrouver, les religieux vont avec de grandes perches sonder de place en place...

HORACE-BENEDICT DE SAUSSURE

Le voyageur des Alpes n'est qu'au milieu de sa course [du Col du Grand-Saint-Bernard]. La nuit approche, les neiges tombent ; seul, tremblant, égaré, il fait quelques pas, et se perd sans retour. C'en est fait, la nuit est venue : arrêté au bord d'un précipice, il n'ose ni avancer, ni retourner en arrière. Bientôt le froid le pénètre, ses membres s'engourdissent, un funeste sommeil cherche ses yeux ; ses dernières pensées sont pour ses enfants et son épouse ! Mais n'est-ce pas le son d'une cloche qui frappe son oreille à travers le murmure de la tempête, ou bien est-ce le glas de la mort, que son imagination effrayée croit ouïr au milieu des vents ? Non : ce sont des sons réels, mais inutiles ! car les pieds de ce voyageur refusent maintenant de le porter... Un autre bruit se fait entendre ; un chien jappe sur les neiges, il approche, il arrive, il hurle de joie : un solitaire le suit.

Ce n'était donc pas assez d'avoir mille fois exposé sa vie pour sauver des hommes, et s'être établi pour jamais au fond des plus affreuses solitudes ? Il fallait encore que les animaux mêmes apprissent à devenir l'instrument de ces oeuvres sublimes, qu'ils s'embrasassent, pour ainsi dire, de l'ardente charité de leurs maîtres, et que leurs cris sur les sommets des Alpes proclamassent aux échos les miracles de notre religion.

CHATEAUBRIAND

CHAPITRE X

LES CHIENS DE SAUVETAGE

Les chiens de sauvetage : chiens d'avalanches [...]. [Thèse pour le doctorat vétérinaire de Odile Lombard-Léger, 1993.]

ANALYSE :
Vers 1700, les moines ont commencé à utiliser les chiens pour guider les voyageurs qui franchissaient le Col du Grand-Saint-Bernard. Ils utilisaient cet énorme chien rouge et blanc qui – présenté avec un tonnelet de rhum autour du cou – allait symboliser pour tous le chien de sauvetage en montagne ! Mais la vérité est que les Saint-Bernard n'ont jamais porté de tonneau...
Les Saint-Bernard progressaient facilement dans la neige en se traçant un chemin grâce à leur large poitrail. Ils étaient capables de reconnaître leur chemin dans le brouillard et de retrouver les voyageurs égarés. Ils ont montré qu'ils pouvaient localiser une personne ensevelie sous la neige et gratter pour indiquer l'endroit. On connaît les exploits de la célèbre dynastie des Barry (1800-1814), Barry II, Barry III...
Cependant, avec l'apparition du ski et le développement des sports d'hiver, les déclenchements d'avalanches et autres accidents

de montagne se sont multipliés.

C'est en Suisse qu'est né le concept de chiens d'avalanches. En France, ce sont les CRS (1956), puis les gendarmes et enfin la protection civile (1972), qui s'intéresseront aux chiens d'avalanches et à leur formation. En 1977 est créé le Brevet national de maître-chien d'avalanches. En 1984 est fondée la Fédération nationale des maîtres-chiens d'avalanches.

Il existe actuellement en France environ 140 équipes maître-chien / chien d'avalanche opérationnelles (une vingtaine dans les CRS, une vingtaine dans la gendarmerie et une centaine dans la protection civile) qui sont basées, suivant les besoins, dans toutes les grandes stations des Alpes et des Pyrénées.

L'environnement dans lequel le chien d'avalanches est appelé à évoluer fait l'objet d'une intéressante description de l'auteur qui d'une part présente l'avalanche en tant que phénomène physique (différents états de la neige, différents types d'avalanches, divers modes de déclenchement des avalanches), d'autre part met en évidence l'augmentation sensible depuis 1975 du nombre d'avalanches accidentelles et du nombre de personnes ensevelies (dont 38 % sont retirées vivantes), enfin présente l'organisation des secours (plans départementaux des secours en montagne, techniques de recherches) ainsi que la prévision des avalanches et les mesures de protection contre elles.

La "détection en avalanche" fait appel au flair du chien. Celui-ci doit donc posséder un odorat extrêmement développé. En outre, pour se déplacer dans la neige, il faut des chiens ni trop lourds, ni trop petits, et à poils courts (les chiens à poils longs sont gênés par la formation de cristaux de glace dans leur fourrure).

Le poids et le long poil des Saint-Bernard se sont avérés être des handicaps : ils s'enfonçaient trop dans la neige et se fatiguaient trop vite. Ils ont donc dû laisser la place.

Les chiens les plus utilisés sont les Bergers allemands (80 %) qui sont passés maîtres dans l'art du pistage. Depuis quelques années, la protection civile s'oriente vers des races encore plus efficaces au niveau de la prospection sur avalanches. Et on commence à voir des Bergers belges − intéressants pour leur nervosité et leur acharnement au travail – et certains Bergers français (Briard, Beauceron, Picard, Schnauzer) et quelques chiens de chasse.

L'auteur fait l'inventaire des qualités sensorielles (sens kinesthésique et sensibilité tactile, ouïe, qualités olfactives), physiques (vitesse, puissance et endurance, résistance au froid, adaptations physiologiques) et psychiques (absence de peur et d'agressivité, équilibre, aptitude à l'obéissance) qui sont indispensables à un chien d'avalanches.

L'auteur précise également que si le chien de sauvetage en montagne est formé à être un véritable spécialiste de la recherche en avalanches, ses qualités peuvent être occasionnellement utilisées pour retrouver des victimes égarées. Ceci pour perpétuer la tradition de leur ancêtre Saint-Bernard !

L'efficacité du chien d'avalanches ne fait pas de doute. Il doit donc être veillé à un approvisionnement en chiens de travail basé sur une sélection génétique prenant notamment en compte le caractère de l'animal d'une part et d'autre part la transmission de tares (dont la dysplasie de la hanche).

Les chiens de sauvetage doivent bénéficier d'un suivi vétérinaire, et ceci tout particulièrement dans la mesure où leur travail spécifique influence les diverses fonctions impliquées dans le métabolisme énergétique global, ainsi que d'autres structures organiques ou fonctionnelles.

La notion d'équipe – chien et homme en symbiose – est très importante en matière de sauvetage en avalanches.

COMMENTAIRES :

Que les Saint-Bernard aient porté ou non un tonnelet de rhum autour du cou ! Qu'ils aient contribué – comme relaté par Odile Lombard – ou non à guider l'Armée de Bonaparte et ses 40.000 hommes lors du franchissement du Col du Grand-Saint-Bernard pour se rendre à Marengo ! Quoiqu'il en soit, leur époque de chiens sauveteurs est révolue.

En 200 ans, les temps ont changé. C'est désormais à une armée de plusieurs millions de sportifs des neiges que les modernes chiens d'avalanches doivent venir en aide chaque hiver. Et les déclenchements d'avalanches accidentels n'ont malheureusement que trop tendance à se multiplier !

Les chiens au service des administrations françaises (Ministères de la Défense, de l'Intérieur et des Finances). Genèse et actualité. [Thèse pour le doctorat vétérinaire de Agnès Wlosniewski, 1989.]

ANALYSE :

Les chiens au service des administrations françaises, chiens d'utilité publique, peuvent être définis comme "toujours prêts à assurer un acte d'intérêt général dénué de tout but lucratif, et ceci grâce à une formation continue".

De par son agilité, le chien atteint des endroits inaccessibles à l'homme. De par son flair exceptionnel il localise des effluves imperceptibles pour son maître. Les qualités qui sont les siennes font du chien un excellent partenaire de ceux qui ont pour mission de protéger et sauver leurs concitoyens.

L'utilisation du chien aux fins de guerres – étudiée par l'auteur, par ailleurs Elève du Service de santé des Armées de Lyon-Bron – fut l'apanage des armées (armées de terre, mais aussi armées de l'air et marines) de notre pays et des différentes nations qui furent nos alliées ou nos ennemies au cours des conflits qui marquèrent l'histoire mondiale (y compris en Algérie ou durant sept ans fut entretenu un effectif moyen annuel de 1.470 chiens).

Dans notre analyse, nous nous intéresserons uniquement à l'utilisation des chiens de sauvetage et d'assistance, par la gendarmerie [et les sapeurs-pompiers de Paris] pour ce qui est du Ministère de la défense, par la police et la sécurité civile pour ce qui est du Ministère de l'intérieur et par les douanes pour ce qui est du Ministère des finances.

Dans ces différentes administrations publiques, le chien est un partenaire pour la recherche en avalanches, la recherche en décombres, la recherche de drogues, la recherche d'explosifs, le pistage...

Dans ces différentes missions d'assistance et de protection, il est fait appel essentiellement aux qualités sensorielles de l'animal.

Comparativement à l'homme, du point de vue auditif, il apparaît que le chien est sensible à une gamme de fréquences plus étendue (l'homme capte des fréquences de 20 Hz à 20.000 Hz, le chien de

15 Hz jusqu'à 40.000 Hz voire 100.000 Hz), qu'il est réceptif à des intensités plus faibles (un chien détecte un homme à l'oreille jusqu'à 350 m) et qu'il a la facilité de localiser la source sonore. Reposant sur des bases anatomiques (cornets ethmoïdaux du chien mieux adaptés que les cornets olfactifs humains, 200 à 250 millions de cellules bipolaires sur la pituitaire pour 5 à 20 millions chez l'homme, etc.), la supériorité du chien en matière d'odorat est évidente. Elle s'exprime au niveau : – de son acuité olfactive (seuil inférieur de l'odorat entre 10 et 100 fois plus bas que celui de l'homme) ; – de ses facultés de discrimination quantitative (le chien suit une piste en remontant à la source) et qualitative (le chien peut détecter des substances auquel l'odorat humain est insensible : une goutte de sang dans un litre d'eau par exemple) ; – et de sa mémoire olfactive (la transmission des informations au cortex permet au chien de se remettre sur une piste après l'avoir perdue ou de rechercher une piste à partir d'un indice de départ).

Si l'acuité visuelle du chien est inférieure à celle de l'homme, sa vision crépusculaire et nocturne est meilleure. Il en est de même de son champ visuel qui est de 250 degrés pour 100 degrés pour l'homme.

L'animal possède en outre une excellente sensibilité tactile (nombreux corpuscules tactiles au niveau des pattes notamment) alliée à un sens kinesthésique particulièrement développé qui fait que le chien peut se déplacer sans regarder où il pose ses pattes, et ceci quel que soit le terrain.

Ses qualités sensorielles combinées à d'excellentes qualités physiques (vitesse et puissance) et psychiques (total dévouement) font du chien un être polyvalent. *[Cf. I. La cynotechnie d'utilité publique, pp. 5-52]*

   Comme indiqué précédemment nous ne ferons que citer les chiens d'alerte et de surveillance utilisés par les armées, la police, la RATP, la SNCF... les chiens d'intervention utilisés par la gendarmerie et la police dans le maintien de l'ordre (dont les chiens dressés à l'usage du GIGN), ces dernières tâches étant généralement confiées à des Bergers allemands ou Bergers belges malinois... les chiens utilisés par les armées, en temps de guerre, en tant que détecteurs de gaz de combat et détecteurs de matériels et de mines...

Ce sont cependant ces dernières utilisations qui donnèrent aux services de police et à la gendarmerie l'idée de faire appel au chien pour la lutte antiterroriste : découverte de lettres piégées, découverte de bombes, de caches d'armes et d'explosifs... La formation des chiens à cette spécialité s'est développée en France avec la période des attentats à partir de 1980. On utilise essentiellement le Berger allemand (en Irlande du Nord on fait confiance au Labrador).

La méthode de dressage repose sur le réflexe de Pavlov. Au départ l'odeur à détecter est associée à la notion de récompense sous forme de nourriture. Par la suite, une fois les odeurs mémorisées, l'éducation consiste en ce que la récompense du chien soit de faire plaisir à son maître.

C'est en 1965 que commencèrent en France les essais par la police de chiens antidrogues, en l'occurence des Bergers allemands. Il fallut attendre près de 10 ans pour que la gendarmerie forme ses premiers auxiliaires canins de lutte contre le trafic de drogues, en donnant la préférence au Labrador. A partir de 1978, les douanes utilisèrent le chien en faisant confiance à des races très variées : Berger allemand, Labrador, Braque, Epagneul, Pointer, Caniche...

La méthode de dressage est basée sur "la folie de l'objet" (recherche d'un objet, propriété du chien, qu'il préfère à toute autre chose et auquel on a associé l'odeur de la drogue... puis recherche de cette odeur seule, quelle que soit la difficulté). On entend souvent dire par des personnes non averties que les chiens antidrogues sont des chiens drogués en manque. Ceci est faux. Une expérience menée en ce sens aux Etats-Unis dans les années 1960/1970 a d'ailleurs conduit à un échec total.

Si l'homme a utilisé le chien dans des missions de guerre, pour se protéger, pour se défendre, dans des missions de prévention..., il est des chiens qui "interviennent dans des missions de sauvetage, pour rechercher et sauver des êtres, victimes de l'inconscience humaine ou des caprices de notre planète".

Le chien sanitaire recherchant les blessés sur le champ de bataille et léchant leurs blessures – supprimé en France en 1915 alors que l'Allemagne, les Etats-Unis et l'Angleterre continuèrent à l'employer durant la seconde guerre mondiale – est à l'origine de tous les chiens de sauvetage en décombres.

En cas d'avalanche, il faut agir et vite, avant la nuit, l'orage, la neige et surtout avant la mort.

A partir de 1956, les CRS forment leurs premiers chiens et c'est la catastrophe de Val d'Isère, 39 morts, en 1970, qui incite les pouvoirs publiques (CRS, puis gendarmerie et protection civile) à développer l'utilisation du chien pour les secours en montagnes.

Le chien doit ici posséder un odorat puissant pour découvrir les effluves qui traversent le manteau neigeux, un pelage capable de le protéger, être en bonne condition physique, être équilibré psychiquement et capable d'une très grande concentration. Le chien ne doit pas être fragile des pattes (gelures et petites blessures sont fréquentes au niveau des coussinets) et avoir un transit intestinal excellent (car il avale de la neige, cause de diarrhée).

Le sauvetage en avalanches est un travail d'équipe du couple chien / maître-chien. Un brevet est décerné à l'équipe, si l'un des deux membres du couple venait à ne plus exercer, le brevet est annulé. La race la plus employée est le Berger allemand, devant le Berger belge.

Le chien de sauvetage en décombres – plus communément et plus justement appelé "chien de catastrophes" – fait partie intégrante des équipes de sauvetage-déblaiement intervenant sur le territoire national ou à l'étranger.

En 1958, une instruction de la protection civile déclare que l'emploi des chiens est "l'un des meilleurs procédés de recherches". Ce n'est cependant qu'en 1979 – vingt ans après – que sera agréée la création du Centre spécialisé de la sécurité civile de Briançon (Hautes Alpes) qui pourvoit officiellement la France en chiens d'utilité en matière de recherche en décombres. Un brevet de maître-chien de recherche et de sauvetage en décombres est délivré.

Le dressage spécifique – par rapport au chien d'avalanche – consiste en une accoutumance au milieu hostile, les principales difficultés étant de travailler en équilibre instable ou sur une surface glissante, de surmonter le vide et d'obtenir le saut avec arrêt sur l'obstacle (comment savoir, derrière un encadrement de fenêtre ou de porte, resté debout, si le sol n'est pas à plusieurs mètres plus bas que son niveau normal). L'utilisation du Berger allemand et du Berger belge est préconisée.

Le chien de sauvetage nautique – après quelques expériences éphémères – n'est plus actuellement exploité par des administrations. Il est du ressort du secteur associatif, le chien utilisé étant le Terre-Neuve. *[Cf. II. Les spécialités cynotechniques, pp. 53-122]*

L'auteur traite des divers problèmes auxquels se heurtent les administrations : gestion des effectifs, notion d'efficacité ou de maxima d'intervention et spécificité des interventions des chiens de catastrophes hors métropole. *[Cf. III. Les grands problèmes de la cynotechnie d'utilité publique, pp. 123-170]*

En annexes, l'auteur publie notamment d'une part une très intéressante étude sur "Le corps humain, source d'odeurs" où il s'avère que l'odeur de chaque individu constitue une véritable carte d'identité... d'autre part les standards (d'après la Fédération cynologique internationale) des principales races utilisées (Deutscher Schafferhund ou Chien de berger allemand, Berger belge, Labrador, Rottweiler, Terre-Neuve)... et enfin différentes informations sur les avalanches, séismes et autres catastrophes ayant occasionné l'intervention de chiens de sauvetage.

COMMENTAIRES :

Le travail de l'auteur constitue une étude exhaustive des utilisations du chien par les administrations françaises.

Cette étude a ceci d'original qu'elle présente, outre les actions de prévention, d'assistance et de sauvetage qui nous préoccupent particulièrement, les missions auxquelles le chien est dressé, de par le monde, en matière d'activités de guerres ou de maintien de l'ordre, voire de répression.

Les équipes cynotechniques de la Brigade de Sapeurs-Pompiers de Paris. [Thèse pour le doctorat vétérinaire de Vanessa Fuks, 1998.]

ANALYSE :

La Brigade des Sapeurs-Pompiers de Paris (BSPP) – plus de 7.300 personnels dont 45 médecins, un pharmacien et un vétérinaire – est une unité militaire de l'Armée de Terre (Génie) mise à la disposition du Préfet de police de Paris. Elle est chargée du secours et de la lutte contre les incendies dans Paris et les trois départements des Hauts-de-Seine, de la Seine-Saint-Denis et du Val-de-Marne (soit 6,5 millions d'habitants ou plus du 1/10 de la population française sur 1/1.000 du territoire national). Outre sa mission spécifique en région parisienne (plus de 1.000 interventions par jour), la BSPP entretient trois détachements permanents à Lacq Artix et Biscarosse (Landes) et à Kourou (Guyane). Lors de catastrophes naturelles ou technologiques entrainant de nombreuses victimes, tremblement de terre en Iran ou au Mexique ou en Arménie par exemple, la BSPP déplace hors de métropole le Détachement d'Intervention Catastrophe Aéromobile (DICA) ou le Détachement d'Aide Médicale (DAM). Le Groupe cynotechnique de la BSPP tient ici une place importante.

Basé au Fort de la Briche à Saint-Denis (Seine-Saint-Denis) où il dispose d'un chenil et d'un terrain d'entrainement, le Groupe cynotechnique est actuellement constitué de six conducteurs cynotechiques (Maitres-chiens de recherche et de sauvetage en décombres brevetés) et des chiens Rudy (x Berger allemand), Cyrus (Berger des Pyrénées), Mickey (x Berger belge), Tracy (Berger allemand), Izvor (Dobermann), Bruce (x Beauceron), Lim (Berger allemand), Loups (Berger belge groenendael) et Lex (Berger belge malinois). Les chiens de la BSPP ont un statut unique : ils sont la propriété de leur maitre et non de l'Armée. Une convention a été mise en place pour que la BSPP puisse acheter un pool de chiens indépendants de l'Armée. Le Groupe cynotechnique dispose d'un véhicule spécialement équipé permettant aux conducteurs de se déplacer avec leurs chiens et leurs matériels sur les lieux d'intervention. *[Cf. I. Historique et contexte administratif des équipes cynotechniques de la BSPP, pp. 4-18]*

Les missions des équipes cynotechniques consistent en la recherche des personnes ensevelies sous décombres et la recherche de personnes égarées (travail de quête). [Les conducteurs cynotechniques, sans leurs chiens, assurent la mission de capturer des animaux dangereux ou blessés].

Si la Brigade souhaite sélectionner certains élevages (particulièrement le Berger belge malinois dont le format, la vivacité et la bonne santé naturelle font qu'il est largement en train de supplanter le Berger allemand dans la plupart des activités de travail civiles ou militaires), le choix du chien reste à l'heure actuelle une décision du maitre-chien.

Equilibre et influx nerveux, vigilance, courage et ténacité, sociabilité, goût du jeu et indépendance sont les qualités psychologiques qu'un chien doit développer pour être un bon chercheur. Il convient d'y ajouter un physique prêt à toutes épreuves et des qualités sensorielles exceptionnelles.

L'auteur expose les caractéristiques olfactives particulièrement développées chez le chien (le chien possède 200 millions de cellules olfactives contre 10 millions pour l'homme), ses qualités auditives (un bruit très faible, une respiration ou un froissement sont audibles à 350 mètres pour le chien alors que l'homme ne les perçoit même pas à 25 mètres) et ses qualités visuelles (si l'acuité visuelle du chien est inférieure à celle de l'homme, sa vision nocturne et crépusculaire est beaucoup plus efficace).

Les aptitudes naturelles au travail sont évaluées à l'aide de tests. On recherche des mâles dominants extravertis ou soumis équilibrés (selon la Grille d'interprétation des tests de Campbell).

L'auteur présente la formation des chiens aux missions de recherche : – dressage en décombres (circonstances de travail très ritualisées et formation basée sur le goût du jeu) ; – formation à la quête ou "recherche de personnes égarées" (l'objectif est de faire comprendre au chien qu'il peut trouver une personne, et donc obtenir la récompense qui vient avec, en balayant un terrain donné de façon systématique). Une longue préparation est nécessaire tant pour le chien que pour l'homme, celui-ci devant faire preuve de qualités physiques et sportives, de méthode et pédagogie, de patience et maitrise de soi, de fermeté, douceur et autorité, de persuasion... *[Cf. II. Formation et missions actuelles du groupe cynotechnique de la BSPP, pp. 19-69]*

Achat et suivi sanitaire de l'élément canin, formation de secourisme animalier des conducteurs, supervision des missions de capture d'animaux et notamment les interventions nécessitant l'usage des anesthésiques ou de soins vétérinaires poussés, mise en place de tests à l'effort et récupération fonctionnelle y compris en conditions extrêmes, sont les missions dévolues au vétérinaire des équipes cynotechniques de la BSPP. *[Cf. III. Le rôle du vétérinaire des équipes cynotechniques de la BSPP, pp. 70-98]*

COMMENTAIRES :

Lors de leur rendez-vous annuel du 14 juillet, les Parisiens réservent toujours un accueil particulièrement chaleureux à leur Brigade de Sapeurs-Pompiers qui clot traditionnellement le défilé militaire sur les Champs-Elysées.

Précisons avec l'auteur que c'est sous la Régence que Dumouriez du Perrier est nommé Directeur des Pompes par une ordonnance royale du 23 février 1716 qui constitue la première charte du Corps des Pompiers de Paris, les Sapeurs-Pompiers de Paris ayant été organisés militairement par Napoléon Ier le 18 septembre 1811, les équipes cynophiles n'apparaissant qu'en 1980.

Les chiens de décombres ou chiens de catastrophes

"Malgré le progrès apporté aux techniques de détection par les systèmes électroniques et même la vision de nuit, le flair du chien, dressé spécialement pour les opérations de sauvetage lors des grandes catastrophes, n'a pas trouvé d'équivalent", indique le Manuel de sauvetage-déblaiement agréé par le Ministère de l'intérieur qui précise notamment que "l'utilisation des chiens est un procédé très efficace pour la recherche des personnes incapables de répondre aux appels des sauveteurs".

Des recherches de la Société suisse de chiens de catastrophes ont montré que "dans des couches de déblais allant jusqu'à 3,5 mètres de profondeur, les équipes de chiens de catastrophes obtenaient un taux de réussite de 90 % dans un laps de temps de 6 minutes".

Des équipes cynophiles spécialisées sont désormais formées, outre la France, aux Etats-Unis, en Grande-Bretagne, en Allemagne, en Autriche, en Suisse, en Colombie, etc.

Les domaines d'intervention s'étendent aux tremblements de terre et glissements de terrain, éboulements dans une mine ou un chantier, effondrements de tranchées, catastrophes aériennes ou ferroviaires, destructions de bâtiments par incendie ou explosion, effondrements de silos à grains, etc.

Un Brevet national de maître-chien de recherche et de sauvetage en décombre – institué par un décret du 13 juillet 1982 modifié en 1986 – est délivré par le Ministère de l'intérieur. La formation du maître-chien précède celle de l'animal, l'équipe cynophile constituant un tout, maître et chien étant partenaire à part égale.

La formation, le perfectionnement et l'entrainement sont assurés par le Centre interdépartemental spécialisé agréé de la Sécurité civile des Hautes Alpes à Briançon, l'Association nationale des équipes cynophiles de recherche et de sauvetage (ANECRS) qui regroupe une grande partie des anciens stagiaires du Centre de Briançon étant agréée pour assurer la pré-formation, la pré-sélection et le perfectionnement des équipes cynophiles. La gendarmerie dispose de son propre centre de maîtres-chiens.

Une des règles essentielles est que l'équipe chien / maître-chien ne doit pas être dissociée.

Rappelons que le Berger allemand et le Berger belge sont les plus fréquemment employés en Europe et que, aux Etats-Unis, il est souvent fait appel au Chien de Saint-Hubert.

Il est évident que le chien de catastrophes – en plus d'une bonne condition physique – doit posséder un bon flair mais également une bonne ouïe pour percevoir plaintes ou gémissements faibles.

Il est essentiel que le chien ait un caractère stable. Pour ce faire, dès l'âge de 2 mois, le jeune chiot doit avoir été familiarisé avec la marche sur des objets de contact difficile, avoir été habitué à parcourir des zones avec des odeurs pénétrantes et des bruits intensifs et où se trouvent des groupes travaillant dans les décombres, à monter en voiture, en camion, en hélicoptère...

Le chien doit être formé à rechercher des êtres humains ensevelis, qu'ils puissent signaler ou non leur présence ou réagir aux appels. Il doit être éduqué à progresser lentement en faisant preuve d'attention et de prudence. Il doit apprendre à ne pas être détourné de cet objectif ni par la nature du terrain, ni par les bruits, ni par l'obscurité ou les odeurs ou la chaleur. Il doit apprendre à montrer au maître le lieu découvert en restant sur place et, par exemple, en aboyant ou en grattant. Il doit avoir appris à opérer sous la conduite de son maître, même à distance.

Tout ce travail doit reposer sur le plaisir, la pression autoritaire du maître sur le chien ne devant pas nuire à la motivation et à l'esprit d'initiative de celui-ci.

Les chiens de sauvetage : [...] chiens de sauvetage nautique.
[Thèse pour le doctorat vétérinaire de Odile Lombard-Léger, 1993.]

ANALYSE :

De nos jours, avec le développement des sports nautiques et de plages, les divers partenaires du sauvetage maritime français sont mobilisés par les naufrages de bateaux de plaisance, les petites embarcations entraînées vers le large, les véliplanchistes incapables de regagner la côte, les accidents créés par des engins nautiques motorisés, etc.

Depuis le XVIIe siècle et tout au long de l'histoire, les Terre-Neuve avaient montré qu'ils aimaient l'eau, qu'ils aimaient nager bien et vite par tous les temps, qu'ils étaient étonnamment habiles pour pêcher, pour rapporter, pour aider les hommes... et pour les sauver.

Aussi, à partir de 1975, on a commencé à former ce chien au sauvetage nautique.

Les Terre-Neuve actuels sont les descendants directs du Terre-Neuve originel, en provenance de l'Ile de Terre-Neuve, actuelle province du Canada en face de l'embouchure du Saint-Laurent.

Le chien Terre-Neuve a un aspect massif (65-70 cm au garrot ; 55 à 75 kg) sans pour autant donner une impression de lourdeur. Ses pattes "palmées" permettent une nage puissante et rapide pendant des heures et sur de longues distances. (La membrane interdigitale qui existe plus ou moins chez certaines espèces est très développée et peut atteindre la deuxième phalange).

Le pelage du Terre-Neuve (sous-poil court et serré formant un matelas ; poil de couverture long, serré et couché, imprégné d'une abondante sécrétion de sébum) l'isole de l'eau et du froid, même en hiver, et le rend immédiatement opérationnel par tous les temps. Chien très puissant, le Terre-Neuve peut supporter le poids de plusieurs personnes s'accrochant à lui et peut remorquer un bateau de plus d'une tonne. (Le Labrador Retriever, chien d'eau par excellence et bon rapporteur, aurait pu convenir ; mais bien que solide, il peine dès que la victime est trop lourde).

L'auteur cite divers sauvetages, au cours des temps, à l'occasion desquels se sont illustrés les Terre-Neuve : – un Terre-Neuve (anonyme) sauve Napoléon Ier tombé à l'eau au moment d'embarquer sur la chaloupe le conduisant à bord du bateau "L'Inconstant" qui devait le ramener secrètement de l'Ile d'Elbe. ; – Tang , le Terre-Neuve du bateau à vapeur "S. S. Ethie" qui, lors du naufrage de celui-ci sur les rochers de la côte de la Nouvelle Ecosse, en 1919, porte une ligne jusqu'au rivage et permet le sauvetage des passagers et de l'équipage avant d'être décoré de la médaille "Méritorius Service de Lloyd's of London".

Il n'existe actuellement ni école ni brevet pour les maîtres-chiens sauveteurs nautiques. Les équipes cynophiles sont formées et entraînées par la Fédération nationale des maîtres-chiens sauveteurs nautiques (FNMCSA) ou par le Club français du chien Terre-Neuve (CFCTN), ainsi que plusieurs autres associations s'intéressant au Terre-Neuve. L'auteur préconise un accord entre ces organismes qui se complètent "afin que la formation des Terre-Neuve bénéficie de toutes les compétences".

L'auteur dresse un tableau des dangers des activités nautiques et fait une présentation de l'organisation du sauvetage en mer en France. Placés sous la responsabilité des préfets maritimes, les sauvetages font appel à la gendarmerie, à la police nationale, à la

Société nationale de sauvetage en mer (255 stations), aux douaniers, à la protection civile, aux pompiers, aux moyens maritimes et aériens de la marine nationale et à tout autre moyen du secteur privé qui peut être réquisitionné si besoin est.

L'auteur présente les principes de la formation du Terre-Neuve, véritable athlète sauveteur, ses possibilités d'intervention : assistance à des victimes lucides ou épuisées, remorquage de bateaux ou de planches à voile ou de canots de sauvetage, apports de l'extrémité d'un cordage à un bateau à la dérive, etc. (Une des seules choses qu'il ne pourra réaliser est le bouche-à-bouche !).

Il est à noter que le Terre-Neuve est capable d'aller au-delà des limites de ses forces. C'est à son maître d'estimer ses capacités et sa résistance.

Les Terre-Neuve doivent bénéficier des mêmes soins et suivi vétérinaires que ceux prodigués à leurs collègues, chiens d'avalanches, précédemment décrits.

La notion d'équipe – chien et homme en symbiose – est importante en matière de sauvetage en mer (comme elle est importante en matière de sauvetage en avalanches et en décombres).

COMMENTAIRES :

Un Terre-Neuve a-t-il – comme relaté par Odile Lombard – ou non sauvé Napoléon de la noyade, lors de son départ de l'Ile d'Elbe, au moment d'embarquer sur l'espéronade "La Caroline" venue à quai chercher l'Empereur pour le conduire à bord du brick "L'Inconstant" ? Quoiqu'il en soit l'efficacité de ce chien dans l'eau est unanimement reconnue.

Et on peut regretter que – contrairement aux chiens d'avalanches et aux chiens de sauvetage en décombres – les chiens sauveteurs nautiques ne soient pas officiellement agréés. (Un premier pas a été effectué : le Préfet de la Région Alsace a intégré le Club du chien de sauvetage nautique 67 dans le cadre du plan ORSEC).

Pour l'anecdote, il convient de faire état des vacances estivales perturbées de certains maîtres de Terre-Neuve, sur la plage, dans la mesure où toute baignade dans leur environnement devient difficile, "leur chien tirant tout le monde au sec !"

L'utilisation du chien Terre-Neuve en sauvetage aquatique : formations et pathologie. [Thèse pour le doctorat vétérinaire de Sabine Jomard, 1999.]

ANALYSE :

De ses origines dans les iles situées au large du Saint-Laurent où il participait aux travaux de pêche, le Terre-Neuve – ainsi d'ailleurs que le Labrador – a gardé une grande aisance dans l'eau pour laquelle il éprouve un goût inné.

Le Terre-Neuve s'est illustré tout au long de l'histoire dans de nombreux naufrages dont certains sont immortalisés par divers peintres [notamment Sir Edwin Landseer qui donnera son nom à la fois à une variété blanc et noir de Terre-Neuve et à la race Landseer]. L'auteur cite des sauvetages plus récents : – en 1990, lors de la Transat Alizés, un Terre-Neuve non entrainé sauve trois équipiers d'un bateau en difficulté ; – en 1998 Mauï, à Propriano, en Corse du Sud, sauva trois touristes imprudents et, à bout de souffle, victime de son courage et de sa fidélité pour l'homme, fut empêchée par une série de vagues de regagner le rivage et y laissa la vie.

Docile, calme, tenace, très réceptif à l'apprentissage, possédant un caractère stable et équilibré, une grande maniabilité et capable de conserver un calme à toute épreuve face à une intervention, le Terre-Neuve a l'instinct de sauvetage qui faisait que, au XIXe siècle, aucun grand voilier ne quittait le quai sans son Terre-Neuve dont la présence constituait une assurance sur la vie.

Sa parfaite morphologie et diverses adaptations dont une palmure interdigitée aux quatre pieds développée jusqu'à la deuxième phalange, sa grande capacité respiratoire favorisant l'effort d'endurance, en font un excellent nageur pratiquant une nage de type "pagayage".

Sa peau et son pelage forment une véritable enveloppe dont le pouvoir protecteur se modifie pour lutter contre le froid : réduction du débit sanguin dans le tissu conjonctif sous-cutané par vasoconstriction et accroissement de l'épaisseur de sa dense et abondante fourrure du fait du hérissement du poil de surcroit imperméabilisé par une importante sécrétion de sébum. L'eau s'écoule simplement le long du poil sans pénétrer en profondeur dans le sous-poil. (Ne jamais sécher un Terre-Neuve à rebrousse-poil). *[Cf. I. Aptitudes du chien Terre-Neuve au sauvetage aquatique, pp. 11-26]*

Aller au secours d'une personne en difficulté d'une façon ordonnée nécessite une formation relativement longue (dressage à terre, dressage dans l'eau et entrainement régulier). Tous les Terre-Neuve ne sont pas systématiquement de bons sauveteurs et il conviendra de sélectionner des chiens présentant des prédispositions. Entrent en ligne de compte, au niveau des géniteurs, le modèle, le comportement et – caractère de sélection principal – les capacités au travail. (Le Terre-Neuve utilisé pour le sauvetage en mer doit avoir une excellente endurance lui permettant de nager plusieurs heures, celle-ci étant liée à la structure de certaines fibres musculaires dont l'héritabilité est admise). Outre l'aspect génétique, l'environnement dans lequel naissent et grandissent les chiots, et notamment un niveau de stimulation sensoriel riche, ont une influence certaine sur le développement et sur le fait que le chien adulte ait un bon équilibre nerveux, qu'il soit calme en toute circonstance sans faire preuve d'agressivité ou de peur.

L'auteur présente les formations des chiens, des maîtres, des équipes cynophiles, dispensées respectivement par le Club français du chien Terre-Neuve et du Landseer (CFCTN) – affilié à la Société centrale canine (SCC) – particulièrement préoccupé par l'amélioration de la race et par la Fédération nationale des maîtres-chiens sauveteurs aquatiques (FNMCSA) qui regroupe des spécialistes du sauvetage mais ne s'occupe pas d'élevage, ainsi que par quelques associations régionales. Ces formations aboutissent à la recherche d'une victime, au saut d'une embarcation ou d'un rocher ou d'un quai, au remorquage de la victime par prise au poignet, à la recherche et au remorquage d'une embarcation ou d'un flotteur de planche à voile, à l'apport d'un filin du large vers la terre ou de la terre vers un bateau ou...

L'activité de sauvetage en mer utilisant les Terre-Neuve n'est pas officielle. En attendant cette reconnaissance, des diplômes fédéraux sont délivrés par la FNMCSA aux équipes cynophiles.

Précisons que si le Terre-Neuve peut intervenir en mer, il peut intervenir également sur tout plan d'eau ou lors d'inondations. *[Cf. II. Dressage et entrainement au sauvetage aquatique, pp. 27-78]*

    A partir d'une étude portant sur 86 chiens, l'auteur présente la pathologie héréditaire et congénitale du Terre-Neuve (un peu plus de la moitié des chiens radiographiés présente une dysplasie coxo-fémorale), la pathologie liée à l'entrainement (fatigue générale, abrasion nummulaire ou coupures du coussinet principal des pattes à la suite d'exercices sur les rochers, troubles du comportement conséquences du stress et de la peur) et les maladies liées au contact de l'eau qui sont les plus nombreuses (troubles digestifs avec diarrhées, otites, dermatites, conjonctivites). *[Cf. III. Etude de la pathologie du chien Terre-Neuve utilisé en sauvetage aquatique à partir d'une enquête en France, pp. 79-132]*

COMMENTAIRES :

Au risque de détruire une légende, précisons que les origines mythiques du Terre-Neuve sont controversées (si les uns considèrent – comme Sabine Jomard et précédemment Odile Lombard-Léger – qu'il est bien originaire de l'Île de Terre-Neuve, les cynophiles modernes seraient plutôt les tenants d'une origine européenne) ; par ailleurs, le comble, si la pluplart des Terre-Neuve éprouvent effectivement un goût inné pour tout ce qui est aquatique, certains cependant n'aiment pas l'eau !

Après ces considérations anecdotiques, nous formulerons un souhait. A quand une brigade fluviale de sapeurs-pompiers, avec de superbes Terre-Neuve, – rapidement connus de tous –, sillonnant la Seine "sous les ponts de Paris" pour la plus grande sécurité et le plus grand plaisir des Parisiens et des touristes du monde entier ?

CHAPITRE XI

L'ANIMAL SACRIFIÉ A LA SANTÉ DE L'HOMME

Rappelons que, en application de l'article 1er du Décret du 19 octobre 1987 (J.O. du 20 octobre 1987), sont licites les expériences ou recherches pratiquées sur les animaux vivants à condition, d'une part, qu'elles revêtent un caractère de nécessité et que ne puissent utilement y être substituées d'autres méthodes expérimentales et, d'autre part, qu'elles soient poursuivies aux fins ci-après : – diagnostic, prévention et traitement des maladies ou autres anomalies de l'homme, des animaux ou des plantes ; – essais d'activité, d'efficacité et de toxicité des médicaments et des autres substances biologiques et chimiques et de leurs compositions, y compris les radioéléments, ainsi que essais des matériels à usage thérapeutique pour l'homme et les animaux ; – contrôle et évaluation des paramètres physiologiques chez l'homme et les animaux ; – contrôle et qualité des denrées alimentaires ; – recherche fondamentale et recherche appliquée ; – enseignement supérieur ; – enseignement technique et formation professionnelle conduisant à des métiers qui comportent la réalisation d'expériences sur des animaux ou le traitement et l'entretien des animaux ; – protection de l'environnement.

Toxicologie animale et prévision de dangerosité : l'animal au service de l'homme. [Thèse pour le doctorat en médecine de Agnès de Cordoüe, 1992.]

ANALYSE :

La commercialisation d'une spécialité pharmaceutique est soumise à une autorisation ministérielle obligatoire dite Autorisation de Mise sur le Marché (AMM). L'AMM n'est délivrée qu'après que le médicament ait été évalué selon certains protocoles préalables définis par diverses directives et recommandations administratives.

Sont prévues et exigées notamment l'étude de la pharmacocinétique, et particulièrement l'étude du métabolisme chez les animaux, vues sous l'angle de la sécurité. A ce niveau, il s'avère que – au plan pratique – l'établissement du dossier de toxicologie animale d'une substance xénobiotique représente un travail expérimental considérable, complexe, long et de coût élevé.
[Cf. Introduction]

Dans un premier temps doivent être évaluées les données toxicologiques de base appelées Pré-Requis (toxicité aigüe, toxicité subaigüe, études préliminaires du pouvoir mutagène) qui sont indispensables avant la première administration à l'Homme.

L'étude de la toxicité aigüe, ou toxicité par administration unique, aboutit à la détermination d'une part de la Dose Minimale Mortelle (DMM) et d'autre part de la Dose Létale 50 % (DL 50) capable de tuer la moitié des animaux mis en expérience. Cette étude a pour but de situer la substance sur l'échelle des toxicités, d'évaluer les doses responsables de la mort de l'animal, de connaître les circonstances de cette mort et les symptômes de l'intoxication aigüe.

La détermination expérimentale de la DMM est obtenue sur un animal unique.

Concernant la détermination expérimentale de la DL 50, plusieurs valeurs de ladite DL 50 doivent être calculées : – d'une part sur au moins deux espèces de mammifères de souche commune, rongeur (souris, rats, hamsters, lapins, cobayes) et si possible non rongeur (chiens, singes) ; – d'autre part selon au moins deux voies d'administration dont l'une est aussi proche que possible de celle utilisée chez l'Homme ; – enfin pour la toxicité immédiate (24 h et 48 h après l'administration à l'animal) et pour la toxicité ralentie (7 à 14 jours).

L'obtention d'un haut degré de précision de la Dose Létale 50 % exige un nombre considérable d'animaux à sacrifier (à peu près 900 souris et rats pour l'évaluation de 8 DL 50 comme prévu ci-dessus). La DL 50 fait l'objet de controverses qui sont de l'ordre de l'éthique animale (critiques virulentes des anti-vivisecteurs et de certains scientifiques).

Il est à noter en outre que l'extrapolation d'une espèce à une autre, et en particulier à l'homme, est très difficile. La notion d'espèce la plus sensible est essentielle. En effet, pourquoi l'homme ne serait-il pas l'espèce la plus sensible ?

Des méthodes sont développées pour obtenir plus d'informations qualitatives des études de toxicité aigüe, tout en réduisant le nombre d'animaux utilisés. Et on emploie maintenant des méthodes *in vitro* dites alternatives, sur cultures cellulaires, qui vont dans le sens de l'éthique animale. Cependant il est nécessaire de préciser que ces méthodes sont plus adjuvantes qu'alternatives et ne peuvent en aucun cas remplacer les études faites sur l'animal *in vivo*.

L'étude de la toxicité subaigüe est l'étude de l'administration réitérée à l'animal d'une dose élevée de produits testés pendant une durée limitée. Les effets toxiques majeurs révélés doivent recouvrir les effets indésirables provoqués par une administration unique ou limitée chez l'homme. (L'étude de la toxicité subaigüe peut se confondre du point de vue expérimentation animale avec les études de toxicité aigüe).

Avant la première administration à l'homme, doivent être connus également les résultats d'une détermination du pouvoir mutagène de la substance (modification du matériel génétique par modification de l'ADN). L'intérêt de cette étude de la mutagénèse réside dans le fait qu'il existe un lien statistique entre le pouvoir mutagène et le pouvoir cancérigène d'une substance (65 % des substances mutagènes sont également cancérigènes).

Il est à noter que, ici, la plupart des tests n'utilisent pas d'animaux supérieurs. Ils font appel à des bactéries, des champignons, des cultures cellulaires, etc.

Ultérieurement, parallèlement aux premiers essais cliniques sur l'homme, sont menées des études de toxicologies complémentaires sur l'animal. Elles ont trait à la toxicité chronique, si nécessaire à la cancérogénéité, à l'étude de la toxicité des substances sur la reproduction.

Le choix de l'espèce animale appropriée est guidé autant que possible par une étude préalable du métabolisme du produit étudié. On étudie [généralement] deux espèces, rongeur et non rongeur des deux sexes. Rat, chien et singe adultes sont le plus souvent utilisés et en nombre "suffisant pour permettre des sacrifices répétés au cours de l'étude" (comme décrit concernant l'étude de toxicité aiguë).

Le sacrifice, après anesthésie, est suivi d'un examen *post mortem* macroscopique et microscopique obligatoire d'une trentaine d'organes répertoriés et de leurs tissus. *[Cf. A.1. et 2. Le dossier de toxicologie animale. But et protocoles des études, pp. 5-56]*

Les études de la pharmacocinétique et particulièrement du métabolisme chez les animaux, sous l'angle de la sécurité, (dites ADME) évaluent le sort que le produit subit dans l'organisme : Absorption (fraction absorbée et vitesse d'absorption), Distribution (volume de distribution, demi-vie, fixation protéique), Métabolisme et Elimination du produit testé. Les procédés d'investigation sur l'animal ne sont pas *stricto sensu* des procédés toxicologiques. Ces études relèvent des méthodes physiques, chimiques ou biologiques et sont conduites sur 2 ou 3 espèces (rat, chien, singe).

Outre les études de toxicité animale générale, existent des études de toxicité d'organes (toxicité hépatique, toxicité inhalatoire, toxicité des produits à usage topique, toxicité par accident de sensibilisation et toxicité de certaines substances à statut particulier) qui font appel elles aussi à l'expérimentation animale. *[Cf. A. Le dossier de toxicologie animale (suite), pp. 57-78]*

La loi Diverses mesures d'ordre social du 18 janvier 1991 a officialisé l'application des Bonnes Pratiques de Laboratoires

(BPL) ["Good Laboratory Practice" (GLP)] définies par la CEE. Il est prévu en outre un système de contrôle intérieur et extérieur de qualité des règles de travail. Le contrôle porte en particulier sur les conditions d'hébergement des animaux d'expérience. *[Cf. B. La qualité des règles de travail, pp. 79-85]*

Le demandeur d'AMM fait appel à un expert-toxicologue (pharmacien toxicologue) qui est chargé de vérifier les propriétés des médicaments dans le cadre de la demande d'AMM. Le rapport d'expertise toxicologique – consistant en une discussion critique des propriétés du produit – est inclus dans la première partie du dossier AMM. *[Cf. C. Dossier d'expertise toxicologique, pp. 86-90]*

En prenant la décision d'administrer pour la première fois une substance à l'homme, le clinicien engage sa responsabilité autant, si ce n'est plus, que l'expert qui signe le rapport d'expertise toxicologique. Le clinicien est en effet réputé évaluer chez l'homme un xénobiotique potentiellement toxique dans la mesure où ce n'est qu'après l'AMM que la substance potentiellement thérapeutique est reconnue comme un médicament.

Les étapes précoces du développement clinique d'une nouvelle substance et les éléments d'appréciation pour l'établissement d'une prévision de dangerosité chez l'homme obéissent à des directives européennes précises.

Il est important aussi que la DL 50 soit éclairée par la Dose Minimale Efficace (DME) et la Dose Maximale Tolérée. Le clinicien peut donc être amené à demander de nouvelles expérimentations sur l'animal.

Lorsqu'il apparaît éthique d'administrer la substance à l'homme, se pose alors le problème du choix de la première dose à administrer (débuter par 1/50 ou 1/100, voire 1/1000 de la DME dans l'espèce animale la plus sensible), de la voie d'administration (orale ou intraveineuse), et de la durée maximale de l'essai clinique. L'étude préliminaire de la mutagénèse, ainsi que les données de pharmacocinétique et pharmacodynamique animales, fournissent des éléments décisionnels.

L'étape suivante consiste à évaluer la substance sur de petits effectifs de malades aussi homogènes que possible et avec des administrations limitées dans le temps. Sont pris en considération les résultats des études toxicologiques chroniques, des études de reproduction et de mutagénèse (et éventuellement cancérogénèse) chez l'animal.

Les essais de toxicité chez l'animal ne peuvent donner que des garanties limitées quant à la prévision des effets indésirables chez l'homme d'un "nouveau médicament" du fait que le nombre d'animaux employés – quoique relativement important – est néanmoins relativement restreint, que la durée limitée d'observation ne permet pas de mettre en évidence les effets tardifs (toxicité cumulative, accumulation insidieuse), qu'il existe des différences très importantes dans la pharmacocinétique et le métabolisme selon les espèces tant sur le plan quantitatif que qualitatif.

En l'absence d'animal idéal, les conclusions obtenues sur les animaux ne valent en toute rigueur que pour eux et le meilleur modèle pour l'homme reste l'homme lui-même, à condition que l'administration du produit soit faite à grande échelle et au long cours. *[Cf. D. Interprétation clinique du dossier de toxicologie animale, pp. 91-110]*

Si un dossier de toxicologie animale ne permet qu'une prévision limitée de la dangerosité d'un produit testé, il n'en demeure pas moins une étape scientifique et éthique irrévocable avant l'administration à l'homme. De surcroît le dossier de toxicologie d'une substance n'est jamais clos et il doit accompagner le médicament tout au long de son existence.

COMMENTAIRES :

Il nous a paru légitime d'exposer cette aide particulière – et particulièrement importante – apportée par les animaux à l'humanité dans la mesure où ceux-ci paient un très lourd tribut à la prévision de la dangerosité des substances médicamenteuses destinées à l'homme.

Les espèces les plus sacrifiées sont des rongeurs (souris, rats, hamsters, cobayes, lapins) ainsi que chiens, chats et singes.

La xénogreffe ou greffe à un receveur humain malade d'organes vivants ou de cellules vivantes d'origine animale
[*Cf. Bibliographie* : M. Bourel, J. Réal]

En 1905, à l'Hôtel-Dieu de Lyon, Mathieu Jaboulay tente la première greffe d'organes d'un animal sur une personne malade. Il s'agit d'une greffe *ex vivo* (dérivation de la circulation sanguine du malade vers un organe placé à l'extérieur) destinée à suppléer temporairement à une insuffisance rénale : le rein droit d'une chèvre est raccordé à l'artère et la veine correspondant. L'organe animal s'est nécrosé. Il a été "dégreffé" sans dommage pour le malade qui, évidemment, n'a pas été guéri pour autant.

Jaboulay réitère en 1906 avec deux nouvelles greffes *ex vivo* d'une part d'un rein de porc et d'autre part à nouveau d'un rein de chèvre. Ce sont deux nouveaux échecs. D'autres tentatives de xénogreffes d'organes seront menées en France et en Allemagne à partir de reins de singes.

Quelques années plus tard Serge Voronoff greffe avec succès à des receveurs humains la glande thyroïde d'un chimpanzé, puis une première greffe d'os de chimpanzé et enfin des "greffes de revitalisation" (2.000 entre 1920 et 1935) à l'aide de fragments de testicules de chimpanzés. Il apparaît donc que les animaux ont "prêté" leurs organes pour les premières expérimentations en matière de transplantations.

Après la seconde guerre mondiale, la xénogreffe perdra de son actualité au profit de la greffe et de la transplantation entre humains. Compte tenu des échecs constatés, des expériences de xénotransplantation sont reprises dans les années 1960 à partir de reins, puis de coeurs de babouins et de chimpanzés. Suivant les cas s'ensuit une survie de quelques jours à quelques mois.

En 1967, le Pr Christian Barnard réussit la première transplantation d'un coeur humain et c'est le début du succès de l'allogreffe que l'on connaît aujourd'hui.

Mais, le nombre de receveurs potentiels allant croissant (40.000 demandeurs d'organes chaque année en Europe), se fait ressentir un manque important et dramatique d'organes humains. En France, comme aux Etats-Unis, la moitié des patients pour lesquels une greffe d'organes est demandée demeure sur une liste d'attente. D'où un actuel regain d'intérêt pour l'éventualité des xénogreffes d'organes vivants ou de cellules vivantes d'origine animale.

Pour des raisons pratiques, médicales et biologiques, l'utilisation des primates ne peut être envisagée. Pour ces mêmes raisons – et après avoir analysé plus d'une centaine d'espèces dont le mouton, la chèvre et la vache, mais aussi le crocodile, l'autruche et le kangourou – le choix s'est actuellement porté sur le porc.

En l'état actuel, restent cependant à trouver les solutions tout à la fois aux complexes rejets immunitaires et aux risques infectieux par parasites, bactéries, virus (dont rétrovirus) et agents transmissibles non conventionnels (prions). Et il ne semble pas que l'état de l'avancement des travaux de recherches en ces domaines puisse permettre d'envisager scientifiquement une utilisation humaine de la xénogreffe. (La greffe d'un coeur de cochon transgénique sur un singe a fonctionné 70 jours).

COMMENTAIRES :

"Le porc ne peut servir à rien d'autre qu'à être mangé", telle est l'idée assénée par Chrysippe (IIIe s. av. J.-C.) sans jamais être véritablement contestée depuis. [Même si dans son traité Gryllos, *Plutarque utilise un porc pour argumenter, face à Ulysse, quant à la supériorité de la condition animale par rapport à la condition et aux prétentions humaines.]*

Décidément, à l'exception de quelques très rares animaux truffiers du Sud-Ouest de la France, le pourtant sympathique cochon n'est pas le plus chanceux des animaux. Animal de rente par excellence, de tout temps il a été traditionnellement le moins favorisé des habitants de la ferme, vivant le plus souvent reclus dans une soue exiguë plus ou moins obscure. Nourri de tous les restes, sa seule destinée était de faire du lard en attendant d'être égorgé.

Il est à noter cependant que les régionaux Cul-noir du Limousin, porc Basque et autre porc Gascon ont généralement eu la chance d'être élevés en plein air, le porc Corse bénéficiant d'un véritable régime de liberté lui permettant d'aller chercher sa nourriture dans les châtaigneraies. Pour le plus grand nombre (races Large White et Landrace), la finalité restant la même, les élevages à grande échelle ont néanmoins apporté des bâtiments fonctionnels et propres, certains bénéficiant désormais aussi d'un élevage en plein air.

Et rien ne semblait prédestiner le porc à être repéré par les scientifiques comme étant l'animal génétiquement à la fois pas trop proche de l'homme... mais pas trop éloigné cependant, dont l'anatomie présentait des similitudes, dont la prolificité était intéressante, bref celui qui allait être choisi comme le pourvoyeur potentiel d'organes en vue d'éventuelles xénogreffes futures. Son rôle en est-il devenu plus enviable ?

Ces considérations ne sauraient occulter les problèmes scientifiques et éthiques posés par l'utilisation d'un animal – porc ou autre – à des fins de greffes et transplantations sur l'homme.

En l'état actuel, le Comité consultatif national d'éthique – s'il "considère le principe de la xénogreffe comme éthiquement acceptable" – indique que la question est de savoir si l'on pourra "réduire le risque infectieux à un seuil acceptable". Donc oui au développement de la recherche expérimentale, non aux essais cliniques sur l'homme.

L'expérimentation sur l'animal
impliquant une souffrance physique
ou psychique
viole les droits de l'animal.
Les méthodes de remplacement
doivent être développées
et systématiquement mises en oeuvre.

DECLARATION UNIVERSELLE
DES DROITS DE L'ANIMAL

L'utilisation des méthodes alternatives
[est préconisée] toutes les fois que celles-ci
sont disponibles et éprouvées...
Dans l'état actuel des connaissances,
l'expérimentation animale ne peut être abolie.

ACADEMIE DES SCIENCES

*S'occuper des humains
n'empêche pas de secourir
en même temps les animaux.
Peut-être même, s'élève-t-on
d'une classe dans l'échelle des mérites
en leur portant
quelque intérêt et quelque souci.*

ETIENNE WOLFF

*Il y a la souffrance humaine.
Les devoirs que nous avons à son égard
doivent-ils nous rendre insensibles
à l'autre souffrance,
à l'immense souffrance animale
dont nous sommes si souvent les auteurs
par la volonté de nuire ou par indifférence ?*

THIERRY MAULNIER

*Le respect que nous souhaitons
obtenir de l'homme envers ses pareils
n'est qu'un cas particulier du respect
qu'il devrait ressentir
pour toutes les formes de la vie.*

CLAUDE LEVI-STRAUSS

*[Certain estime] qu'il est "bien secondaire"
de se soucier de la souffrance des animaux
quand il vaudrait mieux
se préoccuper de celle des hommes.
C'est l'argument classique,
ressassé* ad nauseam *chaque jour :
les hommes d'abord.
A quoi il faut répondre :
non les animaux ou les hommes,
mais bien entendu : ceux-ci et ceux-là.*

THEODORE MONOD

Si l'on avait pu, comme avec des hommes,
conclure avec les animaux un pacte,
garantissant qu'ils ne nous tueraient
ni ne seraient tués par nous
sans discernement,
il eût été fort simple d'étendre jusqu'à eux
le domaine du droit,
puisque celui-ci tendait à assurer la sécurité.

PORPHYRE

CHAPITRE XII

RÉGLEMENTATION DE LA PROTECTION ANIMALE

Mesures réglementaires en matière de protection animale des animaux de compagnie : textes actuels et à venir. [Thèse pour le doctorat vétérinaire de Bénédicte Iturria, 1998.]

ANALYSE :

La protection animale – que l'on pourrait croire une notion récente – s'est construite au fil des siècles de Pythagore (vers 500 ans av. J.-C.), Plutarque (IIe s. après J.-C.) et Porphyre (Ve s.) à François d'Assise (XIIIe s.), Montaigne (XVIe s.), Rousseau (XVIIIe s.), Schopenhauer (XIXe s.) [... et Brigitte Bardot].

En France il faudra attendre 1791 pour que la loi se saisisse de la défense des animaux (appartenant à autrui) et 1850 pour que soit adoptée la loi Grammont – du nom du Général Jacques de Grammont, fondateur de la Société protectrice des animaux (SPA) en 1845 –, première loi consacrée à la protection des animaux et votée avec le soutien de Victor Hugo.

En 1860 Napoléon III accorde la reconnaissance d'utilité publique à la SPA pour laquelle Guy de Maupassant publie un appel dans le journal "Le Gaulois" afin que puisse être créé un asile pour les bêtes : "une espèce d'hospice où les pauvres chiens sans maître trouveraient la nourriture et l'abri, au lieu du noeud coulant que leur réserve l'administration".

Il faut attendre la loi n° 76-629 du 10 juillet 1976 relative à la protection de la nature pour que l'animal soit défini comme un "être sensible qui doit être placé par son propriétaire dans les conditions compatibles avec les impératifs biologiques de son espèce" (et non plus une chose comme indiqué depuis 1804 par le code civil).

L'auteur présente les textes législatifs et réglementaires concernant les animaux de compagnie et définissant l'animal lui-même, la maltraitance animale, l'utilisation des animaux d'élevage ou de travail, la vente et l'achat d'un animal ainsi que la législation en matière de rage dont il convient de rappeler qu'elle est présente dans tout l'Est de la France.

La législation protège l'animal d'expérimentation. Elle empêche que n'importe qui s'improvise expérimentateur. Elle impose au détenteur d'animaux de leur apporter soins, nourriture, abreuvement et locaux appropriés précisément décrits. La législation impose en outre des protocoles d'expérimentation précis.

L'auteur publie la Déclaration universelle des droits de l'animal proclamée solennellement à Paris le 15 octobre 1978 à la Maison de l'UNESCO. *[Cf. I et II.. Historique et Textes législatifs et réglementaires, pp. 3-54]*

Un inventaire des partenaires publics et privés de la protection animale précise qu'il existe en France plus de 280 associations de protection dont le Conseil national de la protection animale (CNPA), la Fondation 30 Millions d'amis, la Ligue française des droits de l'animal (créée en 1977 par Alfred Kastler) et, la plus ancienne, la Société protectrice des animaux (SPA). *[Cf. III. Les partenaires de la protection animale, pp. 55-70]*

L'auteur présente divers projets de lois et rapports en vue d'une nouvelle réglementation de la protection animale ayant trait à l'amélioration générale des conditions de vie des animaux de compagnie, l'identification des chiens, une meilleure intégration des animaux en milieu urbain, la moralisation des activités commerciales, les obligations concernant les animaux dangereux (chiens d'attaque et chiens de garde et de défense), les dispositions concernant les animaux errants (avec une mesure particulière concernant les chats "libres"), etc. *[Cf. IV. Rapports et projets de lois, pp. 71-92]*

"L'animal doit se penser en tant qu'être vivant sensible. En le respectant, c'est la vie que l'on respecte et par la même autrui. L'animal joue un rôle fondamental dans l'apprentissage des valeurs et contribue à l'élévation morale de l'homme."

COMMENTAIRES :

L'auteur rappelle qu'il fut un temps où la rédaction – aujourd'hui obsolète – de l'article 544 du Code civil, indiquait que "le propriétaire d'un animal pouvait à sa guise le frapper, le torturer, l'épuiser, l'affamer, le mutiler, le massacrer par tous les moyens et en toutes circonstances."

Concernant la législation en vigueur, nous constatons avec l'auteur qu'elle a été plus conçue pour protéger l'homme de l'animal que l'animal lui-même. L'animal au travail est couvert par les textes généralistes en matière de protection et les mauvais traitements qu'il pourrait subir sont sanctionnés par le code pénal. Sont surtout concernés les chiens de garde, de défense, de sauvetage, policiers, détecteurs de drogue. Nous prendrons l'initiative d'y ajouter les chiens-guides et d'assistance et autres capucins ou dauphins au service des personnes handicapées ou malades.

Pour les projets de loi et rapports présentés par Bénédicte Iturria, seul celui de Philippe Vasseur et Georges Sarre en 1997 a abouti à la loi relative aux animaux dangereux et errants et à la protection des animaux domestiques du 22 décembre 1998.

Les Pythagoriciens faisaient de la bonté envers les bêtes un entrainement à l'humanité et à la pitié.

PLUTARQUE

Que sires Nobles li lions
Toutes les bestes fist venir
En son palias por cour tenir.
Onques n'i ot beste tant oze
Qui se tardast por nule coze
Que n'i venist isnuellement,
Fors dans Renars tant seulement...

[Ysengrins] dit au roi : "Biax gentils sires,
Faites moi droit de l'avoutire
Que Renars fist a m'espousee,
Dame Hersent, qu'ot enserree
A Malpertuis, son fort repaire,
Quant il par force li volt faire ;
Et a force li fist li rous.
Dolans en sui et coureçous...

Lors [li lions] par la cort regardé.
Vistement avoit apelé
[Le bélier] mon signor Belin
Qui molt estoit saiges de grant fin.
"Belin, fait il, avant venés
Et Chufet [1] *querre m'en alés,*
Qui tant m'a tenu por musart,
Et li dites de moie part
Que vistement a la cort vegne,
Que nule riens ne le detegne.
N'aport parole a lui desfendre,
Mais la hart a sa gueule pendre.
Bien furnirés icest messaige,
Je n'i voi nul de vous plus saige."

LE ROMAN DE RENART

---

[1] Chufet ou Chuflet, nom que Renart se donne, relève du champ lexical de la parole. "Chufler", c'est se moquer, railler, persifler, en somme exercer sur l'autre une domination verbale écrasante.

Arachné dessine Europe abusée par l'image d'un taureau.
[...] La Lydienne représente aussi Astérie prisonnière d'un aigle qui l'étreint ;
elle représente Léda couchée sous les ailes d'un cygne ;
puis encore Jupiter se changeant en serpent bigarré pour la fille de Déo.
Toi aussi, Neptune, elle te montre transformé en taureau menaçant,
épris de la fille d'Eole ; bélier, tu abuses la fille de Bisalte ;
la déesse aux cheveux blonds, mère bienfaisante des moissons,
a senti tes ardeurs, quand tu te fis coursier ;
oiseau tu les as fait sentir à celle que couronne une chevelure de serpents,
à la mère du coursier ailé ; dauphin, à Mélantho.
Saturne, devenu cheval, engendre Chiron à la double nature [de Centaure].

OVIDE

CHAPITRE XIII

BESTIAIRES ET SYMBOLISME ANIMAL

L'homme et l'animalité. Contribution à une "Ménagerie psychique". [Thèse pour le doctorat vétérinaire de Patrick Fouquet, 1997.]

ANALYSE :

L'auteur se propose d'étudier la symbolique universelle et intemporelle véhiculée par l'interaction Homme / Animal [en rappelant au préalable – citant C.G. Jung – que "c'est parce que d'innombrables choses se situent au delà des limites de l'entendement humain, que nous utilisons constamment des termes symboliques pour représenter des concepts que nous ne pourrons ni définir, ni comprendre pleinement."] *[Cf. Introduction générale, pp. 1-4]*

L'homme a intégré l'animal pour expliquer le monde extérieur..
La Genèse s'avérant être au centre des préoccupations mythiques, les animaux y occupent une place de choix et s'y voient conférer des dimensions cosmiques.
Compte tenu des récurrences apparaissant dans diverses cosmogonies du monde entier, l'auteur s'attache à trois aspects des

préoccupations universelles de l'homme dans son rapport au monde : – résoudre l'ambivalence entre le bas et le haut (animal-vecteur : le serpent) ; – dompter des forces (animal-vecteur : le taureau) ; – s'élever (animal-vecteur : l'oiseau).

Sont présentés les pouvoirs symboliques dont sont respectivement investis le serpent, le taureau et l'oiseau – en tant que personnages d'envergure cosmique que proposent les divers bestiaires – et leur contribution aux mythes de la création du monde.

La présente analyse ne retenant que le seul taureau – parmi les animaux-vecteurs précités – et son rôle de vecteur dans la volonté de dompter des forces, il apparaît que le dieu-taureau de la civilisation babylonienne *[Cf. Exemple ci-après]*, l'histoire du Minotaure, le culte de Mithra, ainsi que diverses autres religions du taureau montrent que l'homme a effectivement intégré cet animal pour expliquer le monde.

Exemple : Le dieu-taureau de la civilisation babylonienne...
Pour la civilisation babylonienne du troisième millénaire avant notre ère, Marduk, le "Taureau noir de l'abîme", est le créateur de l'humanité.
A cette époque, Gilgamesh [homme à tête de taureau] est roi d'Uruk. Pour le combattre les dieux envoyèrent Enkidu [taureau à tête d'homme]... Mais il s'avéra que Enkidu finit par se prendre d'amitié pour Gilgamesh...
Plus tard la Grande Déesse Ishtar fait des avances à Gilgamesh... qui la repousse. Les dieux, en représailles, lui envoyèrent le "Taureau furieux céleste"... Gilgamesh et Enkidu maîtrisèrent et tuèrent le "Taureau furieux céleste"...
Les Babyloniens expriment ainsi une victoire du bien contre le mal et donnent un des premiers "exemples de forces maîtrisées".

En conclusion, l'animal – serpent, taureau, oiseau ou autre – remplit bien son rôle symbolique annoncé en préambule, à savoir "représenter des concepts que nous ne pouvons ni définir, ni comprendre pleinement". *[Cf. I. Universalité des symboles : La Ménagerie et le Monde Extérieur, pp. 5-50]*

L'homme a intégré l'animal qui est en lui-même ....

L'importance, pour l'homme, de l'image de l'animal dans l'intégration de son Moi se retrouve à travers les âges : – d'une part les totems *[Cf. Exemple ci-après]* et les revêtements animaux qui sont les témoins très anciens d'un rapport au monde où l'homme et l'animal partagent une âme ; – d'autre part les contes de fées peuplés d'animaux et dotés de fonctions révélatrices de notre nature animale et son dépassement ; – et enfin l'évolution des symbioses établies par l'homme avec certains animaux devenus familiers, dont le cheval, le chat et le chien.

Exemple : Le totémisme...

La culture totémique aurait constitué partout une phase transitoire entre l'humanité primitive et l'époque des héros et des dieux, l'objet totémique le plus répandu étant l'animal.

Le totémisme fait référence à une croyance mythique en un lien particulier entre un clan et son animal totem...

Se référant de Freud et de Jung, l'auteur aborde succinctement l'identification de l'homme avec son animal totémique, le motif animal symbolisant généralement la nature instinctuelle.

Le totémisme se manifeste de plusieurs façons : – soit il y a identification entre l'homme et son masque totémique animal (lion, buffle, animaux démoniaques, oiseau calao, etc.) ; – soit il y a projection de signification sur un mât totémique (mât sur lequel est installé l'animal fondateur mythique : corbeau, oiseau tonnerre, esprit cannibale, etc.).

Le totémisme consiste en fait en une identité partagée avec un double animal.

"L'homme est la seule créature qui ait le pouvoir de dominer ses instincts par la volonté. Mais des instincts mal réprimés peuvent à leur tour dominer l'homme. L'acceptation par l'homme de son animalité est la condition de [...] la plénitude de son épanouissement", conclut l'auteur citant Henderson. *[Cf. II. Intemporalité des symboles : La Ménagerie et le Monde Intérieur, pp. 51-103]*

Toutes les représentations des images primordiales (dont les figures animales) qui jalonnent les millénaires nous rattachent à nos plus lointaines racines. *[Cf. Conclusions générales, p.104]*

COMMENTAIRES :

La dualité-complémentarité Homme / Animal rapportée et véhiculée universellement et intemporellement par les cosmogonies, mythologies et arts ne serait-elle pas une forme archaïque des interactions Homme / Animal constatées et développées dans notre société moderne à l'aube du XXIe siècle, notamment sous l'angle qui nous préoccupe de la "thérapie facilitée par l'animal".

Pour nombre d'anciens écoliers français, le bestiaire par excellence reste le Roman de Renart *dont certains "morceaux choisis", extraits d'une version expurgée, ont enchanté leur enfance.*

IL ETAIT UNE FOIS...

Bethsabée avait barré les humains de sa vue et ne paraissait avoir de regards que pour les objets. Elle avait supprimé de ses rapports tout ce qui bougeait, bêtes et gens. Elle était fâchée avec la vie.

ANGE CONDORET

CHAPITRE XIV

UNE HISTOIRE VRAIE
(BORDEAUX, 22 AVRIL 1977)

La Tourterelle et la jeune Bethsabée. [Histoire vraie contemporaine reconstituée à partir des travaux des thèses pour le doctorat vétérinaire de Anne-Claire Gagnon (1985) et de Jean-Claude Brunetaud (1991)]

HISTOIRE VRAIE :
De 1965 à 1975, Ange Condoret étudie les relations Animal / Enfant. A l'occasion de ses observations et expérimentations, il est notamment amené à constater les modifications de comportement induites par la présence d'un chien auprès d'enfants malades ou handicapés.

En 1975, Condoret est amené à collaborer avec une directrice d'école maternelle de Bordeaux, Mme Baget, qui lui avait fait part des difficultés qu'elle rencontrait avec des enfants ayant des problèmes d'insertion en milieu scolaire.

De 1975 à 1978, cette école maternelle – accueillant des enfants de 3 à 5 ans – deviendra le théâtre des investigations de Condoret, avec la collaboration de Evelyne Cassan, éducatrice spécialisée.

Condoret s'y rend tous les vendredi après-midi et samedi matin. Le vendredi après-midi permet d'avoir un contact avec les enfants dans leurs activités purement scolaires et d'observer leurs comportements relationnels, leurs capacités, leurs difficultés. Le samedi matin, des animaux variés (hamster, tourterelle, chien, chat, etc.) sont introduits dans la classe – et il est possible d'analyser les effets de la présence animale sur le comportement des enfants.

Parallèlement, à l'occasion d'une consultation vétérinaire, Condoret fait la connaissance d'une famille dont la fille, Bethsabée, souffre d'une "sorte d'autisme".

Bethsabée ne parle pas et ne communique avec personne. Rien ne peut la faire sortir de ce profond silence. Touché par le comportement de l'enfant, pour laquelle la science reste impuissante, Condoret propose d'accueillir Bethsabée dans la classe où il fait ses recherches.

A partir de janvier 1977, pendant plusieurs mois, les éducatrices vont tenter d'intéresser Bethsabée au monde extérieur et de la faire jouer avec ses camarades, et ceci en vain.

Bethsabée s'éloigne délibérément des autres enfants pour se réfugier dans un coin de la classe où elle se contente d'empiler des cubes sans jamais cesser ces gestes répétitifs.

Le chien de la directrice de l'école, Polo, un Terrier de 4 ans, est introduit auprès d'un groupe de cinq enfants : deux avaient un problème de langage (prononciation des "ch"), deux autres avaient un développement du langage quelque peu retardé et le 5ème enfant était Bethsabée.

Deux semaines après l'introduction du chien, les enfants – dont le désir de communiquer avec lui était évident – commencent à améliorer leur prononciation. [Marion, qui ânonnait, accueille Polo avec une phrase bien ponctuée et structurée]. Seule Bethsabée restait muette, refusant de caresser le chien. Bethsabée reste tout aussi indifférente au chat. [Alors que Éric – qui n'arrivait pas à prononcer le son "ch" et qu'aucun orthophoniste n'avait pu soigner – prononce le mot "chat" sans aucune difficulté deux jours après l'introduction de l'animal].

Le 22 avril 1977, à la demande des enfants, l'institutrice libère les deux tourterelles dans la classe.

L'une d'elle prend son envol, juste là, sous les yeux de Bethsabée... Ce fut le déclic ! Un sourire (le premier !) illumine son visage et persiste tout au long de l'envol... Son regard suit la trajectoire de l'oiseau jusqu'à ce qu'il se pose... Délaissant son occupation obsessionnelle d'entassement des cubes, Bethsabée tend les mains vers l'oiseau...

Une tourterelle venait de réaliser la "communication impossible tirée d'un enfant muré dans sa nuit !"

A chaque nouvel envol, le même état émotionnel est recréé. A partir de ce jour, les progrès de la petite fille sont fulgurants. Bethsabée ébauche des sons et le désir de contact avec l'oiseau apparaît. D'abord la caresse, puis un jour, la tourterelle est embrassée. Une communication s'établit ensuite avec le chien Polo que Bethsabée regarde, recherche, caresse puis enfin embrasse.

L'éducatrice qui s'occupe régulièrement de l'enfant semble acquérir de plus en plus d'importance à ses yeux. Bethsabée tolère qu'elle lui touche les doigts alors que, quelques mois plus tôt, tout contact digital était refusé. A son tour, l'enfant prend elle-même la main de l'éducatrice et la caresse. Elle se met à découvrir et à rechercher les contacts corporels qu'elle refusait jusqu'à maintenant.

Quelques mois plus tard, l'enfant peut participer à une ronde avec d'autres enfants et supporte d'être embrassée par ses camarades. Son expression orale, réduite à des onomatopées, s'affine. Elle se met à prononcer "Mamanmaman". On assiste ainsi à la naissance d'un désir général de communiquer, d'un attrait global pour l'animé, humain compris.

L'histoire de la jeune Bethsabée est restée célèbre... Et les images de l'envol de la tourterelle et du sourire de Bethsabée, immortalisées par la caméra d'Ange Condoret, constituent un des exemples les plus émouvants du film "L'enfant et l'animal : éveil aux communications", document pris sur le vif, qui résume l'aboutissement des trois années d'observations dans la classe [Cf. Archives de l'Association françaises d'information et de recherche sur l'animal de compagnie (AFIRAC), 1978].

COMMENTAIRES :
   L'histoire de "La tourterelle et Bethsabée" suscite certaines réflexions. L'animal joue évidemment un rôle, ici une tourterelle... mais ailleurs ce sera un chat, un chien, un âne, une vache, un dauphin... "Il n'existe donc pas d'animal miracle", constate Anne-Claire Gagnon qui précise qu'on ne peut de surcroît préjuger du résultat d'un contact Animal / Enfant car, ici, "l'envol de la tourterelle était fortuit".
On eut tout aussi bien pu conter par le détail une autre belle histoire vraie qui est celle de "Click le Schnauzer et Arthur, le petit IMC" d'après Caroline Bouchard : "Arthur était un jeune enfant de quatre ans... A quinze mois, les médecins avaient diagnostiqué une atrophie du tronc cérébral... Il présentait une hypotonie généralisée... L'enfant affectionnait la position couchée à terre, sur le dos... Il pouvait rester ainsi de longues heures... Il montrait une grande passivité et un retard évident des fonctions intellectuelles. Même les jouets ne l'intéressaient pas vraiment. Quand il se déplaçait, il le faisait en roulant sur le dos... Click, le petit Schnauzer se manifesta et Arthur redressa la tête, bougea les bras. Sa rééducatrice lui fit prendre alors différentes postures : assis..., ensuite à quatre pattes, tête pendante comme à son habitude... alors, à la demande de Caroline Bouchard, Click se glissa entre ses bras... Arthur leva la tête et, chatouillé par le museau du chien, la tint ainsi l'espace de deux secondes... C'était sans doute la première fois depuis sa naissance que l'enfant plaçait ainsi sa tête dans un axe correct...". L'auteur raconte l'évolution de la thérapie et termine son récit en décrivant "Arthur marchant avec son déambulateur en promenant son chien en laisse."
On aurait pu aussi raconter "Le chien Jingles et Johnny, l'enfant autiste" d'après Boris Levinson...

CONCLUSIONS "ANIMALES"

LETTRE OUVERTE A LA GENT ANIMALE

Si vous voulez être chien-guide d'aveugle, chat mascotte en maison de retraite, cheval en hippothérapie ou en équithérapie, singe auxiliaire de tétraplégique...

Vous seriez, paraît-il, plus de 42 millions d'animaux de compagnie en France, chiffre qui placerait notre pays – en taux de possession d'animaux par foyer – en troisième position mondiale derrière l'Australie et les Etats-Unis et en première position en Europe devant la Belgique et l'Irlande, avec un animal dans plus d'un foyer sur deux... Ce qui fait écrire à un auteur que la France s'affirme de plus en plus comme une nation "zoophile". Nous savons que sur 42 millions, un bon nombre se satisfont de ne rien faire. Mais, à l'aube du XXIe siècle, il n'est pas interdit de chercher à se rendre utile et de participer à la vie de la société. Il est évident que tout le monde ne peut envisager s'insérer professionnellement. On peut cependant faire un inventaire de certaines possibilités qui vous sont offertes dans le cadre des professions de santé ou de l'action sociale.

Si vous voulez être chien-guide d'aveugle... A l'heure actuelle, en France, le choix se porte sur la famille Retriever, d'une part le très classique Labrador au poil court, jaune à marron ou noir, et d'autre part les animaux issus du croisement de celui-ci avec l'élégant Golden, blond au poil ondulé avec franges, – ledit Golden Retriever pouvant néanmoins être aussi utilisé en race pure. Si vous n'êtes ni Labrador, ni Golden Retriever ou descendant des deux, il vaut mieux aller chercher du travail à l'étranger. Si vous êtes Flat-Coated Retriever, votre poil lisse et votre couleur noire ou marron y seront bien acceptés par les Retrievers indigènes. Toujours à l'étranger, on raconte qu'on a même vu arriver le quatrième cousin Retriever, le Curly-Coated, le black tout bouclé... Et puis là-bas, on rigole... Il y a plein de mariages mixtes : Labrador x Golden, Labrador x Flat, Golden x Flat, Labrador x Curly, Golden x Curly... ! Et tout ce beau monde se mélange pour le plus grand bien des aveugles qui se laissent guider ensuite par une génération nouvelle toute dévouée à leur cause. Il ne faut pas désespérer de la jeunesse ! Et dans le cadre de cette démocratisation hybridée désinhibée, on insinue même que le Caniche royal s'immisce. Si vous êtes Berger allemand, vous avez de moins en moins de chance car les sympathiques Labrador et Golden Retriever vous ont tissé au fil du temps une réputation de taré porteur de pathologies héréditaires et surtout de chien trop agressif et trop impressionnant pour le public... ! [1] [2]

---

[1] Décidément, il est loin le temps de Dicky, Berger allemand, Premier chien-guide d'aveugle de France !
Si vous êtes Berger allemand, ancien chien guide d'aveugle réduit au chômage par un Labrador ou autre Retriever... Si vous voulez continuer à être utile socialement... On a prévu pour vous des stages de reconversion en chien d'avalanches. D'accord vous vous (les) gèlerez... D'accord même les braves Saint-Bernard ne veulent plus le faire... Alors changez d'orientation et engagez-vous dans la police... ou dans une équipe militaire cynotechnique des sapeurs pompiers de la Ville de Paris (Encore que là on vous préfère maintenant les Bergers belges !).

[2] Ont été également éduqués en son temps – outre les Bergers allemands – des Bergers belges, des Bergers de Beauce (Beaucerons ou Bas-Rouges), des Bergers de Brie (Briards), des Dobermanns, des Boxers... Ont été mis à l'essai des Griffons korthals, des Epagneuls français, des Setters, des Ariedales terriers, des Hovawarts...
Les Retrievers (et principalement les Labradors) semblent être considérés à ce jour comme étant les plus pré-adaptés, bien que le Club des chiens-guides d'aveugles de Paris et de la Région Parisienne se distingue des autres écoles françaises par une politique tout à fait différente en n'hésitant pas à entreprendre l'éducation de divers chiens à partir du moment où ils paraissent aptes à faire de bons guides.

Si vous voulez être chien d'assistance pour handicapés moteurs... Là aussi, c'est plus facile si vous êtes Labrador ou Golden Retriever, ceux-ci ayant monopolisé également ce secteur [3]. A ce sujet, sans sous-estimer l'excellence de la formation dispensée par les deux provinciales écoles de l'Association nationale pour l'éducation de chiens d'assistance pour handicapés (ANECAH), à quand la création, à Paris ou à Strasbourg, d'une Ecole nationale d'apprentissage (ENA) des Retrievers à pedigree des beaux quartiers ?

Si vous voulez être chien écouteur pour personnes sourdes ou malentendantes... Là, si vous êtes un bon "entendant", vous pouvez adresser un CV, que vous soyez Téckel ou Dogue allemand. Il paraîtrait que l'on prend même les bâtards, voire les corniauds. De la même manière vous pouvez être aussi... ou bien "chien social" dans une collectivité pour personnes handicapées ou âgées ou dans un hôpital (il s'agit là d'un travail de généraliste : stimulateur physique et psychique, distributeur d'affection "affectueuse", etc.),... ou bien à l'opposé "chien spécialiste" éduqué sur mesure auprès d'une personne ayant un handicap spécifique (par exemple à la fois handicapée moteur et sourde).

De multiples autres débouchés, si vous êtes chien... Si vous êtes Terre-Neuve, vous pouvez espérer être recruté – mais les places sont rares – par une équipe de sauvetage en mer. Si vous êtes Schnauzer, arguez que deux d'entre vous – Click et Totoche – ont été les fidèles collaborateurs de Caroline Bouchard à l'Institut canadien de zoothérapie de Montréal. Votre statut d'objet transitionnel conditionnel est attesté par de nombreuses vidéos mettant lesdits Click et Totoche en scène. N'hésitez pas à les joindre à tout CV pour illustrer vos potentialités professionnelles en matière d'éducation et de rééducation. Si vous appartenez à la grande famille des Terriers, un créneau existe auprès des enfants à la fois anxieux et actifs. (Un conseil : taisez votre proche parenté avec la famille Bull et surtout le cousin Pitt qui a si fâcheuse

---

[3] Les premiers chiens d'assistance pour handicapés moteurs placés en France, en 1991, par l'ANECAH ont été Preum'S et P'J, deux Goldens Retrievers offerts par l'américaine Canine companions for Independence (CCI), et deux Labradors français, Etendard et Eva.

réputation, cela pourrait constituer un handicap à l'embauche). Vous pouvez postuler également en tant que partenaire à temps partiel pour enfant particulièrement joueur. Idem si vous êtes Boxer, car vous êtes catalogué – avec les Epagneuls et les Bergers – comme étant adaptés aux jeux brutaux des garçons. Il en sera de même si vous possédez une qualification de chien de chasse ou de chien de défense... et qu'un tempérament tant soit peu anarchiste vous pousse à échapper à votre vocation première.

Si vous êtes Spitz, Pinscher, Yorkshire, Bichon Ténériffe ou Chihuahua, ne vous désolez pas de votre petite taille. Il existe pour vous un marché de l'emploi auprès des petites filles et des personnes âgées, encore que là vous risquez d'être supplanté par un Pékinois aux grands yeux, au crâne bombé et au menton effacé qui lui font conserver tout au long de sa vie les caractéristiques de juvénilité faciale qui plaisent tant aux dames.

D'une manière générale, si vous envisagez être "mascotte" dans une maison de retraite ou un établissement hospitalier, sachez que là aussi vous bénéficierez d'un avantage à l'embauche si vous êtes Labrador ou Golden Retriever, mais vous serez apprécié aussi si vous êtes Caniche, Terre-Neuve (malgré la taille), Basset Hound, Colley, voire Epagneul... Et vous conservez vos chances si vous êtes d'une toute autre race dans la mesure où, ici, ce sont vos caractéristiques individuelles qui sont en définitive les plus importantes. Enfin, si vous êtes Chow-chow, il est urgent d'entreprendre une action de communication. Pour l'instant vous êtes surtout connus... comme "chien comestible" (en Extrême-Orient). Chow-chow occidentaux, vous devez dès à présent exercer votre devoir d'ingérence et militer en faveur de vos frères asiatiques... ou sinon vous risquez d'être vous aussi rattrapés par un mode culinaire mondialisé qui vous conduira tout droit à la casserole. A quoi bon que Coquin, un collègue Chow-chow canadien, se soit décarcassé tous les matins à réveiller les patients de l'Unité de soins de l'Hôpital Rivière-des-Prairies à Montréal, à les surveiller lors des promenades et même à prévenir préalablement quand un patient allait avoir une crise d'épilepsie. Chow-chow de tous les pays, faites connaître vos compétences !

Si vous êtes chat de gouttière ou de race, et que vous voulez vous rendre utile à la société, vous pouvez également devenir "mascotte" dans une maison de retraite ou "chat libre" dans un établissement hospitalier. Vous pouvez aussi envisager – mais il est évident que les offres sont relativement rares – de trouver une embauche au pair en tant que compagnon d'un enfant timide, hypersensible, renfermé et indépendant. Il faut bien constater d'ailleurs que – l'urbanisation aidant – votre créneau habituel est plutôt celui d'inactif-assisté auprès de personnes en bonne santé que celui d'assistant-actif auprès de personnes handicapées ou malades. Et vous avez la réputation de vous complaire dans cette situation de vertébrés fainéants invétérés.

Si vous êtes cheval et que vous souhaitez travailler en hippothérapie ou en équithérapie... On vous raconte que quelles que soient votre taille et votre race, vous pouvez postuler à condition de fournir un extrait de casier judiciaire et médical attestant que vous êtes calme. La réalité est tout à fait autre. On exigera de vous que vous ayez une hauteur au garrot moyenne, on exigera aussi que vous soyez un cheval "droit", c'est-à-dire que vous "posiez vos pieds postérieurs sur les pistes tracées par les pieds antérieurs"*(sic)*. Bref, si vous êtes à la fois trop grand, que vous ne marchez pas toujours droit (!) et que vous êtes un peu nerveux, inutile de vous présenter. Il en est d'ailleurs quasiment de même si vous êtes de trop petite taille. (Là, ce sont les chevaux qui ont "taillé un costard" aux poneys en leur faisant – le plus souvent à tort – une réputation d'agressivité). Mais, dans ce cas, n'oubliez pas que vous restez toujours indispensable aux tout-petits.

Une suggestion à la gent asine, cette autre composante de la famille des Equidés... Un auteur décrit, en Asie (sans autre précision), des "ânes aidant les handicapés à se déplacer dans les rues". Rien de tel à notre connaissance en Occident. La France – avec son potentiel asin – pourrait montrer le chemin. Baudet du Poitou, Grand Noir du Berry, Âne gris de Provence, Âne noir des Pyrénées, Ânes de Normandie ou du Cotentin et Âne du Bourbonnais... bougez-vous !

Si vous êtes singe et voulez postuler pour être auxiliaire d'un tétraplégique... Il convient de savoir que la profession est depuis toujours aux mains de la Confrérie des Capucins, une mafia d'immigrants sud-américains ayant à sa tête le Grand Maître de l'Ordre [1], le calme Frère *Cebus apella* (celui qui a une robe brune avec une capuche noire sur la tête). Frère *Cebus albifrons*, hyperactif et véritable acrobate (on le reconnaît à son front blanc), le supplée à l'occasion. Les deux autres Frères, *Cebus capucinus* et *Cebus nigrivittatus*, n'ont aucune activité sociale connue. Actuellement, hors la Confrérie des Capucins, pas de boulot, fussiez-vous Gorille, Orang-outang ou Chimpanzé. Mais il y a manifestement une place à prendre. Les gentils *Cebus* n'ont pas à ce jour répondu pleinement aux espoirs mis en eux.

Si vous êtes poisson – rouge ou autre – vous avez toutes les chances d'être embauché comme "mascotte" en établissement pour personnes âgées où, avec la gent oiseau (serin, canari, perroquet, perruche... en cage !), vous êtes quantitativement les plus nombreux à occuper cette fonction pour laquelle vous êtes le plus souvent préféré au chat ou au chien. Toujours si vous êtes poisson, vous pouvez aussi trouver un contrat en aquarium dans une salle d'attente d'hôpital ou dans un cabinet de dentiste où, là, par votre simple présence vous serez un moyen efficace d'acceptation d'une intervention de chirurgie dentaire dont vous diminuerez la perception douloureuse. On pourra également vous embaucher auprès d'un enfant malade ou d'une personne âgée pour les distraire en silence et sans les fatiguer.

Si vous êtes hamster, cobaye, lapin ou chinchilla, vous pouvez envisager de servir de compagnon à un enfant très jeune... Enfin ne vous désespérez pas si vous êtes daim, chèvre, vache, paon, poule, canard, pigeon, tortue, etc. La présence de certains d'entre vous dans l'environnement de divers établissements hospitaliers prouve que vous pouvez être utile et, avec du temps et de la patience, vous devriez finir par trouver une embauche.

---

[1] Taxinomiquement, il s'agit plus rigoureusement de l'Ordre des Primates, Sous-ordre des Simiens, Infra-ordre ou Super-famille des Platyrhiniens, Famille des Cébidés et du Genre *Cebus* constitué des quatre espèces *apella, albifrons, capucinus* et *nigrivittatus* !

Que ceux qui n'ont pas d'emploi se consolent cependant en pensant que travailler à plein temps, voire à temps partiel, n'est pas obligatoirement une sinécure. A notre époque cela exige... de sortir vainqueur de batteries de tests impressionnants... d'être placé en famille d'accueil plus ou moins sympathique... d'être orienté vers un centre de sélection où on vous soumet à un apprentissage intensif pendant de longs mois... pour obtenir une formation débouchant sur un emploi qui reste aléatoire... Et puis, il vaut mieux être bien informé dès le départ, la plupart des employeurs exigent un certificat de santé attestant que vous êtes ovariectomisée ou vasectomisé, en clair carrément castré ! Tout cela demande réflexion avant de se lancer dans la vie active. De surcroît il s'agit de professions nouvelles, non encore véritablement organisées. Les fins de carrière et reconversions possibles ne sont pas réellement abordées, sauf en ce qui concerne le chien pour handicapé moteur dont il est envisagé qu'après dix ans d'ancienneté professionnelle il peut bénéficier d'une retraite paisible. Mais d'une manière générale, pour l'instant, pas de convention collective, pas de repos hebdomadaire... Bref le plus souvent une vraie "vie de chien".

Un dernier message à l'attention des dauphins... Gardez-vous des filets dérivants des pêcheurs, éloignez-vous des côtes et ne vous laissez pas attirer par les sunlights et affiches en couleurs des delphinariums... Allez jouer et nager ailleurs avec vos copains cétacés et les poissons... Et ceci d'autant plus que certains auteurs – dont nous serions tentés de partager le point de vue – prétendent que les expériences coûteuses menées avec vous auprès de personnes autistes pourraient tout aussi bien être réalisées avec d'autres animaux plus accessibles, et de citer à ce sujet des résultats intéressants obtenus avec les imposants Piff ou Flika, les deux sympathiques Bouviers des Flandres de Caroline Bouchard à l'Institut canadien de zootechnie de Montréal, ou la douce tourterelle de Ange Condoret, et plus anonymement avec des canards, des biches ou des chevaux !

[Il y a] un certain respect qui nous rattache,
et un général devoir d'humanité,
non aux bêtes seulement qui ont vie et sentiment,
mais aux arbres mêmes et aux plantes.
Il y a quelque commerce entre elles
et nous, et quelque obligation mutuelle.

MONTAIGNE

THÉRAPIE FACILITÉE PAR LE VÉGÉTAL

*Ilz demeuroient en la maison,
et, par maniere d'apotherapie,
s'esbatoient à boteler du foin,
à fendre et scier du bois,
et à battre les gerbes en la grange.*

RABELAIS

CHAPITRE XV

JARDINS ET SOLIDARITÉ

Les premiers jardins à caractère social datent de la fin du XIXe siècle. La Société d'horticulture de l'arrondissement de Valenciennes qui participera à l'essor du mouvement des jardins ouvriers – et dont est issue l'actuelle Association des jardiniers de France – a été créée en 1876.
La littérature fait remonter à 1895 ce qui peut être considéré comme les premiers jardins ouvriers, dans le nord de la France, avec l'idée d'un coin de terre insaisissable et inaliénable pour chacun, utopie dite "terrianisme".
Le Dr G. Lancry crée alors des jardins à Rosendal, près de Dunkerque. L'Abbé Lemire, député-maire d'Hazebrouk fonde la Ligue Française du Coin de Terre et du Foyer (LFCTF) en 1896.
Parallèlement Mme Félicie Hervieu, à Sedan, donne à son oeuvre d'assistance des familles par le travail le nom de Reconstitution de la famille-Jardins ouvriers.
En 1900, la doctrine terrianiste avait conduit à la création de 1.800 jardins ouvriers, y compris les 150 du R.P. Volpette à Saint-Etienne.

Parmi les fondateurs historiques des jardins ouvriers, outre le médecin et les ecclésiastiques précités, la littérature fait état de "dames patronnesses" et de "militantes d'oeuvres charitables", auxquelles vinrent s'adjoindre la "condescendance paternaliste" des "entreprises éclairées" de l'époque et leurs "bonnes oeuvres".

Au fil du temps, l'aspect loisir s'intégrant à la notion de production alimentaire, apparaît le terme de jardins familiaux employé indifféremment avec celui de jardins ouvriers. La tendance actuelle est de parler plus couramment de jardins familiaux dans la mesure où cela correspond mieux à l'évolution de la vocation des jardins.

Les Jardins Familiaux
[Cf. documentation communiquée par la Ligue française du coin de terre et du foyer – Fédération nationale des jardins familiaux (LFCTF–FNJF)]

HISTOIRE :
1996... : Célébration des "100 ans de jardins familiaux" par la Ligue Française du Coin de Terre et du Foyer - Fédération Nationale des Jardins Familiaux (LFCTF-FNJF), issue de la LFCTF, reconnue d'utilité publique en 1909 et devenue également en 1921, FNJF, Fédération Nationale des Jardins Familiaux, appellation simplifiée sous laquelle elle est fréquemment désignée actuellement. Durant ces 100 années d'existence, les jardins familiaux ont connu, en fonction de l'histoire, diverses variantes : jardins pour réfugiés, jardins militaires, jardins d'hôpitaux (où les blessés réapprennent à vivre), jardins industriels, jardins scolaires, jardins de patronage...

Mais les jardins familiaux, ouvriers ou sociaux puisent leur origine beaucoup plus loin dans le passé. L'homme a toujours ressenti le besoin d'un jardin pour faire vivre sa famille ; de Babylone à Rome, le jardin est présent partout ; au Moyen-Age on le trouve à l'intérieur du château-fort qui le protège... Le jardin a ainsi un rôle social et le "prêt d'un terrain" constitue une aide aux plus déshérités... En 1650 Vincent-de-Paul demande que des terres soient prêtées aux chefs de famille et qu'il leur soient remis outils et graines... Le développement industriel de la deuxième moitié du XIXe siècle et le départ des paysans vers la ville vont accentuer le besoin d'un jardin... C'est à cette époque que naissent aussi des jardins ouvriers dans toute l'Europe et aux Etats-Unis.

De nos jours, "la vigueur et la couleur des plantations potagères et florales font souvent pâlir les espaces verts des grands ensembles d'habitations voisins... !", déclare Pierre Tardif, Président de la LFCTF-FNJF. Pour ce qui est de l'aide aux personnes en difficulté, il convient de constater que – constituant un outil moderne d'intérêt collectif et de valorisation de l'espace – les jardins familiaux peuvent en outre désormais favoriser un "certain mode de réinsertion sociale en ce qui concerne les plus déshérités".

En effet, la pratique du jardinage est reconnue comme pouvant revêtir une dimension sociale et pouvant être un formidable outil répondant aux importantes préoccupations actuelles de notre société, à savoir : – la prévention de l'exclusion (création de réseaux de convivialité et de solidarité au niveau du quartier) ; – la réinsertion sociale (développement des capacités d'autonomie des familles en situation de pauvreté-précarité) ; – la réinsertion économique (économie importante en dépenses alimentaires et éventuellement source d'échanges et de revenus) ; – le développement de la démocratie participative (renforcement du développement du tissu associatif et possibilité offerte à des personnes isolées de faire entendre leurs voix et de participer à la vie de la cité).

Certaines associations créatrices de jardins familiaux se sont donné pour mission – au-delà de leur rôle classique d'assurer un prolongement indispensable au logement en immeubles collectifs – d'aider les personnes les plus en difficulté à se réinsérer dans notre société : – Association Solidarités Nationales et Internationales (Est de la France) ; – Association Les Jardins d'Aujourd'hui (Sud-Ouest de la France) ; – associations gestionnaires de Jardins Cultivons la Solidarité (répartition dans toute la France)... [Nous n'avons cité volontairement que quelques-unes des plus importantes associations adhérentes de la Fédération Nationale des Jardins Familiaux à qui il convient de s'adresser pour toutes informations complémentaires.]

"Je suis sans travail actuellement. Je vis en HLM. Quand je suis dans mon jardin, je n'ai pas l'impression d'être en ville. Je cultive des haricots, de la salade, des tomates... Je ne travaille pas toujours, dans mon jardin, parfois je ne fais rien, je regarde pousser les légumes", cette déclaration de Raymond, des Jardins pour tous, illustre le rôle social joué par les jardins familiaux.

COMMENTAIRES :

Avec les jardins familiaux, et depuis la fin du XIXe siècle, il s'avère que le règne végétal – et plus précisément ses composantes à productions légumières, fruitières ou florales – a toujours été amené à jouer un rôle social qui lui est propre et qui va bien au-delà de sa simple destinée alimentaire.

Nous illustrons notre propos par une citation empruntée à Eric Prédine : "Le Jardin ouvrier c'est la vie. J'ai vu des personnes dépressives reprendre la "pêche" en s'extasiant devant la germination de deux ou trois fèves maigrelettes. Les décalés de la vie retrouvent le sens de la réalité. L'avenir ne fait plus peur, il est prometteur de récoltes".

Les Jardins d'Aujourd'hui

[Cf. documentation communiquée par l'Association Les Jardins d'Aujourd'hui]

HISTOIRE :

"Proposer des jardins d'autosuffisance à des personnes en situation de précarité", tel est le projet de l'association Les Jardins d'Aujourd'hui, créée en 1986 à l'initiative de quatre amis au chômage confrontés à leurs propres situations de précarité.

S'étant inspirés de diverses expériences existantes (notamment au Burkina Faso), les quatre inventeurs sont convaincus que si l'aide d'urgence est nécessaire, il faut aussi et surtout aider les gens à devenir autonome. A l'origine, il s'agissait donc d'offrir aux plus démunis la possibilité – en cultivant une parcelle de terrain – d'atteindre l'autosuffisance alimentaire, et ceci sans attendre l'aumône et en produisant soi-même. Puis, rapidement il est apparu que – outre le fait de donner une autonomie à la fois financière et morale – la pratique du jardinage permet de réintégrer le tissu social par les contacts et la solidarité qui se développent entre jardiniers et avec les visiteurs des jardins.

Aujourd'hui, le concept d'utilisation des jardins comme support de politique de consolidation du tissu social et d'insertion a fait son chemin et l'association Les Jardins d'Aujourd'hui a pour rôle de favoriser les démarches d'autonomie en faveur d'un public fortement exclu. L'association mène une action sur le terrain en Gironde où elle gère des sites de jardins et s'est donné une mission nationale consistant à informer et conseiller des demandes de mise en place de projets similaires (plus de 200 jusqu'à présent, implantés à Bordeaux, Marseille, Limoges, Villeurbanne, Paris, l'Ile de la Réunion, etc.).

La mise en oeuvre des objectifs de l'association se concrétise sur le terrain par deux types de jardins : les jardins collectifs et les jardins individuels en pieds d'immeubles. Le choix du jardin collectif est privilégié lorsque la priorité est donnée à l'insertion d'un public en situation d'exclusion sociale, d'isolement. Les jardiniers s'initient à une gestion collective, soutenue par un animateur qui assure à la fois un encadrement technique et un accompagnement individualisé. Les objectifs du jardin individuel en pied d'immeuble sont de consolider les réseaux de solidarité au sein d'un quartier, d'améliorer le cadre de vie de ses habitants. Le projet est élaboré en concertation directe avec les habitants et les partenaires concernés.

Les Jardins d'Aujourd'hui – en collaboration avec Chantier Nature de Lille (Nord) – publient les dossiers documentaires *Le jardin dans tous ses états* qui analysent les parutions sur les pratiques du jardinage et toutes activités en relation avec le jardin, qui informent sur les différentes manifestations du type Festival des Jardins à Chaumont-sur-Loire (Loir-et-Cher), Festival des Jardins extraordinaires à Cernier (Suisse), Exposition Les Jardins de demain à Toulouse (Haute Garonne), etc.

On y apprend l'existence d'expériences originales :
- à New-York (Etats-Unis), au bas des tours de Manhattan, le long des avenues du Bronx ou de Brooklyn, on trouve des jardins communautaires aux vocations sociales et dominantes ethniques variées qui comptent parmi les 750 "community

gardens" de New-York ; ces jardins ont une fin alimentaire mais sont aussi le moyen de la reconquête sociale de rues qu'on croirait à première vue oubliées de la collectivité publique ;
- à Reading (Angleterre), "Thrive" – en français : bien se porter *[person]* / qui pousse bien *[plant]* / prospérer *[bussiness]* – est un lieu d'accueil pour personnes handicapées mentales ou/et physiques qui est le berceau de l'hortithérapie ou thérapie par l'horticulture consistant à améliorer la santé physique et la santé mentale à travers la gestuelle que nécessite la culture des fleurs ; une équipe de professionnels intervient en amont pour définir le parcours et la fréquence de présence des personnes dans le jardin.

L'hortithérapie est également largement développée aux Etats-Unis où existe l'American Horticultural Therapy Association.

[En France, l'hortithérapie en est à ses premiers balbutiements, par exemple à l'Institut médico-éducatif pour déficients visuels avec troubles associés "La Pépinière" à Loos-lès-Lille et à Eurêka Loisirs-Les Papillons Blancs Roubaix Tourcoing qui accueille des déficients mentaux. Citons également le "Potager-Fleurs" d'une unité de pédopsychiatrie de l'Hôpital de la Pitié-Salpêtrière à Paris.

Par ailleurs Horti Folie's, un jeu de société destiné à l'apprentissage de l'horticulture tout en s'amusant (à pratiquer à deux ou plus, que l'on soit handicapé léger, lourd ou étudiant en BTS d'horticulture) a été Lauréat du Concours Handitec 98.

Renseignements : Arplay, 2 rue de Chateaudun, 35000 Rennes].

COMMENTAIRES :

A un siècle de distance, Eric Prédine et ses amis fondateurs des Jardins d'Aujourd'hui et autres jardins sociaux ont repris – en leur donnant un très sérieux coup de jeune, en les adaptant aux idées et au monde modernes – les expériences initiées en leur temps en France par le Dr Lancry, l'Abbé Lemire, le R.P. Volpette, Mme Hervieu et Mme Changeux, mais aussi en Belgique par l'Abbé Gruel, ainsi qu'en Allemagne par le Conseiller Bielefeldt.
Les Dr Lancry et consorts n'avaient pas internet, à la différence des Jardins d'Aujourd'hui : http://www.jardinons.com

Les Jardins Cultivons la Solidarité
[Cf. documentation communiquée par la Fédération nationale des associations d'accueil et de réadaptation sociale (FNARS)]

HISTOIRE :

Il s'agit d'un réseau de jardins collectifs où sont employées des personnes en grande difficulté (RMIstes, chômeurs de longue durée, travailleurs handicapés, personnes en travail d'intérêt général, etc.), en vue d'une activité agricole de production. Les personnes concernées sont monitorées par des maraîchers-encadrants et des travailleurs sociaux.

Lesdits maraîchers-encadrants et travailleurs sociaux ont "pour premier métier d'aider les personnes en difficulté", et non de produire des légumes, le second consistant évidemment en la production de ceux-ci.

Le premier jardin du réseau Cultivons la Solidarité a vu le jour en 1992.

Une évaluation portant sur 19 jardins ayant fonctionné en 1996 donnent les informations ci-après :
- personnes "entrées" aux jardins : 522 (sur 436 postes plein temps) ;
- situation antérieure de ces personnes : 60 % RMIstes, 27 % chômeurs de longue durée, 6 % travailleurs handicapés, 6 % sous main de justice, etc. ;
- nature des contrats de travail : 85 % CES, 5 % CDD... ; durée des contrats : 10 à 12 mois ;
- équipes d'encadrement : 2,33 emplois à temps plein par jardin (les besoins estimés sont de l'ordre de 4 emplois à temps plein : 2 maraîchers-encadrants, ½ travailleur social, 1 administratif et ½ responsable). Heureusement que les bénévoles sont là !
- personnes "sorties" des jardins : 236 dont 70 (soit 30 %) vers un emploi (en majorité dans des secteurs non agricoles), 30 (soit 13 %) vers une formation, 64 (soit 27 %) en "insertion sociale" et 70 (soit 30 %) sans solution.

Le réseau – constitué de 45 jardins en 1998 – devrait en compter 60 en 1999.

"Sur le plan physique tout autant que psychologique, le jardin a incontestablement des vertus équilibrantes. Le jardinage constitue aussi une excellente initiation au travail (individuel ou collectif) conduit avec rigueur [...] et est un très bon outil d'insertion pour les personnes en difficulté", indique Jean-Guy Henckel.

Il est à noter que chaque jardin peut envisager de diversifier ses activités à travers la production de fruits ou de fleurs, la transformation (confitures...), l'élevage (volailles, lapins, chèvres...), la fabrication de compost, la production de bois pour le chauffage...

Les Jardins de Cocagne créés par l'Association Julienne Javel à Chalezeules-Besançon (Doubs) furent les premiers jardins du réseau Cultivons la Solidarité. D'autres jardins se sont ouverts à Blois (Loir-et-Cher), Valence (Drôme), Amiens (Somme), Romans (Drôme), Thaon les Vosges (Vosges), Metz (Moselle), Tarbes (Pyrénées Orientales), Nantes (Loire Atlantique), Roanne (Loire), Dôle (Jura), Poitiers (Vienne), Lons le Saunier (Jura), etc.

COMMENTAIRES :

Avec les Jardins Cultivons la Solidarité (dont certains sont dénommés Jardins de Cocagne), ne s'agit-il pas d'une action de solidarité moderne efficace – dont le règne végétal est évidemment le partenaire indispensable – en direction des personnes en très grave difficulté !

Et une participation à l'aventure des Jardins Cultivons la Solidarité est à la portée de chacun, et ceci en joignant l'utile à l'agréable [participation à l'insertion sociale de personnes en très grande difficulté d'une part – et – d'autre part consommation hebdomadaire des légumes récoltés !]

Car nous allions l'oublier... En bout de chaîne, les productions des Jardins Cultivons la Solidarité sont notamment distribuées aux adhérents du mouvement qui reçoivent toutes les semaines un panier de légumes biologiques et auxquels nous conseillons à chacun de se joindre (cotisation annuelle : environ 3.000,00 francs français).

"Qui veut mes beaux légumes bio frais et pas chers ?"

Les Jardins d'Insertion des Restaurants du Coeur
[Cf. documentation communiquée par l'Association nationale des Restaurants du Coeur]

HISTOIRE :

Peut-être moins connus que les Restos, les Jardins d'Insertion sont une création de l'Association nationale des Restaurants du Coeur.

Beaucoup des bénéficiaires des Restos sont capables de "s'en sortir" s'ils bénéficient d'une aide et plus précisément d'un accompagnement.

Les Jardins peuvent permettre un tel accompagnement de personnes en grande difficulté à travers une activité agricole de production – celle-ci étant destinée aux Restos – ressentie comme valorisante.

L'équipe d'encadrement d'un jardin est constituée d'un bénévole responsable, de bénévoles assurant un accompagnement individuel des bénéficiaires – accompagnement pendant et, si possible, après la présence au jardin – et d'un encadrant-technique (agriculteur ou horticulteur en retraite ou recrutement d'un salarié profil BTS horticole, option maraîchère, de préférence) possédant des qualités d'animateur et d'éducateur. L'équipe administrative des Restos assure le suivi de la gestion.

Les Jardins d'Insertion ne sont pas destinés à former des jardiniers, pas plus qu'à produire coûte que coûte des légumes pour les Restos. L'objectif du Jardin d'Insertion est de mettre un projet technique (le Jardin) au service du projet social (l'Insertion).

Servant de support à des actions d'aide à l'insertion, les jardins ont pour but de :

- offrir à des personnes en voie d'exclusion l'occasion de se reprendre en main et de trouver un sens à leur action (ceci dans le cadre d'une production non commercialisée de légumes destinés aux plus démunis) et d'être reconnues dans un travail valorisant ;
- aider ces bénéficiaires à rompre leur isolement en travaillant en équipe avec d'autres tout en leur donnant l'occasion de s'exprimer et de bénéficier d'un accompagnement individuel ;

- restituer des rythmes, renouer avec des habitudes de vie et des contraintes professionnelles (présence régulière, respect des horaires, respect des autres membres du groupe...) ;
- développer une certaine habileté, voire une certaine technicité, en abordant des problèmes simples ;
- pour ceux qui pourront obtenir un contrat emploi solidarité (CES), bénéficier, ne serait-ce que momentanément, du statut de salarié. (Il est à noter qu'une période d'essai étant proposée aux futurs bénéficiaires, travailler au Jardin d'Insertion devient un choix personnel).

Les aides à l'insertion sont destinées à se développer et font désormais tout autant partie des Restaurants du Coeur que celles de distribution de nourriture.

Les Restaurants du Coeur mettent à disposition un très intéressant guide plus particulièrement orienté vers la phase de réalisation des Jardins d'Insertion, document auquel sont annexées diverses fiches traitant des problèmes administratifs et financiers, des précautions juridiques qu'il convient de prendre, etc.

COMMENTAIRES :

Créés en 1985 par Coluche, les Restos se sont structurés et diversifiés. L'Association nationale des Restaurants du Coeur a mis en place Les relais du Coeur, c'est-à-dire – outre les Restos – une action Logement Restos qu'on appelle également Les Toits du Coeur, les Ateliers du Coeur et évidemment les Jardins d'Insertion qui nous préoccupent ici plus particulièrement.

Les Restos répondaient à l'origine et répondent toujours, malheureusement, à un besoin vital pour ceux que notre société semble s'être habituée à voir exister en son sein et dont la présence même a été banalisée par l'utilisation de la terminologie administrative de SDF. [Il est symptomatique de constater que SDF, sigle substantivé, a été introduit en 1992 dans le Supplément au Grand Dictionnaire Encyclopédique Larousse *1982-1985 en 15 volumes.]*

Les Jardins, complémentaires des Restos, s'insèrent dans une action globale visant à l'insertion des personnes en très grave difficulté sociale.

Les Jardins pour les Autres
[Cf. documentation communiquée par l'Association des Jardiniers de France]

HISTOIRE :

L'Association des Jardiniers de France est issue de la Société d'horticulture de l'arrondissement de Valenciennes (Nord), petite association locale créée en 1876, qui participera ultérieurement à l'essor du mouvement des jardins ouvriers.

En 1893, le concours organisé pour mettre en valeur les plus beaux jardins parmi ceux que possèdent alors des industriels, négociants et banquiers du Valenciennois prévoit une nouvelle catégorie à récompenser : "Les petits jardins d'ouvriers".

En 1898, le concours s'étend aux "Jardins mis à la disposition des ouvriers grâce à des établissements industriels, des municipalités, des administrations".

Entre temps la Société d'horticulture, parallèlement à son rayonnement, a pris le nom de Société d'horticulture et des jardins ouvriers des régions du Nord... qui deviendra Société d'horticulture et jardins ouvriers de France avec l'extension au plan national de ses activités... puis Société d'horticulture et des Jardiniers de France... et enfin Association des Jardiniers de France.

Sans perdre de vue ses objectifs initiaux, à savoir développer le jardinage familial et la transmission des savoir-faire, elle s'est adaptée aux évolutions de notre époque et s'investit notamment dans la réinsertion des personnes démunies et la formation professionnelle des demandeurs d'emploi, tout en menant des actions de défense de l'environnement et du cadre de vie.

Une cinquantaine de sites Jardins pour les Autres sont ainsi nés à l'initiative du réseau des Jardiniers de France pour venir en aide aux plus démunis.

"Ici, un site perdu au milieu du vignoble... Là, une équipe formée d'élèves d'un lycée agricole joignant l'apprentissage de la culture à celui de la citoyenneté... Ailleurs, des délégués s'appuyant sur un club du 3ème âge, un club de jeunes, une association de réinsertion, un centre d'aide par le travail (CAT) pour personnes handicapées, un foyer pour personnes sans domicile fixe (SDF), un foyer d'accueil pour anciens alcooliques en post-cure...", telle est la description faite par Francis Cheval de la diversité des sites animés par les Jardiniers de France. "S'il y a diversité des lieux – ajoute-t-il – il y a par contre une parfaite unité d'objectifs : donner".

"L'opération Jardins pour les Autres est humainement riche car elle repose sur l'initiative locale, donc sur des besoins réels. Chaque animateur y amène sa propre personnalité et son vécu du terrain, si bien que chacun des sites est parfaitement original et met en oeuvre ses propres méthodes", précise Alain Chantal.

Parallèlement, l'opération est efficace dans la mesure où les 300 à 400 personnes qui oeuvrent sur les sites y trouvent une valorisation sociale et où les produits de la récolte sont distribués à des organisations humanitaires : Restaurants du coeur, Banques alimentaires, Secours catholique, Secours populaire, etc.

L'Association des Jardiniers de France – représentée partout en France grâce à ses 6.000 délégués bénévoles – publie la revue Pour Nos Jardins qui "met le savoir de jardiniers chevronnés à la portée des débutants" et diffuse un catalogue gratuit de vente par correspondance avec une "offre de graines et produits bio".

COMMENTAIRES :

Créée le 4 septembre 1876 par des pépiniéristes et horticulteurs du Valenciennois avec pour but "d'organiser des expositions et de faire connaître les problèmes de l'horticulture et tout ce qui s'y rattache", l'ancienne Société d'horticulture de l'arrondissement de Valenciennes atteint allègrement le XXIe siècle.

Elle a su évoluer avec le temps et, avec ses 125 années d'expérience, se trouve être à l'origine de nombreuses actions sociales, dont la réinsertion des personnes en difficulté par l'opération Jardins pour les Autres, mais aussi en "favorisant l'éveil à la nature et au jardinage des enfants qui sont les jardiniers de demain".

Les Jardins Adaptés

[Cf. documentation communiquée par la Fédération Nationale des Jardins Familiaux]

Jardin pour personnes en fauteuil

L'utilisateur d'un fauteuil roulant éprouve en jardinant les plus grands problèmes à atteindre le sol et les plantes.
Le jardin doit être rendu facilement accessible. Cela veut dire que les allées doivent être durcies, que les escaliers et les pentes doivent être évitées et que les fauteuils roulants doivent pouvoir faire demi-tour.
Pour rendre accessibles les plantes, on doit soit élever le sol par moyen de cases sous lesquelles ou à côté desquelles les fauteuils peuvent rouler, soit rallonger les outils.
L'élévation des cases est importante mais aussi leur largeur de manière à ce que toute la surface jardinée soit accessible. (60 cm ou 120 cm maximum lorsque la case est accessible de deux côtés).
Lorsque l'on travaille directement dans le sol, les outils doivent être légers et facilement utilisable.

Jardin pour personnes qui ont des difficultés à se pencher
(personnes ayant des problèmes de dos)

Les cases pour les personnes qui ont des difficultés à se pencher doivent être plus élevées que celles pour les personnes dans un fauteuil roulant.
Sous la case, on garde un espace pour poser le pied. Ceci est fait pour pouvoir bien tenir son équilibre. Il est moins fatigant de travailler si on se tient bien debout que dans une position un peu penchée en avant.
Si on travaille directement dans la terre, on le fait à l'aide d'outils rallongés qui doivent être légers et facile à utiliser. Le terrain pour marcher doit être égalisé et non-glissant pour éviter des chutes.

Jardin pour handicapés visuels

Une personne aveugle ou malvoyante, lorsqu'elle pratique le jardinage, se trouve confrontée à des problèmes en ce qui concerne la reconnaissance des plantes, l'arrachement des mauvaises herbes, la plantation, etc. Tous ces problèmes peuvent être résolus. Ce qui donne le moindre des problèmes est de trouver son chemin dans son propre jardin.
Une personne aveugle ou malvoyante vit le jardin d'une façon intense : sentir les odeurs, entendre bourdonner les insectes et chanter les oiseaux. Ensuite il y a la joie de découvrir de différentes formes des fleurs, des feuilles et des fruits.
A cause des possibilités limitées des personnes aveugles, une bande de plantes qui est seulement accessible d'un seul côté ne doit pas être plus large que 60 cm.
En ce qui concerne le choix des outils, comme le contact direct avec les plantes et le sol est exigé, on prend des outils courts utilisables à la main.

*Le Petit Prince traversa le désert et ne rencontra
qu'une fleur. Une fleur a trois pétales,
une fleur de rien du tout...
– Bonjour, dit le Prince.
– Bonjour, dit la fleur.
– Où sont les hommes ? demanda poliment
le Petit Prince.
La fleur, un jour, avait vu passer une caravane :
– Les hommes ? Il en existe, je crois, six ou sept.
Je les ai aperçus il y a des années.
Mais on ne sait jamais où les trouver. Le vent les promène.
Ils manquent de racines, ça les gène beaucoup.
– Adieu, fit le Petit Prince.
– Adieu, dit la fleur.*

Antoine de Saint-Exupery

CONCLUSIONS "VÉGÉTALES"

"UN MOUVEMENT JARDINS EST EN MARCHE"

Contribution à une meilleure connaissance des aides apportées aux personnes en difficultés par les règnes animal et végétal... Les animaux (chien-guide d'aveugle, cheval équithérapeute, singe capucin pour tétraplégique, chat mascotte en établissement pour personnes âgées, etc.), on a vu ! Et les végétaux dans tout cela... ?

Au regard de la solidarité nationale, ils ne restent pas inactifs..., si l'on peut "phythoanthropomorphiquement" s'exprimer ainsi ! Avec les Jardins Familiaux, les Jardins d'Aujourd'hui, les Jardins de la Solidarité, les Jardins Cultivons la Solidarité, les Jardins de Cocagne, les Jardins d'Insertion, les Jardins pour les Autres, ne s'agit-il pas d'une véritable action de solidarité efficace – dont le règne végétal est le partenaire évidemment incontournable – en direction des personnes en très grave difficulté ?

Bien avant leur éventuelle activité productrice, la première mission des jardins familiaux et sociaux est en effet l'aide psychologique aux personnes employées au travail de la terre (RMIstes, travailleurs handicapés, chômeurs de longue durée, personnes en travail d'intérêt général et personnes exclues). Et dans cette société parfois déshumanisée qui est la nôtre, chacun – bénévole, animateur et autre travailleur social, et évidemment jardinier amateur ou professionnel – n'a-t-il pas la possibilité de participer par ce biais à une "aventure phytohumanitaire" dont les truchements ont pour noms légumes, fleurs et fruits (et plus prosaïquement radis, persil, ail, choux, laitues, haricots, pommes de terre, courgettes...).

L'aspect "phytohumanitaire" est indéniable. Le concept "aventure" aurait tendance, ici, à paraître excessif... Ladite aventure peut a priori paraitre en effet nettement moins exotique et romanesque que certaines fictions cinématographiques ou télévisuelles évoluant en paysages végétaux climax extravagants – faisant généralement abstraction des données écologiques les plus élémentaires – où, à l'écran, s'entremêlent anarchiquement népenthacées carnivores géantes et agressives, euphorbiacées arborescentes tueuses, zingiberacées aux vertus aphrodisiaques intéressantes et autres plantes hallucinogènes... [1]. Cependant on peut considérer que vouloir participer à l'aide des plus défavorisés, sur le terrain, en France, en cette aube du XXIe siècle, peut parfois encore relever socialement et administrativement d'une forme d'aventure certaine...

En outre si l'on identifie phytogéographiquement et taxinomiquement les moyens de ladite aventure supposée, on peut vite se retrouver à s'imaginer arpentant une "steppe" d'apiacées (carottes, persil, cerfeuil), parcourant une "savane" de solanacées (pommes de terre, tomates), exploitant des "plantations" de brassicacées (choux, navets, radis), survolant une "forêt" de fabacées (haricots, pois, fèves)..., le tout envahi par un enchevêtrement de lianescentes cucurbitacées indigènes (courges, courgettes, melons) !

---

[1] Au risque de décevoir, précisons cependant... que les plantes carnivores, même tropicales, sont de taille relativement réduites et que chacun peut arpenter les tourbières des Vosges ou du Jura sans crainte de se faire attaquer par une droséracée carnivore indigène en colère !... qu'il faudrait y mettre de la bonne volonté et séjourner un temps certain sous un mancenillier pour être anéanti par le suc caustique et vénéneux de cette euphorbiacée antillaise dite arbre-de-mort... que telles vertus revigorantes attribuées au gingembre sont pour le moins hasardeuses... quant à l'hallucinogénité de certaine "herbe", nous sommes convenus de rester discret !

Mais ne nous aventurons pas trop et revenons sur terre ! Les végétaux, avec la discrétion qui est la leur, – et quoi qu'ils ne sembleraient en effet pas devoir être en mesure de concurrencer le règne animal en ce domaine (2) – sont bien les partenaires de multiples réseaux d'actions destinées à faciliter l'insertion ou la réinsertion sociale des plus déshérités.

Au plan économique, les jardins familiaux et sociaux participent de ce que Guy Roustang, plaidant pour une diversification des moyens de lutte contre l'exclusion, distingue comme "l'économie du rez-de-chaussée" [monde du non-monétaire, du troc, du domestique, de l'autoproduction et lieu de transmission des savoir-faire, des apprentissages des normes sociales, du savoir-être et des solidarités essentielles], se différenciant de l'économie de marché (le premier étage) et de celle des échanges à longue distance, mondialisés (le second étage). Dans le cadre d'une telle économie plurielle, aux composantes étagées complémentaires, la vitalité de cette "économie du rez-de-chaussée" permet à certains d'acquérir ou de consolider la qualification sociale indispensable aujourd'hui à chacun pour pouvoir accéder à l'emploi, et donc à l'économie de marché.

Les rôles éducatif, économique et social des jardins familiaux peuvent – par analogie à la "thérapie facilitée par l'animal" – être assimilés à une "thérapie facilitée par le végétal", susceptible de contribuer à soutenir et réinsérer ceux que la société aurait naturellement tendance à exclure.

---

(2) R. Mugford et J.M. Comisky – cités par Elisabeth Kruczek – firent une étude sur des personnes âgées vivant seules : "L'on donna à la moitié [des personnes] des oiseaux, à l'autre des bégonias. Au bout de trois ans, les personnes ayant un animal se portaient moralement mieux que les autres". *(sic)*
Pour autant ces résultats doivent-ils être considérés comme définitifs ? Il semblerait cependant que personne n'ait songé à mettre en cause... le bégonia ! Or, peut être qu'un pétunia eût mieux convenu... ! Peut-être qu'un pelargonium eût plus égayé l'atmosphère... ? Peut-être qu'un calotropis, un cynomorium ou un lodoicea eût été plus ludique et plus détendant ?! [Pour plus amples explications, soit se reporter à une flore en utilisant la nomenclature binominale linéenne : *Calotropis procera* (Aiton) Aiton, *Cynomorium coccineum* L., *Lodoicea maldivica* (J. Gmelin) Pers., soit s'adresser directement à l'auteur].
Ne reprochons pas en l'occurrence au corps médical un manque d'imagination, regrettons simplement et humoristiquement sa quasi-absence de formation en cette science fondamentale qu'est la botanique... !

Toutes sortes de gens ont honoré les jardinages.
Empereurs, rois, princes et autres grands seigneurs, ont esté veus
travailler à ordonner de leurs propres mains, leurs jardinages,
eslisans telles peines pour soulagement en leurs grandes affaires.

OLIVIER DE SERRES

CONCLUSION GÉNÉRALE

*Et maintenant il ne faut pas
quitter la nature d'un pas.*

JEAN DE LA FONTAINE

Si la figure emblématique de l'Animal au secours de l'Homme en difficulté reste assurément le chien-guide d'aveugle – dont les auteurs font remonter l'origine à la Rome antique –, il convient de considérer que le champ des assistances animales s'est considérablement élargi et multiplié. Et ceci de l'animal de compagnie au comportement anthropomorphisé apportant une aide psychologique et sociale à la cellule familiale dont il est un membre à part entière... à l'animal de laboratoire élevé en nombre pour être sacrifié au bénéfice exclusif de la santé de l'Homme... en passant par les multiples soutiens psychologiques et pratiques spécifiques apportés tant en matière de rééducation que d'assistance aux personnes handicapées, malades, âgées en perte d'autonomie et plus généralement en difficulté sociale.

Les relations Homme / Animal ont été amenées à évoluer depuis la nuit des temps : de l'hominien pourchassé par les animaux carnassiers, puis l'homme préhistorique contraint à chasser pour se défendre, se nourrir et se vêtir, aux stades d'animal-médicament et animal-machine imposés par l'homme, pour aboutir au stade d'animal-sensible et enfin aux actuelles "urbanimalisation" et prise en compte scientifique de la relation Homme / Animal.

Si les prémices de la guidance des aveugles par le chien, de l'équitation thérapeutique, de la delphinothérapie et de l'assistance simienne jalonnent la littérature, il a fallu attendre la deuxième partie du XXe siècle pour que ces assistances potentielles puissent être élevées au rang de "Thérapie facilitée par l'animal".

Cette cothérapie actuellement reconnue – qu'elle soit d'origine équine, canine, simienne, cétacée, féline, avienne... – mérite certainement d'être étudiée et appliquée scientifiquement, et ceci avec la protection et le respect qui sont dus à l'animal.

Pour ce qui est du règne végétal – notre propos n'étant pas de traiter de la phytothérapie –, nous constatons que les jardins familiaux, plus de 100 ans après leur création, continuent à jouer un rôle social important, celui-ci ayant évolué avec les changements de notre société dans la mesure où de nos jours le jardin n'est plus l'apanage des plus déshérités mais constitue un véritable art de vivre permettant au citadin de se réapproprier la nature.

Le lecteur a la possibilité d'approfondir les différents sujets abordés, tant en matière de "Thérapie facilitée par l'animal" que de "Thérapie facilitée par le végétal", en prenant connaissance des travaux originaux dont les références bibliographiques et adresses où l'on peut se les procurer sont publiées en fin d'ouvrage.

ANNEXE

UNE *[ANCIENNE]* THÉRAPIE FACILITÉE CONJOINTEMENT PAR L'ANIMAL ET LE VÉGÉTAL

La "thérapie facilitée par l'animal" ayant fait l'objet d'un inventaire dans la première partie de cet ouvrage, ayant par ailleurs développé dans la deuxième partie ce qu'il a été convenu d'appeler par analogie la "thérapie facilitée par le végétal", il nous a paru intéressant de traiter en annexe d'un exemple de "thérapie facilitée conjointement par l'animal et le végétal". Il s'agit en fait de l'utilisation à des fins thérapeutiques de la résultante d'une transformation des herbes des pâturages par cette sorte d'alambic que constitue chaque ruminant.

En dehors de son utilisation actuelle pour le chauffage et la construction en certains pays d'Afrique et d'Asie, et de son emploi généralisé en fumure, il convient de se rappeler de la place de la bouse de vache, dans un passé relativement récent, en médecine vétérinaire et aussi – pour ce qui nous préoccupe – en médecine humaine.

Il en ressort une médication quasi-universelle dont on aurait tort de croire que son utilisation se perd dans la nuit des temps. En effet, en 1978, les autorités indiennes ont jugé utile d'informer qu'il convenait de "ne pas appliquer de bouse de vache sur les inflammations provoquées par la vaccination antivariolique".

Nos sources bibliographiques consistent essentiellement en les études ethnographiques de Joseph Vaylet (1977) et surtout de Marc Gandilhon (1978), ainsi qu'en la thèse pour le doctorat vétérinaire de Françoise Lemoine-Lavalette (1998).

Les termes désignant la bouse de vache sont ceux de l'*Atlas linguistique de la France* de Gillieron (1903) cités par Gandilhon : "Dans l'ensemble le mot buz et ses formes dialectales buzo, buza, boza, boëza sont d'usage général à quelques exceptions près géographiquement limitées : fé, flat, héms de bako, péto, merd de vac".

Nous précisons que les données cliniques (DC) des rubriques ayant trait à l'utilisation d'une part de la bouse de boeuf fraîche et d'autre part de la bouse de boeuf séchée, "DC MISE EN GARDE/PRECAUTIONS D'EMPLOI" et "DC GROSSESSE ET ALLAITEMENT", sont issues des seules imagination et fantaisie de l'auteur.

UN REMÈDE DU PASSÉ :
LA "BOUSE DE VACHE"
(Bouse de boeuf, de génisse, de vache)
par
Bernard BELIN

BOUSE DE BOEUF FRAÎCHE
buz, buzo, buza, boza, boëza,
fé, flat, héms de bako,
péto, merd de vac *[de boeuf]*

FORMES ET PRÉSENTATION
Bouse fraîche (vert kaki).

COMPOSITION
La bouse de boeuf fraîche s'entend toujours provenant d'un boeuf en bonne santé, jeune, puissant, nourri en divers prés, surtout pas en ville [N. LÉMERY - 1707].
La bouse de boeuf contient plus d'azote et de phosphates que la bouse de vache. (La vache emploie ces éléments à fournir du lait ou à produire un veau) [E. MENAULT - 1881].
Adjuvants : feuilles ou poudre de savinier.

DC INDICATIONS
Gynécologie : "Hémorroïdes qui naissent chez les femmes au col de la matrice".

DC POSOLOGIE ET MODE D'ADMINISTRATION
Application directe de bouse fraîche chaude mélangées avec des feuilles ou poudre de savinier [A. PARÉ - 1579 (avec quelques réserves) / P.A. MATTIOLI - 1680].

DC MISE EN GARDE / PRÉCAUTION D'EMPLOI (!)
La bouse de boeuf exclut la bouse de vache. La bouse de taureau est tolérée.
L'attention des sportives sera attirée sur le fait que la bouse de boeuf fraîche contient un principe actif pouvant induire une réaction positive des tests pratiqués lors des contrôles antidopage.

DC GROSSESSE ET ALLAITEMENT (!)
En l'absence de données, la bouse de boeuf fraîche est déconseillée pendant toute la durée de la grossesse et de l'allaitement.

AMM 000 000.1 (XVIe siècle, révisée au XVIIIe siècle).
Non remb. Séc. soc. : prix libre.

Laboratoires BB & TG
75017 PARIS

BOUSE DE BOEUF SÉCHÉE
bousette, coipiaux, quaipeaux,
argol, bouzat *[de boeuf]*

FORMES ET PRÉSENTATION
Bouse séchée in situ (sur prés) :
Bousette [de boeuf].
Bouse séchée in vitro :
Coipiaux, quaipeaux [de boeuf].
Gâteaux de bouses pétries et moulées séchés au soleil :
Argol, bouzat [de boeuf].

COMPOSITION
La bouse de boeuf séchée s'entend toujours provenant d'un boeuf en bonne santé, jeune, puissant, nourri en divers prés, surtout pas en ville [N. LÉMERY - 1707].
La bouse de boeuf contient plus d'azote et de phosphates que la bouse de vache. (La vache emploie ces éléments à fournir du lait ou à produire un veau) [E. MENAULT - 1881].

DC INDICATIONS
Dysenterie, coliques pituiteuses.

DC POSOLOGIE ET MODE D'ADMINISTRATION
Voie orale : l'absorption d'un bouillon contenant de la bouse de boeuf séchée délivre promptement de la colique ; l'absorption d'un bouillon contenant du jus de bouse de boeuf séchée fait que les personnes s'en trouvent mieux [N. ALEXANDRE - 1714].

DC MISE EN GARDE / PRÉCAUTION D'EMPLOI (!)
La bouse de boeuf exclut la bouse de vache. La bouse de taureau est tolérée.
L'attention des sportifs sera attirée sur le fait que la bouse de boeuf contient un principe actif pouvant induire une réaction positive des tests pratiqués lors des contrôles antidopage.

DC GROSSESSE ET ALLAITEMENT (!)
En l'absence de données, la bouse de boeuf séchée est déconseillée pendant toute la durée de la grossesse et de l'allaitement.

PP PHARMACOCINÉTIQUE
Une étude clinique ayant consisté à faire absorber à plusieurs personnes, à leur insu, soit le bouillon avec bouse séchée, soit le bouillon avec jus de bouse séchée, a mis en évidence les effets positifs de la bouse de boeuf [N. ALEXANDRE - 1714].

AMM 000 000.2 (XVIIIe siècle, révisée au XXe siècle).
Non remb. Séc. soc. : prix libre.

Laboratoires BB & TG
75015 PARIS

BOUSE DE GÉNISSE FRAÎCHE
buz, buzo, buza, boza, boëza,
fé, flat, héms de bako,
péto, merd de vac*[hette]*

FORMES ET PRESENTATION
Bouse fraîche (vert clair).

COMPOSITION
La bouse de génisse fraîche s'entend toujours provenant d'une génisse en bonne santé, puissante, nourrie en divers prés, surtout pas en ville [N. LÉMERY - 1707].
Adjuvants : Cloportes.

DC INDICATIONS
Coups de soleil .

DC POSOLOGIE ET MODE D'ADMINISTRATION
Application directe de bouillie de cloportes cuite dans de la bouse fraîche de génisse [C. BINET].

AMM 000 000.3 (XVIe siècle, révisée au XXe siècle).
Non remb. Séc. soc. : prix libre.

Laboratoires BB & TG
75017 PARIS

BOUSE DE VACHE FRAÎCHE
buz, buzo, buza, boza, boëza, fé, flat, héms de bako, péto, merd de vac

FORMES ET PRESENTATION
Bouse fraîche (vert kaki).

COMPOSITION
La bouse de vache fraîche s'entend toujours provenant d'un animal (vache, taureau, boeuf) en bonne santé, jeune, puissant, nourri en divers prés, surtout pas en ville [N. LÉMERY - 1707] ou, comme on le conseille en Inde, d'une vache qui se déplace beaucoup, maigre, mais plus résistante que la vache d'étable.

Adjuvants : eau de mauve, bon vin, vinaigre, fleurs de rose, fleurs de camomille, fleurs de mélilot, feuilles de vigne, feuilles de choux, grains d'orge, lait, crème, beurre, graisse de porc, lièvre.

DC INDICATIONS
① **Bouse fraîche :**
- Asthme bronchique.
- Diabète.
- Maux d'oreille, brûlures, érysipèle du nourrisson, coupures, plaies saignantes, maux de gorge, douleurs de sciatique, douleurs de piqûres d'abeilles, mouches à miel, frelons, araignées et autres.
- Gynécologie : Hémorragies survenues lors d'un accouchement.
- Engelures, maladies de la peau, lèpre.
- Maux de dents.
- Abcès et furoncles.
- Douleurs de goutte.
- Entorse, enflure des pieds, méningite.
② **Bouse fraîche chauffée :**
- Hydropisies.
- Inflammations causées par des plaies.
- Ecrouelles et glandes scrofuleuses, abcès, furoncles et panaris.
③ **Bouse fraîche cuite ou calcinée :**
- Tumeurs.
- Douleur de sciatique.
- Enflures du visage.
- Inflammation et phlegmons des testicules.
- Enflures des pieds.
- Rhumatismes.
- Engorgements lymphatiques accompagnés de phlegmons.
④ **Bouse plus très fraîche :**
- Rhumatismes et goutte.

DC POSOLOGIE ET MODE D'ADMINISTRATION
① **Bouse fraîche :**
- *Asthme bronchique* :
Voie orale : Bouse fraîche utilisée en une "certaine dilution" [Inde].
- *Diabète* :
Voie orale : mélange de grains d'orge donnés à manger aux vaches et ressortis non digérés, avec un peu de bouse accompagnant ces grains [W. MALLISON - Inde].
- *Maux d'oreille* [VAN GENNEP - Dauphiné - XIXe siècle], *brûlures* [Kikuyu - K. BLIXEN / Morvan], *érysipèle du nourrisson* [Dr C. BARRAUD - 1928], *coupures, plaies saignantes* [Ch. LANDRÉ - 1573 / A. PARÉ - 1841], *maux de gorge* [Haute-Bretagne], *douleurs de sciatique* [P.A. MATTIOLI, B. GUNDA], *douleurs de piqûres d'abeilles, mouches à miel, taons, frelons, araignées et autres* :
Application directe de bouse fraîche sans adjuvant.
- *Gynécologie* : Hémorragies survenues lors d'un accouchement [Rouergue - XIXe siècle] :
Application directe de bouse fraîche sans adjuvant.
- *Engelures, maladies de la peau, lèpre* :
Enfoncer le membre souffrant directement dans la bouse fraîche [XIXe siècle - Grèce, Inde, Sibérie].
- *Maux de dents* :
Cataplasme de bouse fraîche retenu par un grand mouchoir de campagne entourant le visage et noué sur le crâne [VAN GENNEP - XIXe siècle - Dauphiné].
- *Abcès et furoncles* :
Cataplasme avec un mélange de bouse fraîche et de crème entre deux feuilles de choux.
- *Douleurs de goutte* :
Cataplasme de bouse fraîche mélangée avec du beurre [A. AYMAR - 1911].
- *Entorse, enflure des pieds, méningite* :
Cataplasme obtenu par mixtion de bouse fraîche avec de l'eau de mauve [Pr LOUKATOS - Grèce] ou avec du vin [N. ALEXANDRE - France].
② **Bouse fraîche chauffée :**
- *Hydropisies* :
Cataplasme de bouse fraîche chauffée appliquée sur l'enflure [A. PARÉ - 1841 / Auvergne].
- *Inflammations causées par des plaies* :
Cataplasme de bouse fraîche, enveloppée dans des feuilles de vigne ou de choux, chauffée dans la cendre [Ch. LANDRÉ - 1573 / A. PARÉ - 1841].
- *Écrouelles* [CHOMEL et A. PARÉ] *et glandes scrofuleuses, abcès* [M. NIKITINE - 1930], *furoncles et panaris* [XIXe siècle - Bourbonnais] :
Suppuration provoquée par cataplasme de bouse fraîche chauffée, mêlée avec du vinaigre.
③ **Bouse fraîche cuite ou calcinée :**
- *Tumeurs* :
Cataplasme de bouse fraîche cuite dans une poêle avec des fleurs de camomille.
- *Douleur de sciatique* :
Cataplasme de bouse fraîche cuite avec des feuilles de vigne ou de choux.
- *Enflures du visage* :
Cataplasme de bouse fraîche fricassée avec un peu de lait sur la partie enflée, trois ou quatre fois par jour [Abbé SOL - Quercy].
- *Inflammation et phlegmons des testicules* [N. ALEXANDRE (1714) et A. PARÉ] :
Application sur les testicules de la bouse fraîche fricassée dans une poêle avec des fleurs de roses, de camomille et de mélilot.
- *Enflures des pieds* :
Cataplasme obtenu "en mettant de la fiente de vache ou de boeuf fraîche dans un pot avec du bon vin, en faisant bouillir jusqu'à ce qu'il s'épaississe et en appliquant sur le mal, le plus chaud qu'on le pourra souffrir, continuant trois ou quatre fois" *(La médecine et la chirurgie des pauvres).*
- *Rhumatismes* :
Voie orale : pincées de poudre d'un mélange "lièvre et bouse fraîche" cuit au four dans une terrine en terre cuite avec couvercle jusqu'à carbonisation, puis pilés finement [XVIIe siècle].
- *Engorgements lymphatiques accompagnés de phlegmons* :
Cataplasme de bouse fraîche cuite dans un poêlon avec de la graisse de porc [Dr MAIGROT - 1782].

④ **Bouse plus très fraîche :**
- *Rhumatismes et goutte* :
  Enfouir rhumatisant ou goutteux jusqu'au cou dans le tas de bouse de la cour de la ferme [B. GUNDA - Hongrie].

DC CONTRE-INDICATIONS
Ne pas appliquer sur les inflammations provoquées par la vaccination antivariolique [Inde - R. GANDILHON - 1978].

DC MISE EN GARDE ET PRECAUTION D'EMPLOI
En cas de persistance des troubles, la situation doit être évaluée par un médecin.

DC EFFETS INDÉSIRABLES
A été rapporté un cas où un cataplasme de bouse, placé sur un bouton, aurait entraîné la mort du malade du tétanos.

PP PHARMACODYNAMIE (!)
Au XIXe siècle, en Afrique Orientale, un médecin indigène *(sic)* soigne un Cafre blessé d'un coup de fusil par une balle pénétrant dans le huitième espace intercostal du côté droit sortant du côté gauche sous la dernière fausse côte. Le praticien, utilisant une corne de vache dont la pointe avait été coupée, inséra le petit bout dans un des orifices de la plaie et expulsa en soufflant les malpropretés qui pouvaient s'y trouver. Il ramassa des bouses de vache et en fit deux cataplasmes qu'il apposa sur les deux plaies. L'état général était bon au bout du six jours et la guérison assurée quelques jours plus tard *[Revues scientifiques, Chirurgie des sauvages (sic), 1901, n°2]*.
En 1925, à Réalmont (Tarn), la fillette d'un cultivateur s'était enfoncée dans le pied les dents d'une fourche. Le père enduisit largement ledit pied avec de la bouse fraîche et enveloppa le tout avec un linge. La guérison suivit et il n'y eut pas d'infection [Dr L. CHABBERT d'Albi à R. GANDILHON].

AMM 000 000.4 (XVIIIe siècle, révisée au XXe siècle).
Non remb. Séc. soc. : prix libre.

Laboratoires BB & TG
75017 PARIS

BOUSE DE VACHE SÉCHÉE
bousette, coipiaux, quaipeaux, argol, bouzat

FORMES ET PRÉSENTATION
Bouse séchée in situ (sur prés) :
Bousette.
Bouse séchée in vitro :
Coipiaux, quaipeaux.
Bouses pétries et moulées en gâteaux séchés au soleil :
Argol, bouzat

COMPOSITION
La bouse de vache séchée s'entend toujours provenant d'un animal (vache, taureau, boeuf) en bonne santé, jeune, puissant, nourri en divers prés, surtout pas en ville [N. LÉMERY - 1707].
Adjuvants : Oignons de lys, Miel.

DC INDICATIONS
- Rhume de cerveau
- Varices, inflammations et menaces de suppuration.
- Fortifiant.

DC POSOLOGIE ET MODE D'ADMINISTRATION
- *Rhume de cerveau* :
  La fumigation des voies respiratoires à partir de la combustion de bouses est excellente pour guérir les rhumes de cerveau [P.J. HÉLIAS - Bretagne - 1976].
- *Varices, inflammations et menaces de suppuration* :
  Application locale de la pommade obtenue en cuisant, avec des cendres de bouses, des oignons de lys récoltés soit à l'automne, parce qu'à ce moment là, la plante a fait provision de tout ce qu'elle pouvait puiser dans la terre, soit au printemps juste avant que les réserves soient utilisées pour fabriquer feuilles et fleurs, mélange additionné d'un peu de miel de montagne [PLINE].
- *Fortifiant* :
  Bains donnés aux enfants malingres ou se développant mal, dans de l'eau où l'on a fait bouillir préalablement des cendres de bouse placées dans un sac en tissu [I. WELLMANN - Hongrie]

DC CONTRE INDICATIONS
En Vendée, la fumigation des voies respiratoires à partir de la combustion de bouse "altère la santé des hommes" [J. CAVOLEAU - 1844].

DC MISE EN GARDE ET PRECAUTION D'EMPLOI
"Une femme devient grosse si, couchant avec son époux, elle a sur elle de la bouse de vache et de la corne de cerf réduites en poudre" *(Les Secrets du Grand Albert).*

AMM 000 000.5 (IVe siècle, révisée au XVIIIe siècle).
Non remb. Séc. soc. : prix libre.

Laboratoires BB & TG
75017 PARIS

EAU DE MILLE FLEURS BVF
distillat de bouse de vache fraîche

FORMES ET PRÉSENTATION
Solution buvable (flacon).

COMPOSITION
Distillat, au mois de mai, de bouse fraîche ramassée à cette époque de l'année où la vache, nourrie au pré, broute un grand nombre d'espèces de fleurs et où "les bouses ont alors une odeur agréable contenant, d'après les chimistes, du benjoin" [M. ETTNULLER - 1691].

DC INDICATIONS
- Coliques néphrétiques, rétention d'urine et fièvre, hydropisie, rhumatismes, goutte de sciatique.
- Plaies.

DC POSOLOGIE ET MODE D'ADMINISTRATION
- *Coliques néphrétiques, rétention d'urine et fièvre* [J SCHRÖDER - 1649], *hydropisie, rhumatismes, goutte de sciatique* [N. LÉMERY - 1843] :
  Voie orale (Posologie essentiellement individuelle).
- *Plaies :*
  Application

AMM 000 000.6 (XVIIe siècle, révisée au XIXe siècle).
Non remb Séc. soc. : prix libre.

Laboratoires BB & TG
75017 PARIS

DC DONNÉES CLINIQUES
PP PROPRIÉTÉS PHARMACOLOGIQUES

EAU DE MILLE FLEURS UV
urine de vache

FORMES ET PRÉSENTATION
Solution buvable (flacon).

COMPOSITION
Urine recueillie au mois de mai, époque de l'année où la vache nourrie au pré, broute un grand nombre d'espèces de fleurs, et où "l'urine est un véritable extrait des parties salines les meilleures et les plus salutaires des plantes que les animaux ont mangées" [N. LÉMERY - 1707].

DC INDICATIONS
- Maux d'oreille, affections des yeux
- Asthme.
- Jaunisse, rhumatismes, goutte, sciatique, hydropisie.
- Goître.
- Ver solitaire.

DC POSOLOGIE ET MODE D'ADMINISTRATION
- *Maux d'oreille* [S. DALE - 1751], *affections des yeux* [J. de LA CHESNAYE - Bas-Poitou - 1908] : Application d'une solution aqueuse d'urine de vache (posologie essentiellement individuelle).
- *Asthme, jaunisse, rhumatismes, goutte, sciatique, hydropisie* [N. LÉMERY - 1697], *goître* [G. LÉVI-PINARD - XVIIIe siècle], *ver solitaire* [A. BARDET - 1934] : Voie orale : absorption, le matin, d'un verre d'urine de vache pure.

AMM 000 000 7 (XVIIe siècle, révisée au XXe siècle).
Non remb Séc soc. : prix libre.

Laboratoires BB & TG
75017 PARIS

EAU DE TOUTES FLEURS DE BATEUS
distillat de bouse de vache fraîche

FORMES ET PRÉSENTATION
Solution buvable (flacon).

COMPOSITION
Distillat, au mois de mai, d'un mélange de 1/3 de limaçons avec leur coquille et de vin blanc et de 2/3 de bouse fraîche ramassée à cette époque de l'année où la vache, nourrie au pré, broute un grand nombre d'espèces de fleurs et où "les bouses ont alors une odeur agréable contenant, d'après les chimistes, du benjoin" [M. ETTNULLER - 1691].

DC INDICATIONS
Hydropisie, rhumatismes, goutte de sciatique, rougeurs, démangeaisons, taches de visage [N. LÉMERY - 1843]

DC POSOLOGIE ET MODE D'ADMINISTRATION
Voie orale (Posologie essentiellement individuelle)

AMM 000 000.8 (XVIIe siècle, révisée au XIXe siècle).
Non remb. Séc. soc. : prix libre

Laboratoires BB & TG
75017 PARIS

Nous regardions pendant des heures, les vaches ; nous regardions choir, éclater les bouses ; on pariait à celle qui fienterait la première.

ANDRE GIDE

N'oubliez pas de consulter les MISES A JOUR CUMULATIVES

Il se peut qu'existent des spécialités pharmaceutiques plus actuelles !

ADRESSES

Association des amis de l'aquarium du Musée national des arts d'Afrique et d'Océanie (MAAO), 293 avenue Daumesnil, 75012 Paris

Association des amis des ânes (ADADA), 66 avenue de Lyon, 63600 Ambert

Association des jardiniers de France, 40 route d'Aulnoy, 59308 Valenciennes

Association française d'information et de recherche sur l'animal de compagnie (AFIRAC), 32 rue de Trévise, 75009 Paris

Association nationale des Restaurants du Coeur, 8 rue d'Athènes, 75009 Paris

Association nationale pour l'éducation des chiens d'assistance pour handicapés (ANECAH), 137 bis rue Nationale, 75013 Paris

Centre d'étude, de sélection et d'élevage de chiens-guides pour aveugles et autres handicapés (CESECAH), Montsablé, 63190 Lezoux

Centre de recherche sur les mammifères marins, Institut de la mer et du littoral, Port des Minimes, 17000 La Rochelle

Centre de rééducation et de réadaptation fonctionnelles de Kerpape, PAST (Programme d'aide simienne en faveur des personnes tétraplégiques), 56270 Ploemeur

Chantier Nature, 16 place Cormontaigne, 59000 Lille

Comité national de coordination de l'action en faveur des personnes handicapées (CCAH), 36 rue de Prony, 75017 Paris

Conseil national de la protection animale (CNPA), 10 Place Léon Blum, 75011 Paris

Ecole de kinésithérapie et d'ergothérapie de Nancy, 57 bis rue de Nabécor, 54000 Nancy

Ecole du chat (Comité de défense des bêtes libres), 110 rue de Championnet, 75018 Paris

Ecole du service de santé des armées de Lyon, 331 avenue du Général de Gaulle, 69500 Bron

Ecole nationale vétérinaire d'Alfort, 7 avenue du Général de Gaulle, 94700 Maisons-Alfort

Ecole nationale vétérinaire de Lyon, 1 avenue Bourgelat, 69280 Marcy L'Etoile

Ecole nationale vétérinaire de Nantes, Route de Gachet, BP 40706, 44307 Nantes Cedex 03

Ecole nationale vétérinaire de Toulouse, 23 chemin des Capelles, 31000 Toulouse

Fédération Handi-Cheval, 42 avenue Pierre Mendès-France, BP 144, 79204 Parthenay Cedex

Fédération nationale de thérapie avec le cheval (FENTAC), 23 rue Massue, 94300 Vincennes

Fédération nationale des associations d'accueil et de réadaptation sociale (FNARS), 76 rue du Faubourg Saint Denis, 75010 Paris

Fédération nationale des associations et écoles de chiens-guides d'aveugles (FNECGA), 71, rue Bagnolet, 75020 Paris :

— Ecole de chiens-guides d'aveugles du Centre-Est, Domaine de Cibeins, 01600 Misérieux

- Ecole de chiens-guides d'aveugles de Provence-Côte d'Azur, 44 boulevard Auguste Raynaud, 06000 Nice
- Ecole de chiens-guides d'aveugles du Midi, Chemin des Aubépines, 13090 Aix-En-Provence
- Ecole de chiens-guides d'aveugles de l'Ouest, Promenade de la Baumette, 49000 Angers
- Ecole de chiens-guides d'aveugles des Flandres, Centre Paul Corteville, 69 rue Voltaire, 59290 Wasquehal
- Ecole de chiens-guides d'aveugles de Paris et de la Région Parisienne, 105 avenue de Saint Maurice, 75012 Paris
- Ecole de chiens-guides d'aveugles d'Ile-de-France, 3 rue Eugène Dorlet, 77170 Coubert
- Ecole limousine de chiens-guides d'aveugles, Grossereix, 87280 Limoges

Ferme du Vieux Sapin (Chambres d'hôtes / Table d'hôtes), 45 route de Planois, 88250 La Bresse (Vosges)

Les Jardins d'Aujourd'hui, 24 rue Louis Pasteur, 33220 Sainte-Foy-La-Grande

Fondation Brigitte Bardot, 45 rue Vineuse, 75016 Paris

Fondation 30 Millions d'amis, 3 rue de l'Arrivée, 75015 Paris

Ligue française des droits de l'animal, 39 rue Claude Bernard, 75005 Paris

Ligue française du coin de terre et du foyer-Fédération nationale des jardins familiaux (LFCTF-FNJF), 11 rue Desprez, 75014 Paris

Sauvegarde du Baudet du Poitou (SABAUD), Zoorama européen de Chizé, 79360 Villiers En Bois

Société d'ethnozootechnie (ESZ), 16 bis boulevard Cote Blatin, 63000 Clermont-Ferrand

Société protectrice des animaux (SPA), 39 boulevard Berthier, 75017 Paris

Traits de génie (Chevaux, Ânes et Mulets), 19 bis rue Alexandre Dumas, 80000 Amiens

Université d'Auvergne Clermont I, 28 place Henry Dunant, 63000 Clermont-Ferrand

Université de Bretagne Occidentale - UFR de médecine, 22 avenue Camille Desmoulin, Site 4, BP 815, 29285 Brest Cedex

Université de Rennes I - UER médicales et pharmaceutiques, Faculté de médecine, Avenue du Professeur Léon Bernard, 35043 Rennes Cedex

Université Joseph Fourier-Grenoble I - UFR de pharmacie, Domaine de la Merci, Place Commandant Nalle, 38700 La Tronche

Université Paris V René Descartes - Faculté des sciences humaines et sociales-Sorbonne, 12 rue Cujas, 75005 Paris

Université Paris VII - Faculté de médecine Xavier Bichat, 16 rue Henri Huchard, BP 416, 75870 Paris Cedex 18

Université Paris XI - Faculté de médecine de Kremlin Bicêtre, 63 rue Gabriel Péri, 94276 Le Kremlin Bicêtre Cedex

Université Strasbourg I - UFR Sciences médicales, 4 rue Kirschleger, 67085 Strasbourg Cedex

Wouaf 'Signes (chez Sandrine Herman), 120 boulevard Vincent Auriol, 75013 Paris

BIBLIOGRAPHIE [1]

ACHARD Paul, *Hommes et chiens du Grand-Saint-Bernard*, Paris, Les Editions de France, 1937, 242 p.

AFIRAC, *La présence animale : un élément de qualité de vie*, Paris, AFIRAC, Rencontres à Nantes, 28/29 septembre 1998, 31 p.

AILLERY Pascal, *Les propriétaires de Labrador : étude sociologique d'après enquête*, Thèse pour le diplôme d'Etat de vétérinaire, Ecole nationale vétérinaire de Nantes, Année 1996, 114 p., 53 réf. biblio.

ANONYMES, *Le Roman de Renart* (Edition publiée sous la direction d'Armand Strubel), Paris, NRF Gallimard, Bibliothèque de la Pléiade, 1998, 1.515 p. [Branche Ia, p. 3 ; Branche XIV, p. 494]

ARISTOTE, *Histoire des animaux* (Traduction de Pierre Louis), Paris, Denoël / Les Belles Lettres, 1974, 2 tomes, 412 p. [Livre IX, 48, pp. 204-205]

ARMENGAUD Françoise, "L'urbanimalisation et les droits de l'animal", in *Universalia, Encyclopædia Universalis*, Additif 1979, pp. 440-443.

---

[1] Il convient en outre de se référer aux bibliographies des ouvrages cités.

AUFFRET Fabien, *Généalogie des chiens-guides d'aveugles français*, Thèse pour le diplôme d'Etat de docteur vétérinaire, Ecole nationale vétérinaire de Nantes, Année 1995, 285 p, 21 réf. biblio.

AYMON Natacha (Dossier coordonné par), "L'animal, un thérapeute pas si bête", in *Le journal des psychologues*, n° 165, Mars 1999, pp. 21-51, photos.

BALTIQUE, *Aboitim 1*, Paris, Hachette / Carrère, 1996, 223 p. [p. 187] – *Aboitim 2*, Paris, Edition°1, 1997, 231 p. – *Aboitim 3*, Paris, Edition°1, 1998, 217 p.

BAMAS Patricia, *La femme et l'animal dans l'art sacré : introduction à l'étude symbolique des animaux autour des déesses*, Thèse pour le doctorat vétérinaire (diplôme d'Etat), Ecole nationale vétérinaire de Toulouse, Année 1995, 200 p., illustr., 48 réf. biblio.

BAUDELAIRE Charles, *Oeuvres complètes*, Genève, Editions Famot, 1975, 1.023 p., illustrations. [Les fleurs du mal, LXXVI, p. 214 ; Le spleen de Paris, L, p. 488]

BIDAUD Dominique, *L'animal, adjuvant thérapeutique*, Thèse pour le diplôme d'Etat de docteur en pharmacie, Université d'Auvergne Clermont I, Année 1992, 127 p., 46 réf. biblio.

BOISSY Raymond, *L'Âne de gloire*, Edité par l'auteur (Imprimerie Centrale Usseloise, 19000 Ussel), 1994, 160 p., photos, illustrations.

BONAN Georges, *Les rapports entre l'enfant et le chien. Rôle du vétérinaire dans la relation*, Thèse pour le doctorat vétérinaire, Ecole nationale vétérinaire d'Alfort, 1995, 94 p., 60 réf. biblio.

BOUCHARD Caroline, DELBOURG Christine, *Les effets bénéfiques des animaux sur notre santé*, Paris, Albin Michel, 1995, 264 p, 105 réf. biblio. [pp. 64-68]

BOUREL Michel (Rapport présenté par), "La thérapie cellulaire xénogénique chez l'Homme. Rapport de l'Académie nationale de médecine et de l'Académie nationale de pharmacie", in *Bulletin de l'Académie nationale de médecine* (Extrait du), 1998, 182, n° 2, 41 p., 48 réf. biblio.

BRUNETAUD Jean-Claude, *L'homme et l'animal : les deux passions d'Ange Condoret,* Thèse pour le doctorat vétérinaire, Ecole nationale vétérinaire d'Alfort, Année 1991, 74 p.et annexe, photos, illustrations, 32 réf. biblio.

BURGAT Florence, *La protection de l'animal,* Paris, PUF, Que sais-je ?, n° 3147, 1997, 126 p.

BUSNEL Michel, *Programme d'aide simienne aux personnes tétraplégiques (PAST),* Ploemeur, Centre mutualiste de Kerpape, 1995, 5 p., Annexes.

CADOREL Stéphane, *Evolution des rapports de l'homme avec l'animal et la nature : de l'exploitation à la protection,* Thèse pour le doctorat vétérinaire (diplôme d'Etat), Ecole nationale vétérinaire de Toulouse, Année 1993, 223 p., 51 réf. biblio.

CHAPOUTHIER Georges, *Les droits de l'animal,* Paris, PUF, Que sais-je ?, n° 2670, 1992, 128 p.

CHAPOUTHIER Georges, NOUËT Jean-Claude (Textes de F. Armengaud, A. Kastler, C. Lévi-Strauss [p. 98], Th. Maulnier [p. 25], Th. Monod [p. 44], E. Wolff [p. 17], M. Yourcenar... réunis par), *Les droits de l'animal aujourd'hui,* Arléa-Corlet, Collection Panoramiques, Ligue française des droits de l'animal, 1997, 244 p.

CHATEAUBRIAND, "Génie du christianisme", in *Essai sur les révolutions, Génie du christianisme,* Paris, NRF Gallimard, Bibliothèque de la Pléiade, 1978, 2.089 p., [IVème partie, livre III, chapitre V, p. 963].

CHRISTOPHE Nicolas, *L'intégration des animaux familiers dans les institutions de retraite en France,* Thèse pour le diplôme d'Etat de vétérinaire, Ecole nationale vétérinaire de Nantes, Année 1995, 117 p., photos, 50 réf. biblio.

CLERFEUILLE Fabrice, *Contribution à l'étude du choix, du dressage et des rapports avec son maître du chien-guide d'aveugle,* Thèse pour le diplôme d'Etat de vétérinaire, Ecole nationale vétérinaire de Nantes, Année 1988, 307 p., photos, illustrations, 105 réf. biblio.

CONDORET Ange, *Compagnons pour la vie*, Paris, Editions Solar, 1970, 251 p.

CONDORET Ange, *L'animal compagnon de l'enfant*, Paris, Editions Fleurus, 1973, 208 p.

CORDOÜE (de) Agnès, *Toxicologie animale et prévision de dangerosité : l'animal au service de l'homme*, Thèse pour le doctorat de médecine (diplôme d'Etat), Université Paris VII-Faculté de médecine Xavier Bichat, Année 1992, 112 p. et annexes, 70 réf. biblio.

CURTI Joël, *Apports pédagogiques, psychologiques et thérapeutiques de l'animal de compagnie*, Thèse pour le doctorat vétérinaire (diplôme d'Etat), Ecole nationale vétérinaire de Toulouse, Année 1998, 98 p., 69 réf. biblio.

CYRULNIK Boris (Sous la direction de), *Si les lions pouvaient parler. Essais sur la condition animale*, Paris, Gallimard, 1998, 1.540 p., 80 documents.

DAUBRÉE Charlotte, *Etude de cinq cas cliniques d'enfants présentant un syndrome autistique et leur relation à l'animal : le poney*, Thèse pour obtenir le grade de docteur vétérinaire, Ecole nationale vétérinaire de Lyon, 1997, 132 p., dessins, 41 réf. biblio.

DEFONSECA Misha, *Survivre avec les loups*, Paris, Robert Laffont, 1997, 242 p.

DEFRADAS Jean, *Les thèmes de la propagande delphique*, Paris, Les Belles Lettres, 1972, 305 p.

DEWAULLE Christelle, *Contribution à l'étude des risques liés à la présence animale en milieux scolaire et préscolaire de France métropolitaine : essai d'enquête auprès des médecins scolaires*, Thèse pour le doctorat vétérinaire (diplôme d'Etat), Ecole nationale vétérinaire de Toulouse, Année 1997, 149 p., 80 réf. biblio.

DIDEROT (Mis en ordre et publié par), *Encyclopédie ou Dictionnaire raisonné des sciences, des arts et des métiers par une société de gens de lettres*, Tome Cinquième (DO-ESY), A Paris, De l'Imprimerie de Le Breton, Imprimeur ordinaire du Roy, rue de la Harpe, M. DCC. LV, XVIII p., 1.012 p. [p. 894]

DIGARD Jean-Pierre, *Les Français et leurs animaux*, Paris, Fayard, 1998, 281 p., photos.

DOLTO Françoise, "Influence des animaux et des plantes", in *L'école des parents*, Août / Septembre 1953, pp. 257-274.

DUFOURMONT-BARIAUD Patricia, *Le Centre national de sélection et d'élevage de chiens-guides d'aveugles. Présentation et analyse du projet*, Thèse pour le doctorat vétérinaire, Ecole nationale vétérinaire d'Alfort, Année 1994, 106 p., 43 réf. biblio.

ELBAZ Jean-Marc, *Un nouveau chien d'assistance : le chien pour handicapés moteurs*, Thèse pour le doctorat vétérinaire, Ecole nationale vétérinaire d'Alfort, 1995, 90 p., photos, 62 réf. biblio.

FABRE Agnès, *Interactions psychopathologiques et comportementales entre le maître et l'animal de compagnie : conséquences et applications en médecine vétérinaire*, Thèse pour obtenir le grade de vétérinaire, Ecole nationale vétérinaire de Lyon, Année 1992, 145 p., 83 réf. biblio.

FAURET Pierre, *Les animaux dans les métamorphoses de la mythologie gréco-latine,* Thèse pour le doctorat vétérinaire (diplôme d'Etat), Ecole nationale vétérinaire de Toulouse, Année 1991, 108 p., illustration, 39 réf. biblio.

FOUQUET Patrick, *L'homme et l'animalité. Contribution à une "ménagerie psychique"*, Thèse pour le doctorat vétérinaire, Ecole nationale vétérinaire d'Alfort, Année 1997, 110 p., illustration, 56 réf. biblio.

FOURRÉ Guy, "Le Baudet du Poitou", in *Ça n'existe pas ailleurs qu'en Poitou-Charentes et Vendée !*, Edité par l'auteur (152 rue Jean Jaurès, 79000 Niort), 1996, 367 p., photos. [pp. 17-98]

FRANZETTI Isabelle, *Contribution à la sélection de reproducteurs pour constituer un élevage de chiens-guides pour aveugles,* Thèse pour obtenir le grade de docteur vétérinaire, Ecole nationale vétérinaire de Lyon, Année 1997, 161 p., 87 réf. biblio.

FUKS Vanessa, *Les équipes cynotechniques de la Brigade de Sapeurs-Pompiers de Paris*, Thèse pour le doctorat vétérinaire, Ecole nationale vétérinaire d'Alfort, Année 1998, 146 p., photos, 54 réf. biblio.

FUSTINONI Carol, *SIDA et animaux de compagnie : A quelles conditions ?* Thèse pour obtenir le grade de docteur en pharmacie, Université Joseph Fourier-Grenoble 1, Année 1997, 154 p., illustrations, 78 réf. biblio.

GAGNON Anne-Claire, *Le chien et l'enfant : La grande famille,* Thèse pour le doctorat vétérinaire (diplôme d'Etat), Ecole nationale vétérinaire de Toulouse, Année 1985, 77 p., 68 réf. biblio.

GANDILHON René, "La bouse de vache : Etude d'ethnologie", in *Mémoires de la Société d'agriculture, commerce, sciences et arts de la Marne*, 1978, pp. 271-306, 321 notes bas de page.

GASTAL Antoine, *Etude rétrospective des couples maître handicapé / chien d'assistance formés entre 1991 et 1995,* Thèse pour le doctorat en médecine (diplôme d'Etat), Université de Clermont-Ferrand-Faculté de médecine, 1998, 112 p. et Annexes.

GENDREY Alexandra, *Relation Enfant Animal,* Thèse pour le doctorat en médecine (diplôme d'Etat), Université de Bretagne Occidentale-Faculté de médecine de Brest, Année 1998, 91 p., 40 réf. biblio.

GIDE André, *Les nourritures terrestres, Les nouvelles nourritures,* Paris, Gallimard, 1972, 246 p. [Livre Cinquième, III, p. 105]

GIROUILLE Michel, *Des chiens au service des hommes*, Paris, Robert Laffont, 1993, 216 p., photos col.

GRANDIDIER Gérard, "Les équipes cynophiles de la sécurité civile – La préparation des chiens des équipes cynophiles de recherche et de sauvetage", in *Recueil de médecine vétérinaire spécial chien de sport*, 1991, 167 (7/8), pp. 623-627, pp. 723-725, 18 réf. biblio.

GRANDIN Temple, *Ma vie d'autiste,* Paris, Edition Odile Jacob, 1997, 201 p.

GRIMAL Pierre, *Dictionnaire de la mythologie grecque et romaine*, Paris, PUF, 1999, 576 p. [p. 98b, p. 119b, p. 127b, p. 441a]

GRIMAUD C., *Détermination expérimentale des valeurs de références electrorétinographiques chez le Labrador Retriever sain pour servir au dépistage précoce des dégénérescences rétiniennes*, Thèse pour le doctorat vétérinaire, Ecole nationale vétérinaire d'Alfort, Année 1997.

GUÉNON Adolphe, *La grande histoire du Mulet*, Beauvoir-sur-Mer (Vendée), Editions du Vieux Crayon, 1999, 175 p., photos.

GUINOISEAU Nicole, *Intérêt de l'introduction d'un animal familier dans une maison de retraite*, Thèse pour le doctorat de médecine (diplôme d'Etat), Université Paris XI-Faculté de médecine Paris-Sud, Année 1992, 64 p. et Annexes, 18 réf. biblio.

HEILLAUT Géraldine, *Evaluation rétrospective des couples personne handicapée-chien éduqué par l'ANECAH de 1991 à 1995*, Thèse pour le doctorat vétérinaire, Ecole nationale vétérinaire d'Alfort, Année 1999, 141 p. et Annexes, 45 réf. biblio.

HÉRODOTE, THUCYDIDE, *Oeuvres complètes*, Paris, NRF Gallimard, Bibliothèque de la Pléiade, 1998, 1.837 p. [Hérodote, L'Enquête (Traduction par A. Barguet), I, 23-24, pp. 59-60]

HÉSIODE, *Théogonie, Les travaux et les jours, Le bouclier* (Texte établi et traduit par Paul Mazon), Paris, Les Belles Lettres, 1967, XXX p., 158 p. [p. XII]

HIEN Emmanuelle, DEPUTTE Bertrand, "Influence of a capuchin monkey companion on the social life of a person with quadriplegia : an experimental study", in *Anthrozoös*, 10 (2/3), 1997, pp. 101-107, 18 réf. biblio.

HOMÈRE, *L'Odyssée* (Traduction de Philippe Jaccottet), Paris, Editions La Découverte, 1992, 434 p. [Chant XVII, pp. 282-283]

ITARD Jean, "Mémoire [1801] et Rapport [1806] sur Victor de l'Aveyron", in Lucien Malson, *Les enfants sauvages, Mythe et réalité*, Paris, Editions 10/18, 1998, 247 p., 110 réf. biblio. [pp. 117-247]

ITURRIA Bénédicte, *Mesures réglementaires en matière de protection animale des animaux de compagnie : textes actuels et à venir*, Thèse pour le doctorat vétérinaire (diplôme d'Etat), Ecole nationale vétérinaire de Toulouse, 1998, 121 p., 43 réf. biblio.

JAFFRÉ Fabrice, *Le capucin et le tétraplégique*, Thèse pour le diplôme d'Etat de docteur vétérinaire, Ecole nationale vétérinaire de Nantes, Année 1991, XVII p., 245 p., photos, 76 réf. biblio.

JOMARD Sabine, *L'utilisation du chien Terre-Neuve en sauvetage aquatique : formations et pathologie*, Thèse pour obtenir le grade de vétérinaire, Ecole nationale vétérinaire de Lyon, Année 1999, 185 p., photos col., 76 réf. biblio.

KRUCZEK Elisabeth, *Le rôle des animaux de compagnie chez les personnes atteintes de la maladie d'Alzheimer*, Thèse pour le doctorat en médecine (diplôme d'Etat), Université Louis Pasteur-Faculté de médecine de Strasbourg, 1991, 124 p. 104 réf. biblio.

LAFLANDRE-LINDEN Louise, *Napoléon et l'Île d'Elbe*, La Cadière d'Azur (Var), Editions Castal, 1989, 350 p.

LA FONTAINE (de) Jean, *Oeuvres complètes*, Genève, Editions Famot, 1976, 748 p., illustr. [Jugements et commentaires, p. 741]

LANCRY G. (Dr), "Le jardin ouvrier et la dot terrienne comme moyen de régénérer la population française", in *Mémoires de la Société dunkerquoise*, Tome 43, 1906, pp. 43-59.

LATHION Lucien, *Bonaparte et ses Soldats au Grand Saint-Bernard* (d'après les documents de l'Armée), Neuchatel, Editions Victor Attinger, 1978, 170 p.

LEBRETON Stéphane, *Les dauphins en captivité. Caractéristiques physiopathologiques et médicaments*, Thèse pour le diplôme d'Etat de docteur en pharmacie. Université de Reims Champagne-Ardennes, Année 1990.

LECOEUVRE Loïc, *La thérapie facilitée par l'animal ou l'animal au service de l'homme malade*, Thèse pour obtenir le grade de docteur vétérinaire, Ecole nationale vétérinaire de Lyon, Année 1995, 129 p., 50 réf. biblio.

LEFAUX Brice, *Etude comparative des expressions faciales chez Cebus apella et Cebus capucinus (Primates, Simiens)*, Thèse pour le doctorat vétérinaire, Ecole nationale vétérinaire d'Alfort, Année 1999, 69 p., Illustrations, 48 réf. biblio.

LÉMERY Laurent, *Reproduction et sélection dans un centre national d'élevage de chiens-guides d'aveugles,* Thèse pour obtenir le grade de docteur vétérinaire, Ecole nationale vétérinaire de Lyon, Année 1995, 129 p., 60 réf. biblio.

LEMOINE-LAVALETTE Françoise, *La bouse de vache : Folklore et traditions,* Thèse pour le doctorat vétérinaire, Ecole nationale vétérinaire de Toulouse, 1998, 35 p., 33 réf. biblio.

LOMBARD-LEGER Odile, *Les chiens de sauvetage : chiens d'avalanches, chiens de sauvetage nautique,* Thèse pour le diplôme d'Etat de vétérinaire, Ecole nationale vétérinaire de Nantes, Année 1993, 137 p., photos, 79 réf. biblio.

MADDENS Olivier, *Exploitation des delphinidés en captivité : étude critique,* Thèse pour le doctorat vétérinaire (diplôme d'Etat), Ecole nationale vétérinaire de Toulouse, Année 1994, 166 p., illustration, 44 réf. biblio.

MAIER-HERRMANN Michèle, *Chien et chat. Du bon usage de l'animal de compagnie en pratique médicale,* Thèse pour le diplôme de docteur en médecine (diplôme d'Etat), Université Louis Pasteur-Faculté de médecine de Strasbourg, Année 1996, 562 p., phot. col., illustrations, 227 réf. biblio.

MALOT Hector, *Sans famille,* Paris, Gallimard, Folio Junior Edition spéciale, Année 1991, 1ère partie, 354 p. [p. 72], 2ème partie, 417 p., illustrations.

MONESTIER Martin, *Les animaux-soldats. Histoire militaire des animaux des origines à nos jours,* Paris, Le Cherche Midi Editeur, 1996, 251 p., photos.

MONTAGNER Hubert (Sous la direction de), *L'enfant, l'animal et l'école,* Paris, Bayard Editions / AFIRAC, 1995, 222 p., phot. col., nombr. réf. biblio.

MONTAGNER Hubert, *L'enfant et la communication*, Paris, Stock-Laurence Pernoud, Onzième édition, 1998, 402 p.

MONTAIGNE, *Oeuvres complètes*, Genève, Editions Famot, 1976, 918 p., illustr. [Livre Deuxième, 11, p. 314 ; 12, p. 329]

MORICE-GUERIN Sabine, *Contribution du cheval à la réhabilitation des personnes handicapées*, Thèse pour le diplôme d'Etat de docteur vétérinaire, Ecole nationale vétérinaire de Nantes, Année 1996, 107 p. et annexes, 48 réf. biblio.

MORVAN Jean-Sébastien, TOROSSIAN Valérie, CAYOT-DECHARTE Angélique, *Evaluation psychologique du Programme PAST (Programme d'aide simienne en faveur des personnes tétraplégiques)*, Université Paris V René Descartes-Faculté des sciences humaines et sociales-Sorbonne, Laboratoires GRAPHIES (Groupe de recherches et d'analyses psychodynamiques dans le champ des handicaps, des inadaptations et des échecs scolaires), Septembre 1998, 54 p., 41 réf. biblio.

MOSEL Stéphanie, *Chiens d'assistance pour handicapés moteurs*, Thèse pour le grade de docteur vétérinaire, Ecole nationale vétérinaire de Nantes, 1997, 61 p., annexes, photos, 54 réf. biblio.

ODASSO Christine, *Dysplasie de la hanche des chiens-guides d'aveugles : bilan et résultats des méthodes de sélection*, Thèse pour le diplôme d'Etat de docteur vétérinaire, Ecole nationale vétérinaire de Nantes, 1994, 126 p., photos col., 13 réf. biblio.

OMS, *Classification internationale des handicaps : déficiences, incapacités et désavantages* (Traduction INSERM-OMS), Paris, CTNERHI-INSERM, 1988, 203 p.

OVIDE, *Les métamorphoses* (Traduction de Georges Lafaye), Paris, Gallimard, Folio Classique, 1992, 621 p. [Livre Sixième, Pallas et Arachné, pp. 194-195]

PLINE L'ANCIEN, *Histoire naturelle* (Traduction et commentaires de E. de Saint Denis), Paris, Les Belles Lettres, 1955, Livre IX, 157 p. [20-33]

PLINE LE JEUNE, *Lettres* (Texte établi et traduit par Anne-Marie Guillemin), Paris, Les Belles Lettres, 1992, Tome III, 193 p. [Livre IX, 33, pp. 131-134]

PLUTARQUE, *L'intelligence des animaux* suivi de *Gryllos* (Traduction par Myrto Gondicas), Paris, Arléa, 1998, 127 p.

PLUTARQUE, *Oeuvres morales* (Texte établi et traduit par Jean Defradas, Jean Hani et Robert Klaerr), Paris, Les Belles Lettres, 1985, Tome II, XI p., 381 p. [Traité 13, Le Banquet des Sept Sages, pp. 228-237]

PLUTARQUE, *Trois traités pour les animaux* (Traduit par Amyot) précédé de *La raison du plus fort* par Elisabeth de FONTENAY, Paris, POL, 1992, 222 p. [p. 213]

PORPHYRE , *De l'abstinence* (Texte établi et traduit par Jean Bouffartigue et Michel Patillon), Paris, Les Belles Lettres, Tome I 1997, LXXXIV p.,105 p. – Tome II, 1979, 257 p. [p. 176]

PRÉDINE Eric, *Jardins ouvriers, L'art et la manière,* Paris, La Maison Rustique, Flammarion, 1998, 144 p., photos col.

RABELAIS, *Oeuvres complètes,* Genève, Editions Famot, 1976, 812 p., illustrations. [Gargantua, XXIV, p. 118]

RAVENEAU Alain, *Inventaire des animaux domestiques en France*, Paris, Nathan, 358 p., illustrations.

RÉAL Jean, *L'homme et la bête,* Paris, Stock, 1999, 237 p.

ROUSSELET-BLANC Vincent, MANGEZ Caroline, *Les animaux guérisseurs,* Paris, Jean-Claude Lattès, 1992, 244 p., photos col.

ROUSTANG Guy, "Quartiers en difficulté et économie du rez-de-chaussée", in *Urbanisme,* décembre 1997, n° 297, pp. 61-65, 18 réf. biblio.

SAINT-EXUPÉRY (de) Antoine, *Le Petit Prince*, Paris, Gallimard, Folio Junior Edition Spéciale, 1999, 128 p., dessins col. [XVIII, p. 62]

SAUSSURE (de) Horace-Bénedict, *Voyages dans les Alpes*, Tome Second, A Neuchatel, en Suisse, Chez Louis Fauche-Borel, libraire, et Imprimeur du Roi, rue de l'hôtel de ville, MDCCCIV, 568 p. [pp. 374-376]

SAVARY K., *Contribution à l'étude d'une maladie neuromusculaire canine : la myopathie centronucléaire du Labrador Retriever,* Thèse pour le doctorat vétérinaire, Ecole nationale vétérinaire d'Alfort, Année 1995.

SCHNEIDER Malou, LACOUMETTE Gérard, LESER Gérard, *Marcaires d'hier, Fermiers d'aujourd'hui*, Mulhouse, Editions du Rhin, 1991, 221 p., photos col.

SCHOPENHAUER, *Sur la religion (Paralipomena, paragraphes 174-182)* (Traduction de Etienne Osier), Paris, GF-Flammarion, 1996, 217 p. [Paragraphe 177, p. 116]

SEPTIER Myriam, *La zoothérapie : utilisation des animaux familiers*, Thèse pour le doctorat vétérinaire (diplôme d'Etat), Ecole nationale vétérinaire de Toulouse, 1994, 105 p., 40 réf. biblio.

SERRES (de) Olivier, *Le théâtre d'agriculture et mesnage des champs*, Paris, Actes Sud, 1996, 1461 p. [Sixiesme Lieu, I, p. 734]

SÉVENO-HENRY Françoise, *Le Programme d'aide simienne aux tétraplégiques (PAST) : analyses des 34 premiers dossiers de demande de singe capucin*, Thèse pour le doctorat en médecine (diplôme d'Etat), Université de Rennes 1, Année 1994-1995, 134 p. et annexes, 32 réf. biblio.

THIÉRION Stéphanie, *Proposition d'évaluation des capacités requises pour l'obtention d'un chien d'assistance aux handicapés*, Mémoire pour le diplôme d'Etat d'ergothérapeute, Ecole de kinésithérapie et d'ergothérapie de Nancy, 1996-1997, 20 p. et annexes, photos, 10 réf. biblio.

THIRY Jean, *Marengo*, Paris, Berger-Levrault, 1949, 315 p.

VANDENBERGHE Marthe, *Le chat et la femme unis pour le meilleur et pour le pire,* Thèse pour le doctorat vétérinaire (diplôme d'Etat), Ecole nationale vétérinaire de Toulouse, Année 1990, 53 p., photos, 42 réf. biblio.

VAYLET Joseph, *La bouse dans le folklore,* Edité par l'auteur (Musée Joseph Vaylet, 12500 Espalion), 1977, 47 p., nombreuses notes et réf. biblio.

WILLIG Isabelle, *Contribution à l'étude du comportement du chien : mise en pratique de tests comportementaux sur chiots en vue de la sélection du chien-guide d'aveugle,* Thèse pour obtenir le grade de docteur vétérinaire, Ecole nationale vétérinaire de Lyon, Année 1991, 248 p., photos, 122 réf. biblio.

WINNICOT Donald W., *Jeu et réalité, L'espace potentiel,* Paris, NRF Gallimard, 1999, 212 p., 74 réf. biblio.

WLOSNIEWSKI Agnès, *Les chiens au service des administrations françaises (Ministères de la Défense, de l'Intérieur et des Finances). Genèse et actualité,* Thèse pour obtenir le grade de docteur vétérinaire, Ecole nationale vétérinaire de Lyon, Année 1989, 268 p., photos noires et col., 230 réf. biblio.

ZAPATA Valérie, *Etablissement d'un modèle de suivi médical des chiens guides d'aveugles,* Thèse pour le diplôme d'Etat de docteur vétérinaire, Ecole nationale vétérinaire de Nantes, Année 1995, 196 p., 2 pl. photos col.,109 réf. biblio.

TABLE DES MATIÈRES

AVANT-PROPOS 7

THÉRAPIE FACILITÉE PAR L'ANIMAL

I. **Histoire des relations Homme / Animal**
Evolution des rapports de l'homme avec l'animal
et la nature : de l'exploitation à la protection 15
Inventaire des aides apportées
par l'animal aux personnes en difficulté 18

II. **Interactions générales Homme / Animal**
L'homme et l'animal :
les deux passions d'Ange Condoret 41
L'animal, adjuvant thérapeutique 44
La zoothérapie :
utilisation des animaux en milieu hospitalier 46
La thérapie facilitée par l'animal
ou l'animal au service de l'homme malade 49

Interactions psychopathologiques et comportementales
entre le maître et l'animal de compagnie 51
Apports pédagogiques, psychologiques
et thérapeutiques de l'animal de compagnie 54
Relation Enfant-Animal 56
Le chien et l'enfant : la grande famille 59
Les rapports entre l'enfant et le chien :
rôle du vétérinaire dans la relation 61
Chien et chat. Du bon usage
de l'animal de compagnie en pratique médicale 64

III. Le cheval en hippothérapie ou en équithérapie
Contribution à la réhabilitation
des personnes handicapées 67
Etude de cinq cas cliniques d'enfants autistiques
et leur relation à l'animal : le poney 70

IV. Le chien-guide pour personne aveugle
Choix, dressage et rapports avec son maître 73
Etude du comportement : mise en pratique
de tests sur chiots en vue de la sélection 76
Modèle de suivi médical 78
Généalogie 80
Centre national d'élevage / Reproduction et sélection 82
Contribution à la sélection de reproducteurs 85
Dysplasie de la hanche 87
Les propriétaires de Labrador : étude sociologique 89

V. Le "chien écouteur" pour personne sourde
Le chien d'assistance pour personne sourde 91

VI. Le chien d'assistance pour handicapé moteur
Un nouveau chien d'assistance 94
Chiens d'assistance pour handicapés moteurs 96
Etude rétrospective des couples personne handicapée /
chien éduqué par l'ANECAH (1991 - 1995) 99
52 commandes apprises 106
Le chien et la rééducation de l'enfant polyhandicapé ... 108

VII. Le singe capucin pour personne tétraplégique
Le capucin et le tétraplégique 109
Programme d'Aide Simienne aux Tétraplégiques :
analyses de 34 dossiers de demande de capucin 112
Evaluation psychologique du Programme PAST 114
Répertoire comportemental acquis par Pruneau 117

VIII. Le dauphin et les enfants handicapés
Exploitation des delphinidés en captivité 119

IX. L'animal de compagnie et les personnes âgées ou malades en perte d'autonomie
Animaux familiers dans les institutions de retraite 127
Un animal familier dans une maison de retraite 132
Le rôle des animaux de compagnie chez
les personnes atteintes de la maladie d'Alzheimer 135
SIDA et animaux de compagnie 137

X. Les chiens de sauvetage
Les chiens d'avalanches 141
Les chiens au service des administrations françaises 144
Les équipes cynotechniques de la BSPP 149
Les chiens de décombres ou chiens de catastrophes 151
Les chiens de sauvetage nautique 153
L'utilisation du Terre-Neuve en sauvetage aquatique ... 156

XI. L'animal sacrifié à la santé de l'homme
Toxicologie animale et prévision de dangerosité 160
La xénogreffe 165

XII. Réglementation de la protection animale
Protection des animaux de compagnie 169

XIII. Bestiaires et symbolisme animal
L'homme et l'animalité... 173

XIV. Une histoire vraie (Bordeaux, 22 avril 1977)
La tourterelle et la jeune Bethsabée 177

Conclusions "Animales"
Lettre ouverte à la gent animale 181

THÉRAPIE FACILITÉE PAR LE VÉGÉTAL
XV. Jardins et solidarité
    Les Jardins Familiaux 192
    Les Jardins d'Aujourd'hui 194
    Les Jardins Cultivons la Solidarité 197
    Les Jardins d'Insertion 199
    Les Jardins pour les Autres 201
    Les Jardins Adaptés 203

Conclusions "Végétales"
    "Un mouvement Jardins est en marche" 205

CONCLUSION GÉNÉRALE 211

ANNEXE

**Une *[ancienne]* thérapie facilitée
conjointement par l'animal et le végétal**
    Un remède du passé : la bouse de vache 213

ADRESSES 221

BIBLIOGRAPHIE 225

Avec les remerciements amicaux de l'auteur
à Marilia FONSECA MARTINS
qui a assuré la composition du manuscrit

L'auteur remercie
les Bibliothèques
des Ecoles nationales vétérinaires d'Alfort, de Lyon, de Nantes et de Toulouse
et aussi
Antenne Equus du Centre de formation d'apprentis spécialisé Les Marronniers
à Marseille (Bouches-du-Rhône) *[photos, pl. IV]*
Archives de la Ville de Dunkerque (Nord)
Association française d'information et de recherche sur l'animal de compagnie (AFIRAC)
Association Marie-Hélène à Gouville (Eure) *[photos, pl. III]*
Association nationale pour l'éducation de chiens d'assistance pour handicapés (ANECAH) *[photos, pl. II]*
Bibliothèque centrale du Museum national d'histoire naturelle
Bibliothèque interuniversitaire de médecine de Paris
Bibliothèque interuniversitaire de pharmacie de Paris
Brigade des sapeurs-pompiers de Paris (BSPP) *[photos, pl. VII]*
Centre de recherche sur les mammifères marins
à La Rochelle (Charente Maritime) *[photo, pl. V bas]*
Centre mutualiste de rééducation et de réadaptation fonctionnelles de Kerpape
à Ploemeur (Morbihan) *[photo, pl. V haut]*
Ecole de chiens-guides d'aveugles de Paris et de la région parisienne *[photos, pl. I]*
Fédération nationale des sourds de France (FNSF)
Herd Book Charolais *[photo, pl. VIII haut]*
Kühlmann Philippe *[photo, pl. VIII bas]*
SIRPA Gendarmerie *[photos, pl. VI]*
Union nationale pour l'insertion sociale du déficient auditif (UNISDA)
Zahlès Christine *[photo, p. 214]*

Collection Technologie de l'Action Sociale
dirigée par Jean-Marc Dutrenit

Déjà parus

J.-M. Dutrenit, *Evaluer un centre social*, 1994.
Collectif, *Diagnostic et traitement de l'enfant en danger*, 1995.
J.-C. Gillet, *Animations et animateurs*, 1995.
M. Lepage-Chabriais, *Réussir le placement des mineurs en danger*, 1996.
C. Rater-Garcette, *La professionnalisation du travail social*, 1996.
M. Born, *Familles pauvres et intervention en réseau*, 1996.
Collectif, *Traiter la violence conjugale*, 1996.
P. Nicolas-Le Strat, *L'implication, une nouvelle base de l'intervention sociale*, 1996.
J. Zaffran, *L'intégration scolaire des handicapés*, 1997.
M. Larès-Yoël, *Mon enfant triso*, 1997.
R. Laforestrie, *Vieillesse et société, A l'écoute de nos aînés*, 1997.
Y. Vocat, *Apprivoiser la déficience mentale*, 1997.
A. Jellab, *Le travail d'insertion en mission locale*, 1997.
J.M. Dutrenit, *La compétence sociale, diagnostic et développement*, 1997.
M. Gouarne, *Les aveugles dans l'entreprise : quelles perspectives ?*, 1997.
M. Bresson, *Les SDF et le nouveau contrat social*, 1997.
B. Ruhaud, *Accueil familial et gestion de l'autorité parentale*, 1997.
R. Scelles, *Fratrie et handicap. L'influence du handicap d'une personne sur ses frères et sœurs*, 1997.

Logiciel

<u>Accompagnement Plus</u>, **logiciel** de diagnostic et développement de la compétence sociale, 1997.

652687 - Mai 2016
Achevé d'imprimer par